U0520227

50 BUSINESS
MUST-READS

影响商业的 50本书

吴晓波 ——— 著

浙江大学出版社

我们越是向前走
我们便有更多的
不得不割舍的道路。
——《歧路》/ 冯至

只有在阅读中，思想才能统治黑暗

"你真的读得懂财务报表？知道什么是 GDP、CPI 吗？"

傅上伦坐在办公桌前，不无疑惑地问我。那是 1990 年的夏天。

那时他是新华社浙江分社的副社长。那年我大学毕业，原本已经被保送研究生，但是我却想尽快工作。傅上伦是复旦大学新闻系 20 世纪 60 年代的毕业生，我的老师叶春华教授是他的同班同学，建议我可以去拜访一下他。

我告诉傅上伦，我读过萨缪尔森的《经济学》，对经济学和企业经营的基础概念不陌生。他考了我几个问题，很好奇地盯着我，不明白一个新闻系学生为什么会去啃那本枯燥的厚厚的教材。

然后，他就起身出门了。过了一刻钟，他捧着一本人事手册回来，一边翻一边告诉我，有一位老记者将在年底退休，我可以顶他的岗位，当一个工业记者。

所以，读书改变命运的事情，是在我身上发生过的。

此次，为了创作本书，我从书架上重新找到那本《经济学》。它已经出到第 19 版了，比我当年读的那本厚了 1/5。而傅上伦老师，已经在 2008 年去世了。

我即将解读的 50 本商业经典，每一本，我都记得第一次遇到时的情景。它们是我生命中的一些亲切的陌生人，偶然遇到，从未离去，远远地站在那里，像一个个长满了记忆青苔的木桩。

这些年来，有无数的年轻人问我："我该读哪些书，能不能开一个书单？"每每到了这个时刻，我就感到茫然，因为它就跟"如何度过一生"一样，属于一个特别私人而必须自己回答的问题。

但是这一次，我试图完成这个挑战。

从上千本书里，我挑出了 50 本，还自作主张地绘制了一张知识图谱，它十分地粗线条，不过却可以勾勒出 200 多年以来经济理论和商业知识的进化与迭代。在思想市场上，没有一个人是孤独的，所有河流都有节点和源头，一切的繁茂都是历史与当下冲积后的结果。

现代商业文明，是蒸汽机发动后的产物，人类的劳动告别了千年不变的自给自足模式，遥远的市场和陌生的种族成为新的亟待征服的对象。在既有的社会秩序被彻底摧毁的时刻，天才的思想者们开始重新定义商业，他们生产出了新的概念和公式，世界和游戏规则被重新设计。

这样的过程，宛如"羊吃人"一般血腥。人在本质上被物质所奴役，被思想所驱使，无论是看不见的市场之手，还是看得见的权力之手，都试图以自己的逻辑再造人间。

这些故事或传奇，都以书籍的方式流传了下来。

我的解读将从亚当·斯密开始。他出生的前一年，清朝的雍正皇帝登基。《国富论》在伦敦刊印发行的同时，托马斯·杰斐逊在费城起草发表了《独立宣言》，历史在这种大跨度的勾连中散发出迷人的气息。

然后是马克思、韦伯、哈耶克、弗里德曼、萨缪尔森、德鲁克……现代经济学和管理学的脉络将在这些名字和他们的著作中渐渐地清晰起来，终而构成人类商业文明的新格局。

你会发现，思想是雄心的结晶，它见解独立，自圆其说，无比尖锐地冲击人们的观念，在改变认知的同时，推动新的社会实践。它也许是温和的，也许是激进的。这一过程，往往受到客观形势的影响。对于现世功利的经济生活，没有一个理论是凭空而生的。

每一种思想都有它的局限性和对立面，甚至它们的矛盾本身便是事实的基本面。2013 年，瑞典皇家科学院把诺贝尔经济学奖同时颁给了两位吵了 20 多年的对手，他们一个主张市场理性假说，一个认为一切都是非理性繁荣。

所以，永远不要试图从经济学家或管理学家那里，乞讨到绝对的真理。凯恩斯在谈及财政政策的长期有效性时，半开玩笑地说："长远是对当前事物错误的指导。从长远看，我们都已经死了。"而格林斯潘在讨论资本市场的波动时，无奈地承认："只有泡沫破灭了，我们才知道它是泡沫。"

我还选了几位企业家的著作，包括杰克·韦尔奇、安迪·格鲁夫和沃伦·巴菲特等，他们对商业的理解更加微观和生动。作为企业家精神的实践者，他们对不确定性的理解，建立在各自的性格和学识基础上。我常常以为，企业家是那些给自己打针的病人。

在 50 本书中，关于中国的有 8 本，其中 3 本出自外国学者之手。它们都在讨论一个主题：为什么工业革命没有发生在拥有古老文明的中国，而在一场长达百年的追赶式的现代化运动中，我们是如何曲折前行的，到底有没有"中国模式"，我们为什么让西方人感到如此陌生。

这些问题是如此耐人寻味又令人困惑。当 1936 年费孝通走进江苏的一个小村庄，当费正清在黄河畔观察船工拉纤，当吴敬琏在中南海一再地争辩，一直到百岁的罗纳德·科斯埋头研究中国，尼尔·弗格森在延安惊觉西方主宰世界500年的历史之终结，所有这些中外知识分子的思考，都呈现出中国问题的复杂性。

事实上，迄今，我们仍然无法找到终极答案。

世界那么大，我们却在书籍里去寻找真相。这说起来是有点可笑的事情，但却是人类文明在血脉上得以传承的路径之一。

我之所以迫不及待地想要完成这部解读式的作品，部分是因为受到了约翰·凯恩斯和伊塔洛·卡尔维诺的影响。

凯恩斯在《就业、利息和货币通论》中武断地认定："在经济学和政治经济学领域中，很少有人过了25岁和30岁，还能受到新理论的影响。"

而卡尔维诺在《为什么读经典》中有更进一步的诠释。他认为，我们年轻时所读的东西，往往价值不大，这是因为我们没有耐心、精神不能集中、缺乏阅读技能，或因为我们缺乏人生经验。但是，它们将在我们的身体里起作用，当我们在成熟时期重读这些书，就会重新发现那些现已构成我们内在机制的一部分恒定事物，尽管我们已回忆不起它们从哪里来。

所以，卡尔维诺建议："一个人的成年生活，应有一段时间用于重新发现青少年时代读过的最重要的作品。"

我不知道即将阅读本书的读者，是青春懵懂的少年，还是饱经世事的成年人。如果是前者，希望我提供的这份商业知识图谱，能够帮助你亲近思想的土壤，找到那些决定未来的种子；如果是后者，本书也许能唤起你重读经典的热情，或生发出一种在闹市的拐角处偶遇故人的惊喜。

万里星空下，时间辽阔无边，在静静的阅读中，思想将统治黑暗，把发生在过去和现在的所有一切，凝结为生命绽放的秘密。

目录

/ 第一部分 / 当商业开始改变世界 /

《国富论》：他发现了"看不见的手" /004

《资本论》：一本为革命而生的经济学宣言 /010

《新教伦理与资本主义精神》：为商业编织"意义之网" /016

《就业、利息和货币通论》：重新定义"看得见的手" /023

《通往奴役之路》：他什么都不相信，除了自由 /031

《自由选择》：经济学界有个"矮巨人" /040

《经济学》："我写教科书，其他人拟定法律" /046

《创新与企业家精神》：一个"旁观者"的创新 /052

"竞争三部曲"：战略模型的设计大师 /059

《乌合之众》：群众是如何被发动起来的 /065

/ 第二部分 / 成长的策略与秘密 /

《追求卓越》：第一本卖过千万册的商业图书 /076

《基业长青》：伟大的创业者都是"造钟"人 /082

《营销管理》：营销学最后的大师 /088

《第五项修炼》：席卷全球的学习型组织热 /093

《隐形冠军》：默默无闻的小巨人 /098

《定位》："有史以来对营销影响最大的观念" /103

《创新者的窘境》：管理越好的公司越容易失败 /108

《长尾理论》：尾巴决定商业的未来 /113

《引爆流行》：如何找到那个引爆点 /122

/ 第三部分 / 动荡年代与潮汐的方向 /

《萧条经济学的回归》：最喜欢说"不"的经济学家 / 130
《非理性繁荣》：大股灾烧出的超级明星 / 136
《政府为什么干预经济》：为"守夜人"划定边界 / 141
《21世纪资本论》：让公平重新回到辩论的中心 / 146
《美国大城市的死与生》：家庭主妇对城市的抗议 / 151
《第三次浪潮》：他把新世界的地图徐徐展开 / 157
《失控》：互联网世界的"预言帝" / 166
《奇点临近》：机器什么时候战胜人类 / 172
《世界是平的》：一组动听的全球化赞歌 / 177
《未来简史》：99%的人将成无用之人？ / 183

/ 第四部分 / 无法终结的历史与思想 /

《旧制度与大革命》：如何攻陷内心的巴士底狱 / 192
"年代四部曲"：一位欧洲共产党员的历史书写 / 197
《巨人》：发明了"中美国"概念的英国人 / 203
《历史的终结与最后的人》：一个走不出去的"福山困境" / 208
《大国的兴衰》：500年视野里的美国与中国 / 216
《枪炮、病菌与钢铁》：一本有趣的文明进化简史 / 221

/ 第五部分 / 企业家书写的传奇 /

《影响历史的商业七巨头》：为了到达顶峰，你不需要什么门票 / 230
《谁说大象不能跳舞》：一个做饼干的如何拯救"蓝色巨人" / 236
《只有偏执狂才能生存》：他穿越了死亡之谷 / 242
《杰克·韦尔奇自传》："全球第一 CEO"养成记 / 250
《巴菲特致股东的信》：那个种植"时间的玫瑰"的人 / 255
《史蒂夫·乔布斯传》：生来只是为了改变世界 / 261
《活法》："敬天爱人"的日本商业哲学 / 266

/ 第六部分 / 谁来讲述中国事 /

《江村经济》：用脚写出来的中国模式 / 273
《美国与中国》：费正清的眼睛 / 279
《大分流》：如果世界结束于 1820 年 / 286
《万历十五年》：一位少校军官的"大历史" / 291
《论中国》：一位 85 次访华的政治家 / 298
《当代中国经济改革》：中国正在过大关 / 303
《中国的经济制度》：乱发狂生的错过与得到 / 308
《激荡三十年》：为当代中国企业立传 / 314

/ 后记 / 他们影响了我们，但不能"占领"我们 /

第一部分
当商业开始改变世界

————

《国富论》/ 亚当·斯密

《资本论》/ 卡尔·马克思

《新教伦理与资本主义精神》/ 马克斯·韦伯

《就业、利息和货币通论》/ 约翰·梅纳德·凯恩斯

《通往奴役之路》/ 弗里德里希·哈耶克

《自由选择》/ 米尔顿·弗里德曼

《经济学》/ 保罗·萨缪尔森

《创新与企业家精神》/ 彼得·德鲁克

"竞争三部曲" / 迈克尔·波特

《乌合之众》/ 古斯塔夫·勒庞

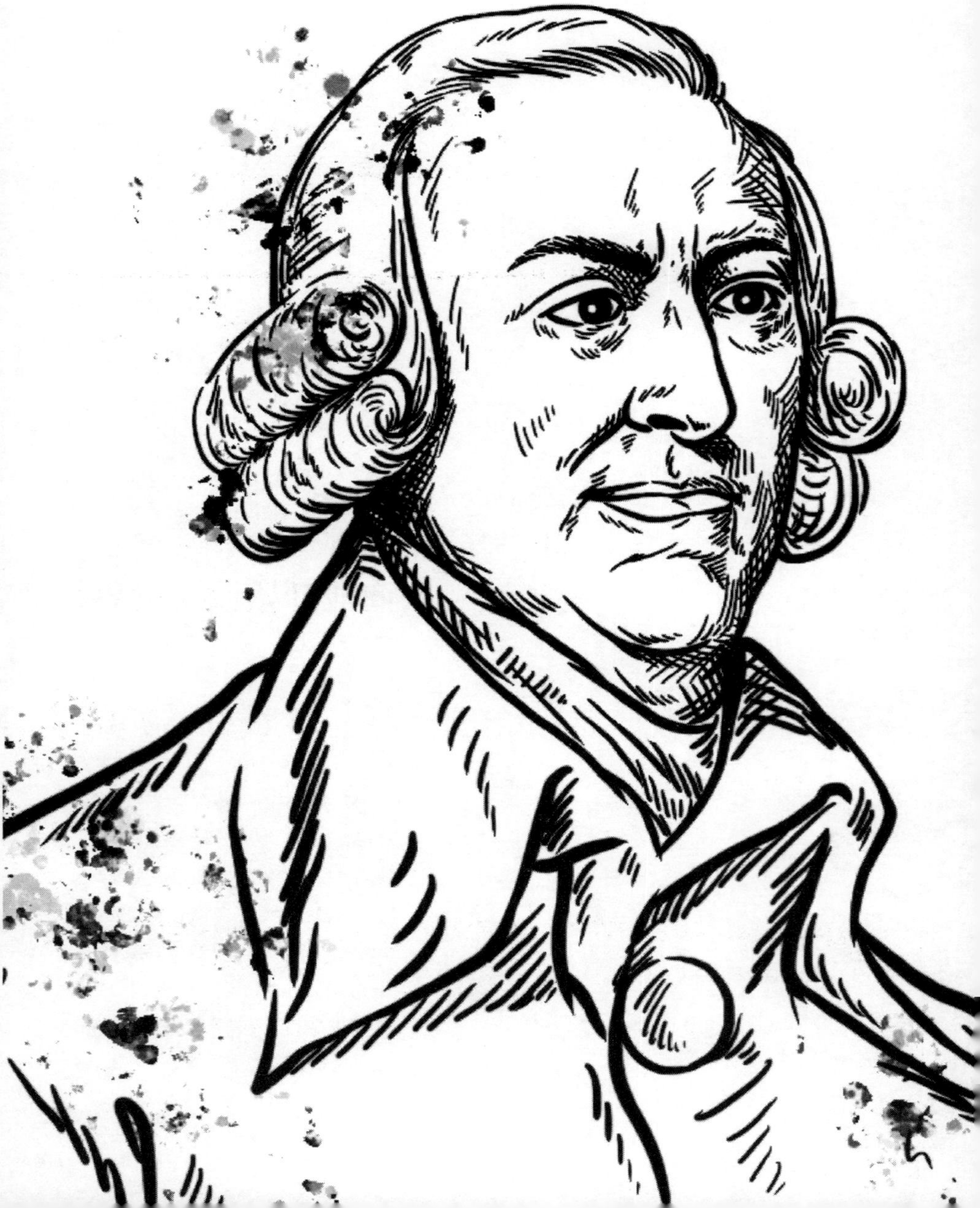

Adam Smith

亚当·斯密：现代经济学之父

生于雍正皇帝登基后一年，
个性腼腆但言辞刻薄，终生未婚；
从未离开过欧洲，却具有全球化视野。

《国富论》：他发现了"看不见的手"

> 什么是好的经济制度？好的经济制度就是鼓励每个人去创造财富的制度。
>
> ——亚当·斯密

亚当·斯密（Adam Smith，1723—1790）出生的那年，大清雍正皇帝刚登基不久，帝国开始普遍推行摊丁入亩政策，这是赋役制度的一项重要改革措施。到冬季，雍正帝下令把全国各地的传教士一律驱逐出国，大小教堂要么拆毁，要么改为医院，一个与世界潮流无关的、独断而农耕繁荣的时代开始了。

在欧洲，以"理性"为旗帜的启蒙运动正进入如火如荼的时刻，人们开始追求各种形式的自由——免于专断权力的自由、言论的自由、贸易的自由及审美的自由。用康德的话说，人类第一次宣称自己要成为一个独立的、负责任的存在。

一

亚当·斯密是一个遗腹子，从未见过自己的父亲。他出生在苏格兰法夫郡的寇克卡迪，终生未婚，个性腼腆、言辞刻薄而思维缜密。他未满15岁便进入格拉斯哥大学读书，18岁考入牛津大学，28岁被聘任为教授。36岁时，斯密出版了第一本著作《道德情操论》（*The Theory of Moral Sentiments*），在欧洲赢得了巨大的声望。

他生在一个大时代的转折时刻。在1753年，也就是亚当·斯密30岁的时候，英国仍然是一个以农业为主的谷物净出口国。而在他生命的最后 10 年中——18 世纪 80 年代，出现了三个重大的技术创新：瓦特改良了蒸汽机、出现了生产棉织品的机器和工厂，以及科特发明了焦炭冶炼法。

实际上，正是这三大创新定义了第一次工业革命的到来。

"骑士时代已经过去了，继之而来的是诡辩家、经济学家和计算机的时代；欧洲的辉煌永远成为历史。"这是英国哲学家和政治学家埃德蒙·伯克（Edmund Burke）在 1790 年对欧洲未来的预言，而亚当·斯密的一生正是对此的最好注脚。

这位苏格兰税务官之子的伟大之处就在于，他在历史轨道快速转换的间歇，如先知般地提出了全新的财富主张，重构了人们对经济行为的认知，从而在实际意义上创造了现代经济学这一门专业学科。

二

《国富论》出版于 1776 年，也是在这一年，美国人发表了《独立宣言》。这也许是一个巧合，这两本著作却如同两把手术刀，在旧时代的身上剖出了一个新生儿。

在亚当·斯密出现之前，经济学作为一门子学科依附于哲学或伦理学的体系之内——相比之下，管理学则是在 20 世纪 40 年代之后，才由彼得·德鲁克（Peter Drucker）等人细分为独立的学科。斯密本人是格拉斯哥大学的道德哲学教授，"看不见的手"的概念的提出，首先出现在《道德情操论》而不是《国富论》中，时间要再早 17 年。

在他去世百年后，另一位经济学巨人阿尔弗雷德·马歇尔（Alfred Marshall）在《经济学原理》（*Principles of Economics*）中写道："斯密是头一个就其社会各个主要方面论述财富的人，单凭这个理由，他也许有权被视作现代经济学的奠基者。"

在亚当·斯密的时代，重商主义和重农主义仍然统治着人们的思维，前者认为大量储备贵金属是经济成功不可或缺的基础，后者则把财富的全部秘密都托付给土地。

亚当·斯密第一次定义了生产的三大要素：劳动、土地和资本。在他看来，是资本而不是其他——带来了市场，进而带来了劳动分工的扩展，资本的投入导致市场扩张，而后者反过来也带来更多的利润和投资。所谓的"资本主义"便是从这个定义延展出来的概念。

在经济行为的动力研究上，亚当·斯密提出了一个石破天惊般的论断。他认为，在经济生活中，一切行为的原动力不是来自同情心或利他主义，而是利己之心，即每一个人改善生活条件的欲望。

人们从事劳动，未必抱有促进社会利益的动机，但是在一个自由放任的社会里，他受着一只"看不见的手"的指导，去尽力达到一个并非他本意想要达到的目的，即：请给我我所要的东西吧，同时，你也可以获得你所要的东西。

这种以利己心为基础的个人利益与社会利益的对立统一，是贯穿整部《国富论》的基本哲学思想。如后世学者所言："斯密的经济人，那个只顾自己利益而无意之中却创造公共善的人，对于现代主流经济学来说，是让人觉得自在又熟悉的人物。"

《国富论》的第一章是"论分工"。亚当·斯密在全书的第一句便开宗明义地写道："劳动生产力上最大的增进，以及运用劳动时所表现出的熟练、技巧和判断力，似乎都是分工的结果。"一言以蔽之，提高财富生产效率，关键在于劳动分工。

在描述劳动分工如何增加生产力的时候，斯密识别了三大动因：工人熟练度的提升、工人专注于单一工种将更有效率、大量的机械的发明便利和简化了劳动。他把发明创造视为一种增量进步，这种进步源自于市场扩张和劳动分工过程中几乎自动相伴而生的盈利性可能。

在人类财富史上，亚当·斯密不是第一个提出劳动分工的人。早在中国春秋时期，齐国的管仲便提出了"四民分业"的职业分工原则，认为"少而习焉，其心安焉，不见异物而迁焉。是故其父兄之教，不肃而成，其子弟之学，不劳而能"（《管子·小匡》）。

中国台湾学者赵冈据此论证："中国的社会职能分工比欧洲早了至少一千年，主要的传统生产技术（工业革命前的非机器生产技术）在中国出现的时间也比欧洲早八百年至一千年。"

不过，斯密的劳动分工理论却是建立在现代制造业和资本形态的前提下的，并进行了更为结构性的定义。他认为，劳动分工源自交易的力量，所以，分工的程度取决于这种力量的大小和强弱。任何一个行业，市场规模越大，分工将越细，这叫作"分工受制于市场规模"，在经济学上，它被称为"斯密定理"。

三

尽管亚当·斯密终其一生从来没有离开过欧洲——他常年定居英伦，曾去法国游历三年，但是，他显然是一个具有全球化视野的人，而这几乎全部来自于他的理论天赋。

在《国富论》一书中，斯密用很大的篇幅讨论了从古罗马到英帝国的国家治理模式。在他看来，一个主权国家只有三个责任需要履行，"第一，保护社会免于暴乱和其他国家侵略的责任，第二，保护社会的每一个成员免遭其他社会成员施与的不义或压迫的责任；第三，建立并维持一定量的公共工程和公共机构的责任"。

从这些观点可以发现，现代经济学理论的诞生，首先是现代意识诞生的过程，而不是其他。

在现代经济学史上，大卫·休谟（David Hume）与亚当·斯密是公认的奠基人。休谟比斯密年长12岁，此后他们互相影响，共同构建了经济学的基本原理。斯密还忠诚地担任了休谟的遗嘱执行人。

就如同其时代的所有著作一样，《国富论》并不是一本体系严谨的论著，它充满了经验主义的气质，很多论述明显带有启蒙意味，但它确实覆盖了所有的经济学基础性命题。在后来的时间里,它在为某一学派的理论提供有力依据时,也为其反对派提供了同样有力的说明。

亚当·斯密不是一个书斋型学者。在格拉斯哥大学当教授时,他就同时负责学校的行政事务,晚年,他还被任命为苏格兰的海关和盐税专员——他在这两个岗位上获得的报酬是教授年薪的20倍。在这一点上,他与日后的理论劲敌凯恩斯倒颇为相似。

在学术上,斯密是一个极度自负的人。尽管他的很多观点都采自当世很多高人,可是他却避免引用他们的著述,这在经济学说史上非常罕见。当然此等举动也容易引起一些争议,譬如马克思就曾在《资本论》(Das Kapital)第一卷的注释中"揭发"说,亚当·斯密的一段话"几乎逐字逐句抄自伯纳德·曼德维尔《蜜蜂的寓言:私人的恶德,公众的利益》的注释"。

亚当·斯密终生与寡母相依为命,世俗生活富足而单调,他把所有的人间荣誉都寄托于学术。到他去世时,《道德情操论》出了6版,《国富论》出了5版。他自以为已经解决了他所处的那个时代的所有经济问题,于是,在生命的最后弥留时刻,他嘱咐朋友和学生当着他的面,销毁了所有的未公开发表文稿。

四

《国富论》的全名是《国民财富的性质和原因的研究》(An Inquiry into the Nature and Causes of the Wealth of Nations),最早的中文译本是1902年严复的文言文版,名为《原富》。1931年,郭大力和王亚南以白话文再译,定名为《国富论》。

就全书内容而言,似乎还是严复的书名更接近本意,郭、王版很容易被曲解为这是一部关于国家富强或国家资本主义的专著——而这正是20世纪30年代的主流意识形态。恰恰相反的是,亚当·斯密是一位真正的自由主义者,他所开创的自由市场经济理论被认为是"自由企业的守护神"。

阅读推荐

《国富论》全本汉译约 60 万字,阅读难度较大,推荐:
《国富论(彩绘精读本)》/ 亚当·斯密 著 / 罗卫东 选译
这本罗卫东选译的精读本,也是吴晓波频道"经典重译计划"书目之一。另外,对亚当·斯密的生平感兴趣的人,可阅读:
《亚当·斯密传》/ 伊安·罗斯 著 / 张亚萍 译

《资本论》：一本为革命而生的经济学宣言

> 人的本质并不是单个人所固有的抽象物，在其现实性上，它是一切社会关系的总和。
>
> 一切价值都可以还原为时间。
>
> ——卡尔·马克思

亚当·斯密去世28年后，卡尔·马克思（Karl Marx，1818—1883）在德国出生了。在他们之间，还先后出现过其他四位经济学家，分别是大卫·休谟、托马斯·马尔萨斯（Thomas Malthus）、大卫·李嘉图（David Ricardo）和约翰·斯图加特·穆勒（John Stuart Mill），他们共同构筑了古典经济学的基石。

有意思的是，他们几乎都在而立之年前后，提出了自己一生中最重要的理论主张。大卫·休谟在28岁发表了《人性论》（*A Treatise of Human Nature*），马尔萨斯在32岁完成《人口论》（*An Essay on the Principle of Population*），约翰·穆勒在38岁写出《论政治经济学的若干未定问题》（*Essays on Some Unsettled Questions of Political Economy*），而马克思在30岁那年，起草了《共产党宣言》（*Manifest der Kommunistischen Partei*）。

在这六位巨人中，唯一形成"主义"并对后世政治经济产生决定性影响的，是马克思和他的惊世巨著《资本论》。英国历史学家以赛亚·伯林（Isaiah Berlin）认为："19世纪没有一位思想家能够像马克思那样，对于全人类有着如此坦率、准确和强有力的影响。"

一

跟那些常年躲在书斋或学院围墙内的学者们不同，马克思无论在实践还是理论上，都更崇尚行动。在他的墓碑上，刻着一句号角般的格言："迄今为止，哲学家们都只是从不同的角度去解释世界，而关键的问题却在于改造世界。"

1818年，马克思出生于一个律师家庭。17岁中学毕业时，在一篇题为《青年在选择职业时的考虑》的作文中，他宣布自己要选择那些"最能为人类而工作"的职业，"面对我们的骨灰，高尚的人们将洒下热泪"。

他先后就读于波恩大学和柏林大学，在23岁那年获得哲学博士学位。毕业后，马克思担任《莱茵报》主编，而他的兴趣迅速转移到对社会问题的热切关注和参与中。他的激烈言论遭到过普鲁士、俄罗斯和法国等政府的查禁、抗议，他还受到法国流氓的殴打，并被驱逐出境。

1843年，马克思结识了工厂主的儿子弗里德里希·恩格斯（Friedrich Engels），其后他们一起完成了《德意志意识形态》（*Die Deutsche Ideologie*），第一次系统地阐述了他们所创立的历史唯物主义，并明确提出了无产阶级夺取政权的历史任务。1846年，他们建立布鲁塞尔共产主义通讯委员会，同年，应邀参加正义者同盟。1847年，这个组织更名为共产主义者同盟，马克思和恩格斯起草了同盟的纲领《共产党宣言》，宣言的第一句便惊世骇俗："一个幽灵，共产主义的幽灵，在欧洲大陆徘徊。"

1848年的欧洲，工业革命的浪潮正在冲击既有的政治和经济秩序，法国思想家、《旧制度与大革命》（*L'Ancien Régime et la Révolution*）的作者亚力克西·德·托克维尔（Alexis de Tocqueville）在众议院疾呼："我们正睡在一座即将爆发的火山上……你们没看见大地正在抖动吗！一场革命的风暴已经刮起，我们已经看到它的

▲ 马克思的文字充满了斗争的力量，与他早年的办报经历很有关系。

到来。"

所有革命的到来都是无序的，除了破坏，还是破坏。只有在新的理论建构之后，方可导向一个清晰的革命目标。19世纪50年代起，马克思定居伦敦，专注于《资本论》的创作。1857年，世界性的经济危机爆发，马克思在给恩格斯的信中焦急地写道："我现在发狂似的通宵总结我的经济学研究，为的是在洪水之前至少把一些基本问题搞清楚。"

《资本论》的第一卷出版于1867年的9月。1883年，马克思去世，第二卷、第三卷由恩格斯整理，分别于1885年和1894年出版。

二

马克思创作《资本论》的数十年，正是工厂作为一个新兴的社会单元，重构所有商业关系的时期。而他又居住在当时世界上最重要的工业国家的首都。不过，在一本关于马克思的生平传记中，作者曾考据说，马克思终其一生，从来没有参观过一家英国工厂，以前在德国的时候，也只参观过一家小工厂。

在这个意义上，《资本论》是一本靠公式和意识形态推演出来的实践指导读本。

按马克思的观点，政治经济学是研究生产关系的，而生产关系是生产、交换、分配、消费四个环节的关系的总和。《资本论》正是通过系统地分析资本主义的全部生产关系，进而得出自己的结论。

《资本论》第一卷重点研究资本主义直接生产过程中的关系，揭示资本主义剥削关系的一般本质。第二卷分析作为生产和交换的统一、广义的资本流通过程，进一步揭示资本主义剥削关系在流通中的表现。第三卷则分析了作为生产、流通、分配的统一的资本主义生产的总过程。

马克思认为，商品价值量的多少是由社会必要劳动时间决定的。他还发明了"剩余价值"这个经济学名词，从而推导出工人阶级的命运和资本主义的必然结局。

马克思把劳动分为直接劳动和间接劳动，通过计算所有劳动在所产出的产品中的价值，证明利润——由工人劳动创造而被资本家所占有的那部分产出是一种"剩余价值"，这便构成了剥削。他因而论定：资本来到世间，从头到脚，每个毛孔都滴着血和肮脏的东西。

根据马克思的观点，工人只有通过从资本家手中夺取工厂和其他生产资料，才能打破资本家对剩余价值的无偿占有。

而作为统治阶级存在的资本家，则将沿着以下轨迹走向自己的墓地：技术进步使资本家利用机器代替工人以获得更多利润，不断扩大的资本积累将带来不可克服的矛盾。一方面，随着资本供给增长，利润率会下降；另一方面，由于工作岗位减少，失业率升高，工资下降，工人阶级的状况进一步恶化。

为了攫取更多的利润，资产阶级一定将试图到国外寻求更多的资源和市场，由此必然导向帝国主义。在这样的恶性循环下，严重的经济危机将会敲响资本主义的丧钟，觉醒的工人阶级将成为资本主义的掘墓人。

由此马克思得出了终极性结论：资本主义的毁灭是历史的必然，而这将通过暴力来实现。无产阶级将推翻资本主义，建立社会主义，最终实现共产主义的理想。在这场革命中，无产阶级唯一失去的是锁链，而得到的将是整个世界。

马克思在《资本论》中，展现了严密而自洽的理论推导，同时，四处洋溢着充满激情和魔力的文字，足以激起人们的澎湃热情。这是阅读其他经济学家的著作从未有过的体验。

三

马克思在有生之年没有等到洪水的到来。而与他在《共产党宣言》中所预言的不同的是，1848年之后的欧洲经济步入了快速发展的繁荣时期，用英国共产党员、著名历史学家艾瑞克·霍布斯鲍姆（Eric Hobsbawm）的话说："资本主义的全球性胜利，是1848年后数十年历史的主旋律。这是信仰经济发展依靠私营企业竞争、从最便宜的市场采购一切，并以最高价格出售一切的社会的胜利。"

最终不是贪婪的人性让生产关系瓦解，而是技术的创新和市场的扩容提高了劳动的效率，进而让资本家和劳动者得以在契约和制度重建的前提下，分享劳动的成果。通过武力推翻资本主义的运动并没有发生在马克思所以为的"发展程度最高的工业化国家"，相反，在他去世35年后，列宁在落后的俄国实现了《资本论》中所描述的暴力革命。而苏联革命的成功经验，推动了影响整个20世纪人类走向的社会主义运动。

与亚当·斯密荣华显赫的一生不同，马克思的一生可谓潦倒颠簸。在很长时间里，他的生活几乎全部依赖恩格斯的救济，在1852年2月27日的一封信中，这位当世最杰出的经济学家写道，"一个星期以来,我已达到非常痛苦的地步:因为外衣进了当铺,我不能再出门,因为不让赊账,我不能再吃肉"。

尽管马克思生活窘迫,但是他的理论在他活着的时候就已经开始影响整个欧洲的思想界,并成为左翼社会运动的一面旗帜,被称为马克思主义。马克思本人对此表达了极高的警惕性,根据恩格斯的记录,他至少五次明确对人表述说,有一点可以肯定,我不是马克思主义者。

在过去的一百年里,马克思是对世界产生了最大现实影响力的经济学家,《资本论》被一再地重印、翻译和解读,虽然很少有人完整地读完过这本巨著,但它却成为无数人的信仰和行动的教条。每一个人心中都有一个马克思,《资本论》有时也成为党同伐异的武器,在这个过程中,它变得越来越清晰,也越来越面目全非。

阅读推荐

对现代西方哲学史和知识分子史感兴趣的读者,推荐两本书:

《从胡塞尔到德里达:西方文论讲稿》/ 赵一凡 著

《知识分子与社会》/ 托马斯·索维尔 著 / 张亚月、梁兴国 译

对中国经济思想及治理感兴趣的读者,推荐:

《中国财政思想史》/ 胡寄窗、谈敏 著

《中国历代政治得失》/ 钱穆 著

《历代经济变革得失》/ 吴晓波 著

《新教伦理与资本主义精神》：为商业编织"意义之网"

> 一个人对天职负有责任，乃是资产阶级文化的社会伦理中最具代表性的东西，而且在某种意义上说，它是资产阶级文化的根本基础。
>
> ——马克斯·韦伯

当卡尔·马克思在伦敦的大英图书馆埋头创作《资本论》的时候，在地球的其他地方，也有超过1000颗聪明的脑袋在思考同样的问题。

根据考证，"资本主义"这个名词就是在《共产党宣言》诞生的1848年前后被发明出来的，它如同一个巨型魔鬼，抹杀了全部的旧生产关系和劳动力模型，把每一个人、家庭和国家投掷到动荡而急速的大漩涡中。

马克斯·韦伯（Max Weber，1864—1920）出生于1864年，到他去世的1920年，第一次世界大战刚刚结束。也就是说，他在一生中目睹了欧洲被机器改造得空前繁荣，然后，又被武器摧毁为一地废墟的全部过程。

在世纪的转折点上，人们自发地分为两大阵营——左翼和右翼，他们的内部又各有流派，最极端和激进的那部分人，都信仰流血和暴力。

韦伯栖居在德国南部一个叫海德堡的小城市，那里有一所小巧的大学——海德堡大学，却是欧洲自由主义思潮的大本营，知识分子们著书立说，试图以启蒙和改革反制权力，以理性和科学抗衡统治。

马克斯·韦伯正是海德堡大学的象征性人物,而他著述的《新教伦理与资本主义精神》(*The Protestant Ethic and the Spirit of Capitalism*),从社会学的意义上确立了现代商业文明在伦理上的正当性。

▲ 被人群包围的马克斯·韦伯,欧洲自由主义思潮的灵魂人物。

一

跟卡尔·马克思一样,马克斯·韦伯也出生于一个律师家庭,不过他的父亲老韦伯有一家纺织工厂,家境更为富足。韦伯从小接受了最好的文理教育,25岁时获得了博士学位。

德国天才们的命运往往都不太顺利,比如舒曼、尼采,都要与大脑中的魔鬼做斗争,韦伯也一样。韦伯的家族有遗传性的精神疾病,他在32岁的时候曾经精神崩溃,无法阅读、写作甚至与人正常交谈。这个曾经的工作狂,只能整日坐在窗前,摆弄自己的指甲,眺望外面的树梢。

海德堡大学历史上有很多从事抽象思考工作而日常生活也非常"抽象"的人文学者,比如黑格尔、费尔巴哈、雅斯贝尔斯等,不过,与他们相比，马克斯·韦伯则要显得更为入世。他曾经竞选过民主党议员，一战时期在预备役医院服役，还作为德国代表团的一员，参加了凡尔赛和会。

1904 年 9 月，韦伯和好友一起远赴美国，参加在圣路易斯举办的世界博览会，其间，他对北美的城市、商业和工厂，进行了近 4 个月的考察。正是这些参与和近距离的观察，为他创作《新教伦理与资本主义精神》提供了丰富的素材。

▲ 1904 年的世界博览会，是商业全球化的一个标志性事件，有意思的是，它是在美国而不是在欧洲举办。

二

《新教伦理与资本主义精神》的创作动机，是试图回答一个非常尖锐、到今天仍然极富挑战性的问题：人从事商业活动的根本动力，到底是什么？

在农耕时期，各大文明对商业的态度几乎均是消极的。柏拉图批评商人说："一有机会赢利，他们就会设法牟取暴利。这就是各种商业和小贩名声不好，被社会轻视的原因。"《圣经》认为商人上天堂比骆驼钻针孔还要难，中国的儒家伦理更是彻底的贱商主义，一言以蔽之，"君子喻于义，小人喻于利"。

19世纪中后期的资本主义运动，让商业成为改变世界的最重要力量。韦伯出生于纺织工业世家，在他盛年之际，德国成为全球第二大工业国，越来越多的人把一生倾注于工商事业，那么，关于商业存在价值的拷问便显得无比急切。

韦伯的终生好友、社会学家维尔纳·桑巴特（Werner Sombart）在1902年出版的《现代资本主义》（Der Moderne Kapitalismus）一书中指出："获利欲"是资本主义的根本动力。这在当时的学术界是一个普遍的共识，甚至被看成是柏拉图以来的一个基础性共识。

韦伯的《新教伦理与资本主义精神》，发表于桑巴特出版上述著作的3年后，也是他从北美游历归来之后。好友的结论及在美国的实地考察，应该是韦伯创作的一个现实背景。

在这本并不厚的、论文式的作品中，韦伯通过不厌其烦的论证，提出了三个原则性的观点。

其一，正当性的终极认同。

马克斯·韦伯认为人被赚钱动机所左右，把获利作为人生的最终目的。在经济上获利不再从属于人满足自己物质需要的手段，而被视为资本主义的一条首要原则。

他引用美国思想家本杰明·富兰克林（Benjamin Franklin）——

他同时是一位企业家和政治家——的观点认为，"个人有增加自己的资本的责任，而增加资本本身就是目的"。这从根本上认同了企业家职业的正当性和独立性。

其二，内心信仰的驱动。

韦伯认为，在资本主义形成的过程中，基督教新教的清教徒精神和禁欲主义发挥了决定性作用。尽管没有这些精神也可能产生某些资本主义的特征，但不会产生完整意义上的资本主义。

所以，现代以信仰基督教为主的西方发达国家，如美国、英国、法国、德国等，皆为新教占主流的国家，而传统天主教国家，如西班牙、意大利等，论经济实力与影响力，都只能算二流国家。

在韦伯看来，新教信徒重今世，所以他们更积极地参与社会活动，更重享乐，也更世俗，因此更能顺应时代发展的要求。而天主教信徒重来世，这一点类似于大乘佛教。

其三，理性主义与法治精神。

韦伯从古希腊理性主义的思想渊源，推导出资本主义产生的必然性：精确的计算和拥有技术上的基础。这进一步根植于西方科学特有的数学及实验的精确理性的自然科学、法律与理性的结构所带来的可估量的技术性劳动手段与程序规则。那种具有近代资本主义精神的人，他们都具有自我约束性——理性的计算，集中精力，固守原则。

三

马克斯·韦伯是受马克思主义思潮冲击的第一批欧洲知识分子，他曾说，现在的读书人是否诚实、老实，只要看他对两个人的态度，一个是马克思，一个是尼采。

正是通过《新教伦理与资本主义精神》一书，韦伯另辟蹊径，对现代商业文明的根本动力进行了前所未有的诠释。如果说马克思的理论是摧毁性的,那么,韦伯的学说则带有明显的建构性特征。

他认为,资本主义并不是对财富的贪欲,而是对这种非理性欲望的一种抑制,或者至少是一种理性的缓解。那么多人勤恳工作,而且具有良好的职业精神和纪律,并不是为了单纯糊口或热爱金钱,而是内心信仰使然。

当韦伯在海德堡大学的书房埋头创作之际,世界各地已经出现了一些企业家,他们以比父辈快数百倍的速度积累了巨额的财富,而在这一过程中,他们的内心正经受着存在价值的拷问。

美国钢铁大王安德鲁·卡内基(Andrew Carnegie)是马克斯·韦伯的同时代人,他出生于苏格兰的一个新教徒家庭,少年时移民美国,从当电报公司的信差起步,之后组建了自己的企业,在短短几十年里,创建了全球最大的钢铁公司。1901年,卡内基出售了公司,获得5亿美元,成为全美首富。

就在这个时刻,卡内基内心出现了焦虑:我凭什么能拥有这么多的财富,而这些财富对于我的人生又意味着什么?

卡内基最终得出的答案是:"是上帝派我来赚钱的,所以,我要把荣光归于上帝。"在生命的最后十多年,卡内基成立了慈善基金会,成为美国历史上捐赠图书馆最多的人。在"钢铁大王"的名号之外,他又有了"美国慈善事业之父"的称号。

没有史料显示,作为新教徒的卡内基读过《新教伦理与资本主义精神》,不过,他的实践却印证了韦伯的观点。

四

《新教伦理与资本主义精神》第一次被引进中国是在1987年,即韦伯写作此书的80多年后。

那个时代的中国人,正被集体地卷入一场激荡的改革开放运动,商业及企业家成为时代的新主角,传统的价值观体系濒临崩溃。那些先富起来的人们,都跟当年的卡内基一样,面临内心的意义拷问。

有意思的是,韦伯还写过一本与中国有关的书——《儒教与道教》(*Konfuzianismus und Taoismus*)。在书中,韦伯分析了中国宗教的这两种基本形式对经济生活的理性化推动。他断言,无论是儒家或道家,都不具备新教那样的责任伦理观,因为儒家"作为支配性的终极价值体系,它们始终是传统主义取向的,对于世界所采取的是适应而不是改造的态度"。

在今天,所有有志于商业的中国人读韦伯的著作,既会有一种隔膜感,同时也会有一种切肤的亲近感。他在书中得出的很多结论,未必完全适合中国,但是,他提出的问题,以及分析问题的路径和方法论,却为我们寻找答案指出了一个方向。

马克斯·韦伯尝言,"人类是悬挂在自己编织的意义之网上的动物"。显然,他是这张大网的编织者之一,我们悬挂其上,同时也在参与编织。

阅读推荐

自 20 世纪 80 年代之后,《新教伦理与资本主义精神》的中译本超过 10 种之多,是所有经济类经典读本中最多的。值得向大家推荐的有两种,其中后者是吴晓波频道"经典重译计划"书目之一:

《新教伦理与资本主义精神》/ 马克斯·韦伯 著 / 阎克文 译
《新教伦理与资本主义精神(彩绘精读本)》/ 马克斯·韦伯 著 / 郁喆隽 选译

《就业、利息和货币通论》：重新定义"看得见的手"

> 长远是对当前事务错误的指导。从长远看，我们都已经死了。
>
> ——约翰·梅纳德·凯恩斯

但凡被称为"主义"的，都意味着某种先验的、至高无上的权威。对它的信奉者而言，"主义"所代表的主张即为真理，不容置疑。在政治经济学界，马克思主义之后，影响最大的便是凯恩斯主义。

凯恩斯主义出现于20世纪三四十年代，那是欧洲没落、美国崛起的转折时刻，而有趣的是，凯恩斯（John Maynard Keynes，1883—1946）来自于没落阵营的"旗舰"——大不列颠王国。在后来的半个多世纪里，是美国人把他捧上了神坛。

凯恩斯最著名的著作就是《就业、利息和货币通论》（*The General Theory of Employment, Interest and Money*，以下简称《通论》），它标志着宏观经济学的诞生。

一

约翰·梅纳德·凯恩斯出生于1883年，那一年，卡尔·马克思去世。凯恩斯的父亲是在剑桥大学任职的经济学家和逻辑学家，母亲也是剑桥毕业生，曾任剑桥市市长。在他5岁的时候，曾祖母给他写信说："你将会非常聪明，因为你一直住在剑桥。"

罗伯特·斯基德尔斯基（Robert Skidelsky）在《凯恩斯传》（*John*

Maynard Keynes）的第一行就如此写道："凯恩斯的一生中，几乎没有什么时候他不是从一种高高在上的地位俯视着周围的英国以及世界的绝大部分的。"

凯恩斯 14 岁进入伊顿公学，毕业后进入剑桥大学国王学院，师从当时最伟大的两个经济学家阿尔弗雷德·马歇尔和阿瑟·塞西尔·庇古攻读经济学，26 岁入选国王学院院士，之后进入政府部门，先后服务于印度事务部和财政部。

一战结束后，他作为英国财政部首席代表出席巴黎和会，他的谈判对手之一，就包括《新教伦理与资本主义精神》的作者马克斯·韦伯。

从 20 世纪 20 年代开始，凯恩斯长期担任《经济学杂志》（the Economic Journal）主编和英国皇家经济学会会长，无疑是学界的执

▲ 凯恩斯在伦敦的书房。

牛耳者。同时，他还在一家大型人寿保险公司当了17年的董事长，每年会对股东发布一份年度报告，这份报告是欧美金融界人士的必读文本，"股神"沃伦·巴菲特后来学的就是他的风格。

很显然，凯恩斯不同于书斋中的学者，他既有深厚的经济学修养，同时又极富一线实操的阅历，更与众不同的是，他乐于撰写大量经济类的新闻时评，而且文笔优雅尖锐，常常引发争论，因此成为深受政商界和媒体追捧的明星级经济学家。

无疑，凯恩斯是英伦精英主义下的最精致的一颗"蛋"，然而，不幸的是，他生活的年代经历了两次世界大战，他的祖国正是在这数十年里饱受摧残，终而沦为美国的"小兄弟"。凯恩斯的学术生涯以及成就，无不与此密切相关。

二

在凯恩斯生活的年代，经济学从人文科学和历史学科中独立出来，发展为一门独立的学科。他的授业老师马歇尔是新古典学派的创始人，创建了世界上第一个经济学系。马歇尔富有创见地提出了供需二元论，他认为，市场价格取决于供、需双方的力量均衡，供需犹如剪刀的两翼，而供需优化的最佳模式，是充分竞争的自由贸易。

在很长时间里，凯恩斯的经济主张传承自马歇尔，他是自由贸易论的捍卫者。然而到1936年，他写出《通论》，一反过去的立场，转而强调贸易差额对国民收入的影响，相信保护政策如能带来贸易顺差，必将有利于提高投资水平和扩大就业，最终导致经济繁荣。

《通论》的诞生是对当时全球经济状况的一次回应。在经历了10年的和平发展之后，1929年，美国经济大萧条，随即欧洲各国相继陷入萧条陷阱，经济增长速度下滑超过20%，庞大的失业大军更可能成为点燃火药桶的引线。

在英国，1930年到1934年的平均失业率高达19%。内部经济的萧条和外部共产主义的威胁,让欧美政治家们束手无策,亟待一场理论上的突围。

就在这一时刻,凯恩斯挺身而出。

《通论》一书的理论起点是:现代市场经济可能会陷入一种非充分就业的均衡,即总供给与总需求达到均衡,但产出水平却远远低于潜在产出水平,且相当大的一部分劳动力处于失业状态。凯恩斯坚定地认为,供给绝对不可能创造对其自身的需求,需求具有相对的独立性。

由于并不存在引导经济恢复到充分就业的自我矫正机制或"看不见的手",因此,一国经济有可能在一个较长的时期内停留在低产出、高失业的痛苦状态。

很显然,如果这一状态无法得到改善,马克思在《资本论》中所预言的革命,就可能真的在工业化程度最高的国家爆发。

凯恩斯给出的药方是:通过货币政策和财政政策,政府能够刺激经济,并有助于保持一个较高的产出和就业水平。

凯恩斯主义的理论体系以解决就业问题为中心,而就业理论的逻辑起点是有效需求原理,需求大小主要取决于消费倾向、资本边际效率、流动偏好三大基本因素及货币数量。

在市场失灵的前提下,凯恩斯提出,国家干预的最直接的表现,就是实现赤字财政政策,增加政府支出,以公共投资的增量来弥补私人投资的不足。增加公共投资和公共消费支出,实现扩张性的财政政策,这是国家干预经济的有效方法。由此而产生的财政赤字不仅无害,而且有助于把经济运行中的"漏出"或"呆滞"的财富重新用于生产和消费,从而可以实现供求关系的平衡,促进经济增长。

在《通论》中,凯恩斯给出了一个简明的公式:

$$K=1/(1-b)$$

其中,b 为边际消费倾向,$b=\Delta c/\Delta Y$,Δc 为消费增量,ΔY 为国民收入增量。可见,边际消费倾向越大,支出的乘数效应也越大。也就是说，在乘数原理的作用下，政府每增加一笔支出 ΔG，经济就相应增加了 K 倍于 ΔG 的国民收入。即 $K \cdot \Delta G$。为了达到增加国民收入、促进经济增长的目的，政府实行扩张性的财政政策，就一定会不断扩大政府支出规模。

三

《通论》的出版，当即掀起轩然大波，凯恩斯被视为亚当·斯密的叛徒。但是，也是这部著作，让他在背叛传统经济理论的同时，开创了总量分析的宏观经济学。凯恩斯主义从此诞生。

在现实世界，让凯恩斯的理论走向实践并取得巨大成功的，不是英国人，而是美国的富兰克林·罗斯福（Franklin Roosevelt）和他的罗斯福新政。

罗斯福于1933年出任美国总统，提出了以救济、复兴和改革为主旨的经济复兴运动，其最重要的手段就是实施了政府主导的投资扩张政策。在新政期间，罗斯福在全国范围内兴建了18万个工程项目，包括近1000座飞机场、12000多个运动场、800多幢校舍与医院等公共建筑物。

为了解决最棘手的就业问题，罗斯福推出"以工代赈"的政策，其中最著名的是工程兴办署和专门针对青年人的全国青年总署，两者总计雇用人员达2300万，占全国劳动力的一半以上。

在理论界，到底是凯恩斯启迪了罗斯福，还是罗斯福成就了凯恩斯，一直是一个有趣的争议话题。不过，毋庸置疑的是，在20世纪30年代的中后期，政府干预主义重新归来，所不同的是，它建构在一个全新的理论体系之上。

自经济学诞生以来，亚当·斯密的《国富论》、马克思的《资本论》和凯恩斯的《就业、利息和货币通论》，被公认为三部最重要的经典。

它们都与"手"有关。

斯密发现了"看不见的手",马克思和凯恩斯则各自定义了"看得见的手",对后两人的认同、追随、修订与反叛,构成了近百年政治经济世界的全部风景。后世的治国者中,如果有10个马克思主义者,那么就有100个凯恩斯主义者,而且,前者中的一半可能还是伪装的凯恩斯主义者。

四

凯恩斯因心脏病突发,于1946年4月21日去世。在生命的最后两年,他致力于战后全球经济秩序的重建,并试图在与美国的谈判中为英国争取最多的权益。

在凯恩斯的经济增长模式中,他还特别鼓吹一国的国际贸易顺差,在他看来:"增加顺差,乃是政府可以增加国外投资之唯一直接办法;同时若贸易为顺差,则贵金属内流,故又是政府可以减低国内利率、增加国内投资动机之唯一间接办法。"这一理论为二战后的全球化贸易繁荣提供了理论支持。

1944年7月,凯恩斯率英国政府代表团出席布雷顿森林会议,在他的倡导和推动下,欧美国家同意成立国际货币基金组织和世界银行,凯恩斯还自告奋勇出任世界银行的第一任行长。

在战后全球金融秩序的规则制定过程中,凯恩斯与美国人发生了激烈的争执。美国人抱怨他是"世界上最糟糕的委员会主席"。美国财政部部长摩根索回忆说,凯恩斯用一种完全不可接受的方法来催促委员会完成任务:"他对银行问题了如指掌,当有人提到某一条款,他立即明白是怎么回事,而屋里的其他人都不知道它为何物,等你还没有反应过来,他已宣布条款通过,然后大家又开始在文件里乱翻,还没等你找到,那一条又通过了。"

尽管天纵奇才,可是趋势还是比人强。就是在布雷顿森林会议上,美国不顾凯恩斯的拼死反对,主导通过了一项条款,使美元成

▲ 在布雷顿森林会议上的凯恩斯。那场会议重构了全球经济霸权,"逼死"了凯恩斯。

为唯一能与黄金自由兑换的货币,从此,英镑失去主导地位。有人唏嘘说,凯恩斯的猝死,与此不无关系,凯恩斯主义拯救了美国经济,而美国人则逼死了凯恩斯。

凯恩斯的一生非常繁忙劳顿,所以,他为自己写的墓志铭是这样的:

不用为我悲哀,朋友,千万不要为我哭泣。
因为,往后我将永远不必再辛劳。
天堂里将响彻赞美诗与甜美的音乐,
而我甚至也不再去歌唱。

他曾对友人开玩笑说,最幸福的人生是:生于产床,活于机床,死于病床,其间躲过了所有的战乱。这样的看法当然非常的中产阶级。他的一生兵荒马乱,几无宁日,而他以理论为武器,与现实对抗。

阅读推荐

你几乎可以在每一本经济学教材或专著中读到凯恩斯，他如同一个坐标，是无数理论的起点，通往不同的小径。下面推荐的这一本书很厚，有900多页，却是最好的经济学家传记：

《凯恩斯传》/ 罗伯特·斯基德尔斯基 著 / 相蓝欣、储英 译

《通往奴役之路》：他什么都不相信，除了自由

> 通过赋予政府以无限制的权力，可以把最专断的统治合法化；并且一个民主制度就可以以这样一种方式建立起一种可以想象得到的最完全的专制政治来。
>
> ——弗里德里希·奥古斯特·冯·哈耶克

1944年，英国政府为了拯救经济，发表了一部《就业政策白皮书》，其指导思想正是来自于凯恩斯和他的政府干预主义。也是在这一年，弗里德里希·奥古斯特·冯·哈耶克（Friedrich August von Hayek，1899—1992）出版了《通往奴役之路》（*The Road to Serfdom*），在书中，哈耶克对如日中天的凯恩斯主义提出了委婉的批判：

"一些经济学家确实相信解决的办法来自于对大规模公共项目的启动做出巧妙的时间安排。这个方法将导致在竞争领域的严重限制。在向这个方向探索的同时，我们应当小心翼翼以防止所有的经济活动，会一步一步地依赖政府支出的方向和规模。"

凯恩斯在赴美参加布雷顿森林会议的海轮上，读完了哈耶克的新著。跟他的很多信徒所表现出来的愤懑不同，凯恩斯赞许哈耶克的书是一部"宏伟的著作，我们有最大的理由向你表示感谢，因为你说出了很多应该被说的。在道德和哲学上，我几乎同意你的所有观点"。

接着，凯恩斯对哈耶克的挑战提出了回应。他写道：

"但是，你并没有给我们提供在何处划分界限的说法。我猜想你大大地低估了中间道路的现实性。我要批评你将道德和物质的问题混为一谈。在思考和感觉都正确的社会，危险的行动也可以是安全的，但如果由那些思考和感觉都错误的社会来执行这些政策，就会走向地狱。"

凯恩斯与哈耶克的争论到此为止，再无交锋续篇。不过他们提出了一个迄今仍被反复讨论的课题：在经济体制与政治体制之中，交织着计划与市场、民主与专制四大要素，它们的配对调和，构成了数种迥然不同的国家成长模式。

从中，我们可以看到美欧自由经济、苏联模式、拉美化、北欧混合市场经济模式、东亚模式乃至中国特色社会主义经济等多个类型。

一

哈耶克出生于1899年，去世于1992年，几乎经历了整个20世纪。长寿的好处是，他见证了社会主义实验的全部进程，从马克思主义思潮的涌起，到苏联计划经济的建设、共产主义运动的风起云涌，直到东欧剧变，苏联解体。

哈耶克生于奥地利——那也是阿道夫·希特勒（Adolf Hitler）的故乡。这是一个摇摆在西欧和东欧两大意识形态阵营之间的小国家，微妙的国家处境为他的思考提供了一个更纠结也更原教旨的视角。

纳粹德国的终结，得益于美国与苏联的携手作战，这也造成战后思想市场的极度混乱。在西方世界，一度有超过一半的知识分子——特别是青年人，同情乃至倾向苏联。其中，最出名的是萨特等人在法国发起的存在主义运动。

而在反对者的阵营中，有两个旗帜般的斗士，他们共同发明了

▲ 新自由主义的两个旗手：哈耶克（左，中间站立者）和汉娜·阿伦特（右）。

"极权主义"这个新名词，并分别从政治学和经济学的角度对之进行了学理上的坚决批判，他们是汉娜·阿伦特（Hannah Arendt）和她的《极权主义的起源》（The Origins of Totalitarianism）、哈耶克和他的一系列著作。

哈耶克学术的黄金30年，从1944年创作《通往奴役之路》，到1974年获得诺贝尔经济学奖为止，这基本上也是思想界彻底清算计划经济模式的全部时间。哈耶克先后在纽约大学、奥地利商业周期研究中心、伦敦政治经济学院、芝加哥大学、弗莱堡大学等著名学府任教，在相当长的时间里，他是奥地利经济学派和新自由主义的一面旗帜。

二

哈耶克涉足领域繁杂，著述多达25部，最出名的有两部，一是1944年的《通往奴役之路》，二是1988年的《致命的自负》（The Fatal Conceit），它们共同的主题都是指出社会主义的谬误。

他不无悲悯地写道："在我们竭尽全力自觉地根据一些崇高的理想缔造我们的未来时，我们却在实际上不知不觉地创造出与我们一直为之奋斗的东西截然相反的结果，人们还想象得出比这更大的悲剧吗?"

《通往奴役之路》全书没有一张图表,没有一个公式,甚至没有任何统计数据,与其说它是一部纯粹意义上的经济学作品,倒不如说是一则道德哲学的宣言。哈耶克从文明的进程开始叙述,一路涉及道德、自由、民主、秩序等人类生存的根本性命题,他文笔雄壮,格言迭出,读来有一股真理在握的博大气势。

哈耶克把自由视为至高无上的道德准则,他甚至认为,"自由而非民主是终极价值"。他借用康德的观点认定,"如果一个人不需要服从任何人,只服从法律,那么,他就是自由的"。

他进而论述说:"最能清楚地将一个自由国家的状态和一个在专制政府统治下的国家的状况区分开的,莫过于前者遵循着被称为法治的这一伟大原则。只有在自由主义时代,法治才被有意识地加以发展,并且是自由主义时代最伟大的成就之一,它不仅是自由的保障,而且也是自由在法律上的体现。"

对于计划经济体制,哈耶克称之为一种无法达到的乌托邦,对其的迷信,是一种致命的自负,并必将通往奴役之路。在书中,他表达了三层"不相信"。

他不相信,健康的国民经济可以被集中管理和科学规划。

经济活动的完全集中管理这一观念,仍然使大多数人感到胆寒,这不仅是由于这项任务存在着极大的困难,而更多的是由于每一件事都要由一个独一无二的中心来加以指导的观念所引起的恐惧。

我们已经见到了,各种经济现象之间密切的相互依存,使我们不容易让计划恰好停止在我们所希望的限度内,并且市场的自由活动所受的阻碍一旦超过了一定的程度,计划者就被迫将管制范围加以扩展,直到它变得无所不包为止。

他不相信,政府可以控制对权力的贪婪。

通过赋予政府以无限制的权力,可以把最专断的统治合法化;并且一个民主制度就可以以这样一种方式建立起一种可以想象得到的最完全的专制政治来。如果民主制度决定了一项任务，而这项任务又必定要运用不能根据定则加以指导的权力时，它必定会变成专断的权力。

所谓经济权力，虽然它可能成为强制的一种工具，但它在私人手中时，绝不是排他性的或完整的权力，绝不是支配一个人的全部生活的权力。但是如果把它集中起来作为政治权力的一个工具，它所造成的依附性就与奴隶制度没有什么区别了。

他不相信，精英分子真的能发现绝对的真理。

从纯粹的并且真心真意的理想家到狂热者往往只不过是一步之遥。虽然失望的专家的激愤强有力地推动了对计划的要求，但如果让世界上每一方面最著名的专家毫无阻碍地去实现他们的理想的话，那将再没有比这个更难忍受和更不合理的世界了。

在哈耶克的理论体系中，苏联模式是一个从未消失过的、几乎是唯一的"假想敌"，或者说，他的所有观点都是为了反对而产生的：

在一个有计划的社会中，当局所掌握的对所有消费的控制权的根源，就是它对于生产的控制。

社会主义必须要有一个中央的经济计划，而这种计划经济最终将会导致极权主义，因为被赋予了强大经济控制权力的政府也必然会拥有控制个人社会生活的权力。

私有财产制度是给人以有限的自由与平等的主要因素之一，而马克思则希望通过消除这个制度来给予人们无限的自由与平等。奇怪得很，马克思是第一个看到这一点的。

是他告诉我们：回顾以往，私人资本主义连同其自由市场的发展成了我们一切民主自由的发展的先决条件。他从未想到，向前瞻望，如果是他所说的那样，那些其他的自由，恐怕就会随着自由市场的取消而消逝。

私人垄断很少是完全的垄断，更难长时期地存在下去，或者私人垄断通常不能忽视潜在的竞争。而国家的垄断则是一个受到国家保护的垄断——保护它不致受到潜在的竞争和有效批评。这在许多场合下就意味着，一个暂时性的垄断获得了一种总是保障其地位的权力，也就是一种差不多一定要被利用的权力。

三

就如凯恩斯所指出的，哈耶克的理论过于道德化，为了展开对计划经济的批判，他拒绝一切形式的管制，甚至一度主张"货币非国家化"，因而剔除了"中间选项"。

很多经济学家批评他的一些观点因过于极端而难以自洽，还有人因此提出了"米塞斯-哈耶克陷阱"。路德维希·冯·米塞斯（Ludwig von Mises）是奥地利学派和新自由主义的早期理论建构者，哈耶克是他的学生。

但是，与此同时，没有人敢否认他的道德勇气，因而他被视为新自由主义的一个符号。

到20世纪80年代，美国的里根总统和英国的撒切尔夫人发动了新一轮的私有化改革，大幅减少政府对市场的干预，哈耶克的名字被他们在各类演讲中一再提及，他再度走红。

哈耶克的著作很早就被引入中国，1962年，商务印书馆以"内部读物"的方式翻译出版了《通往奴役之路》，不过，他的观点与当时中国的局势格格不入，几乎掀不起一丝波澜。

直到20世纪90年代末，中国的经济改革行至深水区，《通往奴役之路》等书被重新翻译出版，迅速引起热烈的关注，成为市场化拥护者的最重要的理论武器，因为人们在他的论述中读到了太多"中国的影子"。

在《通往奴役之路》的"结论"中，哈耶克最后说："如果我们要建成一个更好的世界，我们必须有从头做起的勇气——即使这意味着欲进先退……我们几乎没有权利感到比我们的祖辈优越。我们不应忘记,把事情弄成一团糟的并不是他们,而是我们自己。"

阅读推荐

关于自由与民主的思考开始于"苏格拉底之死",千年未歇,却从未达成共识。推荐:

《良知对抗暴力:卡斯特里奥对抗加尔文》/ 斯蒂芬·茨威格 著 / 舒昌善 译

《开放社会及其敌人》/ 卡尔·波普尔 著 / 陆衡 等译

《极权主义的起源》/ 汉娜·阿伦特 著 / 林骧华 译

《理性与自由》/ 阿马蒂亚·森 著 / 李风华 译

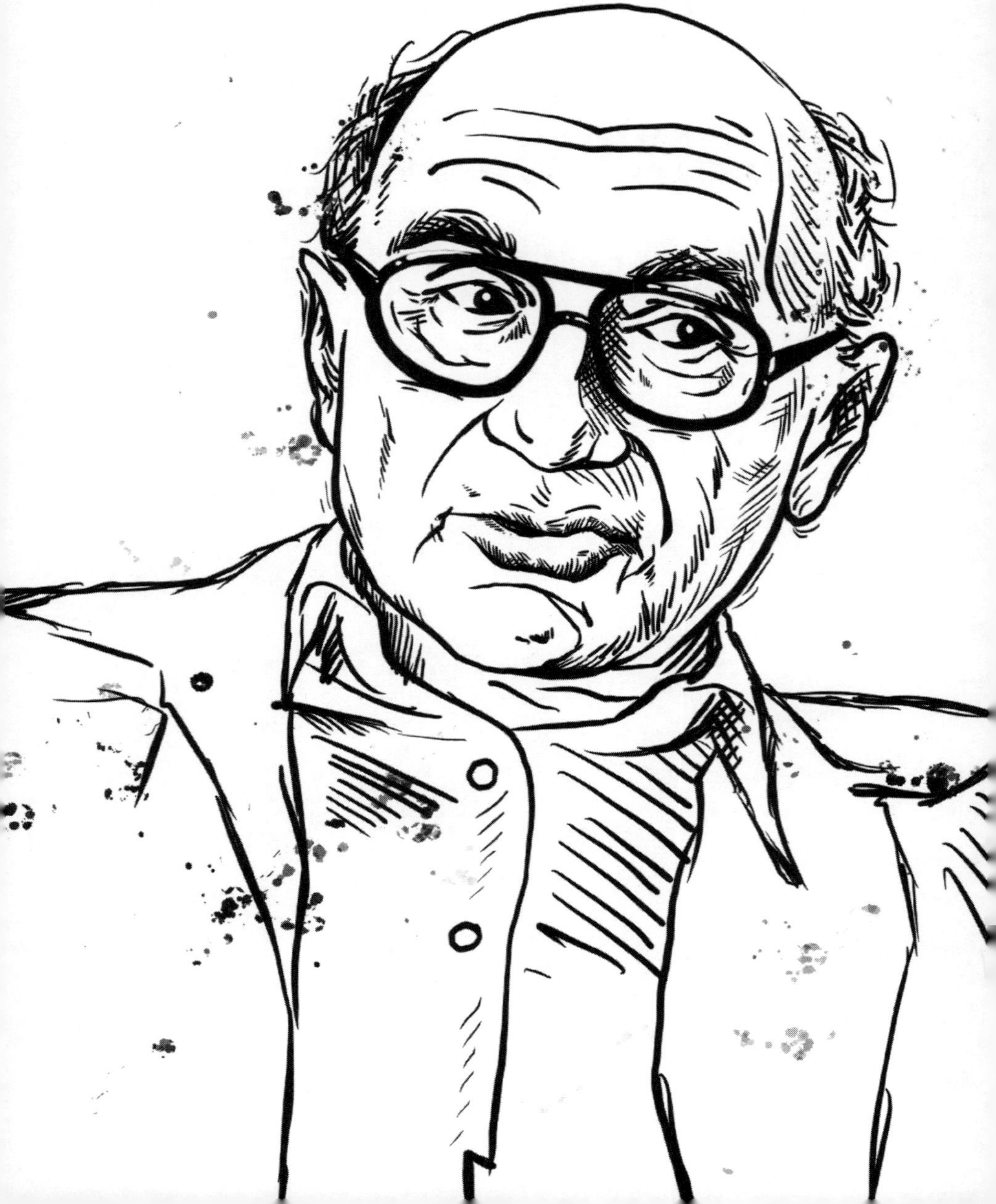

Milton Friedman

米尔顿·弗里德曼：经济学界的"矮巨人"

身高不足1.6米，但说话声音超响，
活了94岁，只有他老婆敢跟他辩论。

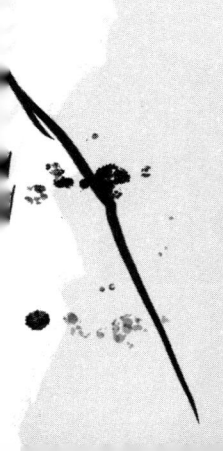

《自由选择》：经济学界有个"矮巨人"

> 自由、私有、市场这三个词是密切相关的。在这里，自由是指没有管制的、开放的市场。
>
> ——米尔顿·弗里德曼

在哈耶克获得诺贝尔经济学奖的两年后，1976年，瑞典皇家科学院把这个奖项颁给了米尔顿·弗里德曼（Milton Friedman，1912—2006），一个身高不足1.6米、讲话声音很响的"矮巨人"。

在凯恩斯主义大行其道的二战后20年，正是哈耶克和弗里德曼以异类的姿态捍卫了新自由主义的尊严，使自亚当·斯密以来所形成的传统没有被泛滥的自负淹没。而也是弗里德曼这一代人，让经济学创新的重心从老欧洲转移到了北美新大陆。

▲ 弗里德曼尽管矮小，在人群中却从来都很醒目。

弗里德曼活了94岁,一生著作等身,在这里向大家推荐的是他的《自由选择》(Free to Choose)一书。

一

1912年,弗里德曼出生于纽约市布鲁克林区的一个工人家庭,他的父母是从乌克兰移民到美国的犹太人。弗里德曼回忆说,读小学的时候,在人堆里,大家都看不到他,因为他实在太矮小了,可是他又非常爱与人争论,声音还很大,同学们给他取了一个外号,叫"瞎啰"(Shallow,肤浅的意思)。

21岁时,弗里德曼到芝加哥大学修读经济学硕士。上第一堂课时,座位是以姓氏字母顺序编排,他紧随一名叫罗丝的女生之后。两人6年后结婚,从此终生不渝,相伴68年。弗里德曼曾说,他的每部作品无一不由罗丝审阅。

在1975年,他出版了一本名为《天下没有免费的午餐》(*There's No Such Thing as a Free Lunch*)的书,从此使这个概念更广为人知。弗里德曼认为,任何商品都有一个价格,这个价格是由劳动力成本、流通成本、税收及企业家的预期决定的,但如果一个商品的价格低于市场价的话,那意味着有人为它做了补贴。这个补贴的角色有时是政府,有时是企业。

如果政府提供了低于市场价的商品,意味着政府用纳税人的钱做了补贴。所以弗里德曼认为,天下没有免费的午餐,"免费"的午餐,其实是全世界最昂贵的。

弗里德曼极端崇尚自由,认为"一个把平等置于自由之上的社会,两者都得不到。相反,一个把自由置于平等之上的社会,在很大程度上可以两者兼得"。因此,他认为,一个健康的市场经济,应该是由自由资本所主导的,而这个市场最基本的环境就必须是自由的。

对政府干预经济的行为，弗里德曼保持着极高的警惕，并强调充分的"法治"。他表达过一个跟哈耶克很近似的观点："已经集中起来的权力，不会由于创造它的那些人的良好愿望而变得无害。"他的理论信徒、美国总统里根曾经多次引用他的另外一句名言："政府才是导致今天经济不稳定的主要根源。"

弗里德曼一生好辩，乐此不疲。跟凯恩斯及以后的克鲁格曼等明星经济学家一样，弗里德曼乐于为大众媒体撰稿，并能够深入浅出地表述自己的观点。他曾为《新闻周刊》写了18年的专栏，还曾在电视台主持一档名为《自由选择》的系列节目，后来，节目内容结集出版，成了他平生的第一本畅销书。

弗里德曼创立了货币学派。他曾著有《美国货币史：1867—1960》（ A Monetary History of the United States, 1867—1960），这本书是美国经济学界研究货币的入门级殿堂作品。在这本书中，弗里德曼提出了一个观点：因为市场的配置是自由的，政府不应该进行管制，所以在货币的供给上，政府应该向市场公布一个长期的货币供应量。

但在凯恩斯主义者看来，如果政府做出长期货币稳定的承诺的话，就会缺乏调节市场的能力。

因此，弗里德曼的主张跟凯恩斯主义形成了一种对立。

晚年的弗里德曼因而抱怨说："50年前，我们只是被主流思想嘲弄的一小撮人。"

二

弗里德曼生活的20世纪，正是美国崛起的100年，在经济霸权日渐形成的时候，美国需要在经济学理论上获得相应的话语权。

在当时的芝加哥大学，聚集了一大批像弗里德曼这样的雄心勃勃的年轻人，其中还包括乔治·斯蒂格勒（George Stigler）、罗纳德·科斯（Ronald Coase）等人，他们年纪相近、气味相投，既各自为战，又互相提携，终而形成了近半个世纪以来最为显赫的芝加哥学派。

20世纪70年代之后，先后有6位芝加哥大学的教授或在芝加哥大学读过书的学者获得诺贝尔经济学奖，远超其他任何学派。弗里德曼甚至曾经打趣说，获诺贝尔经济学奖需要三项条件：男性、美国公民、芝加哥大学。

经济学原本就是一门济世之学，既有屠龙之术，当有用武之地。20世纪70年代，拉美地区爆发一连串的政治动荡，美国势力频频插手，而作为经济学家的弗里德曼等人自然不肯落于人后，他们开始向拉美输出美国经验。芝加哥大学的经济系在拉美各国吸引了一批青年人前来就读，他们被称为"芝加哥小子"（Chicago boys）。

1973年9月11日，智利发生政变，左翼的阿连德政权被推翻，亲美的皮诺切特军政府上台。就在阿连德政府被推翻的几个小时后，一些年轻的智利经济学家聚集在一家印刷厂里，催促着工人赶紧印刷一份叫作"智利经济复兴计划"的文件。第二天中午，这份计划书已经摆在了皮诺切特的办公桌上。

这些年轻的智利人均是弗里德曼培养出来的"芝加哥小子"。他们给智利经济开出了一个叫"休克疗法"（Shock Therapy）的药方，主要就是三条：第一，宣布所有的企业私有化；第二，政府全面地放松管制；第三，大规模地削减政府的支出。

到了1975年的时候，弗里德曼觉得智利的改革已经进行一年半了，他决定飞到智利去给他的学生们打打气。当他见到皮诺切特的时候，将军对他说，休克疗法已经搞了一年多，好像经济并没有复苏，反而有点混乱了，应该怎么办？大师说，你唯一做错的地方是改得不够快，不够彻底！你应该进一步推行私有化，政府应该进一步放松管制，应该更大幅度地削减政府的投资和支出。

但是，遗憾的是，弗里德曼的休克疗法似乎没有拯救智利。一位叫安德烈·冈德·弗兰克（Andre Gunder Frank）的智利经济学家，曾是弗里德曼的学生,他在一封致弗里德曼的公开信中披露:在阿连德时代,一个普通的工薪阶层,用其17%的收入就足够支付食物和交通费;但在皮诺切特时代,普通工薪阶层用其收入的74%,只够买面包这一项支出。

皮诺切特一共在位17年,是一位实际意义上的独裁者,他多次变更经济政策,直到20世纪80年代中期,智利经济才稳定下来,而具有讽刺意味的是,皮诺切特又把银行和资源型企业收归国有化,一家国有铜业公司贡献了全国出口收入的85%。

"芝加哥小子"在智利的试验,成为经济学界的一桩公案。政治的高度独裁与经济的极端自由化,一直在错配中痛苦而无解地博弈。在这里,我们似乎又读到了凯恩斯与哈耶克当年的那次小小的交锋。

弗里德曼一直不承认失败。1988年9月,中国爆发了严重的通货膨胀,在经济学家张五常的陪同下,弗里德曼访华,见到了当时的领导人。在与弗里德曼交谈时,该领导人曾感叹说,中国的问题非常复杂,如同一只老鼠有很多条尾巴。弗里德曼脱口而出:那好办,把它们一次性剪掉就行了。

三

弗里德曼的故事告诉我们,就如同没有一家商学院可以教出比尔·盖茨或马云一样,没有一本经济学教材或哪个学派,可以为一国经济开出现成的改革良方。在某种意义上,这不是凯恩斯的错,也不是弗里德曼的错。

即便在关于美国国内的经济政策上,他也并不总是对的。譬如,他在很长时间里不信任独立的美联储。他主张在通货膨胀与货币供给之间建立一个紧密而稳定的联结关系。

可是,现实的问题是,控制货币供应在实施上,远比理论要难得多。直到 2006 年,美联储主席艾伦·格林斯潘(Alan Greenspan)卸任时,弗里德曼在《华尔街日报》撰文承认,他低估了美联储或格林斯潘的能力。

弗里德曼的学生兼同事、1992 年诺贝尔经济学奖得主加里·贝克尔(Gary S. Becker)是这么评价弗里德曼的:"他能以最简单的语言表达最艰深的经济理论。"

弗里德曼非常雄辩,口才极好,但他在晚年的时候,对于名声带给他的思想上的寂寞,也有点无奈。在他的回忆录《两个幸运的人》(*Two Lucky People*)中,他自嘲说,自从自己成为学术权威后,只有老妻罗丝是唯一敢跟他辩论的人。

阅读推荐

对自由和存在的意义的讨论,是哲学的起源之一,也是二战后最重要的反思课题,而对其的思考,是每一个人走向成熟的必要一课。推荐:

《正义论》/ 约翰·罗尔斯 著 / 何怀宏 等译

《政治自由主义》/ 约翰·罗尔斯 著 / 万俊人 译

《西西弗神话》/ 加缪 著 / 沈志明 译

《局外人》/ 加缪 著 / 柳鸣九 译

《一九八四》/ 乔治·奥威尔 著 / 傅霞 译

《经济学》:"我写教科书,其他人拟定法律"

> 永远要回头看。你可能会由过去的经验学到东西。我们所做的预测,通常并不如自己记忆中的那样正确,两者的差异值得探究。
>
> ——保罗·萨缪尔森

直到 18 世纪末,经济学还不是一门独立的学科,亚当·斯密小心翼翼地把它从哲学和历史学中剥离出来,至凯恩斯大开大合,开创了宏观经济学。到 1948 年,保罗·萨缪尔森(Paul Samuelson,1915—2009)写出了第一本经济学的大学教科书,至此经济学才终于形成了自己的学科教育范式。这一年,萨缪尔森 33 岁。

萨缪尔森比弗里德曼小 3 岁,他在芝加哥大学经济系读本科的时候,弗里德曼在攻读硕士学位,他们终生互相欣赏,却彼此暗中较劲。本科毕业后,萨缪尔森离开芝加哥去了美国东部,此后一直在哈佛大学和麻省理工学院游走,他从来不承认自己是芝加哥学派学者。

1970 年,萨缪尔森获得诺贝尔经济学奖,是那一代美国天才经济学家俱乐部中的第一个,比弗里德曼早了 6 年。

一

萨缪尔森家族似乎有经济学基因,他的弟弟和妹妹都是经济学家,他还有一个侄子劳伦斯·萨默斯(Lawrence Summers)也是经济学家,当过美国的财政部部长和哈佛大学校长。

从读书之日起,萨缪尔森就是一个学霸,他在芝加哥大学的平均学分是 A，在哈佛是 A+。他的导师包括弗兰克·奈特（Fank Knight）、亨利·西门斯（Henry Simons）、道格拉斯·诺斯（Douglass North）、约瑟夫·熊彼特（Joseph Schumpeter）及有"美国的凯恩斯"之称的阿尔文·汉森（Alvin Hansen），可以说，他是在一家全世界最杰出的奶牛场里长大的牛仔。

从哈佛博士毕业后，萨缪尔森进入了一个研究学会，其中有多位成员获得过诺贝尔奖。正是在那个充斥着公式和数字模型的圈子里，萨缪尔森迷恋上了数学——他日常的业余爱好居然是解各种数学公式，并把它们引入经济学。

在一份自述中，他写道："我在大学时代就察觉到，数学会为现代经济学带来革命。我持续研究数学，到现在还记得第一次看到拉氏乘数的情景。"他在博士阶段的研究，就尝试着用数理、统计的方法来推演经济学问题，更新了整个经济学的研究范式。

30 岁的时候，萨缪尔森成了三胞胎的爹，他决定要赚更多的钱养家，一位同事提醒他，如果能够写一本经济学的教科书，那将是一份收入可观的工作。

于是，萨缪尔森真的用了三年时间去做这个项目。1948 年，《经济学》（*Economics*）出版，迅速成为北美乃至全球各大院校的通用教材。此后这本书每三年修订一次，让萨缪尔森吃了一辈子丰厚的版税，他因此颇有点骄傲地说："只要这个国家的教科书是我写的，那就让其他人去拟定法律条文吧。"

萨缪尔森的《经济学》有两个开创性的特点。

其一，他建立了经济学的基本学科叙述体系。全书共 7 个单元，分别是：基本概念，微观经济学，要素市场，应用微观经济学，宏观经济学，经济发展、经济增长与全球经济，失业、通货膨胀与经济政策。

在写这本《经济学》教材的时候，萨缪尔森还画出了一些曲线，直到今天它们仍然被应用着，成为经济学的一个基本框架。比如说，

▲ 1970年10月26日，在得知自己获得诺贝尔奖的当天，萨缪尔森在办公室拍下了这张照片。

他画出了全世界第一条供给曲线、需求曲线和成本曲线。萨缪尔森自称是"经济学的最后一个通才"，就是因为他充当了这一学科的建筑规划师的角色，在他之后的任何天才，除非另起炉灶，否则永远只能在他的图纸上修修补补而已。

其二，萨缪尔森把数学模型大规模地引入经济学体系中。经济学越来越像一门科学，一门可以通过公式和数据函数所推导的科学。

他回忆说，自己在芝加哥大学攻读经济学时，经济学还只是文字的经济学。"仅有少数勇于创新者使用数学符号。矩阵是稀有动物，在社会科学的动物园中尚不见踪迹，充其量只能看到一些简单的行列式……经济学像睡美人，它的苏醒正有待新方法、新典范与新问题的一吻。"

而萨缪尔森之后的经济学开始被数学工具统治，它变得壁垒森严，令人望而生畏，也终于与哲学、历史学划江而治，独立成国。

二

萨缪尔森是一个特别不善于谦虚的人，他曾沾沾自喜地引用别人的评论说，"新生代的经济学将来自《经济学》一书"。

"我可以自夸，在谈论现代经济学时，我所谈论的正是'我自己'。我所研究的范畴，涵盖了经济学的各个领域。我有次自称是经济学界最后一位通才，著作与教授的科目广泛，诸如国际贸易与计量经济、经济理论与景气循环、人口学与劳动经济学、财务金融与独占性竞争、教条历史与区位经济学等等。"

尽管这样的自夸听上去让同僚们不太舒服，不过好像也没有人觉得有什么不妥。有的天才就是善于给自己写"维基百科"。瑞典皇家科学院把诺贝尔奖颁给他的理由，也几乎如出一辙："他发展了数理和动态经济理论，其研究涉及经济学全部领域。"

跟弗里德曼等人一样，萨缪尔森不是一个躲在学院里的学究，他30岁时就被聘任为美国财政部顾问，从此他的理论一直盘旋在白宫上空。

1961年1月，约翰·肯尼迪就任美国总统，美国此时正面临经济萧条，他发表的第一篇国情咨文中就悲观地宣布："目前的经济状况是令人不安的。我是在经历7个月的衰退、3年半的萧条、7年的经济增长速度降低、9年的农业收入下降之后就任的。"

萨缪尔森被肯尼迪聘为总统经济顾问，在他的一力建议下，著名的"肯尼迪减税"政策推出。这一国策增加了消费支出，扩大了总需求，并促进了经济生产和就业。当减税政策最终在1964年全面实施时，它促成了一个长达8年的经济高增长时期。

在学术界，萨缪尔森也俨然扮演了江湖盟主的角色。他是世界计量经济学会、美国经济学会、国际经济学会的会长，"如果有银河经济俱乐部，大概也少不了他"。1961年，他在《经济学》第5版中，宣告自立了一个门派——新古典综合学派。

三

不过，萨缪尔森也不是没有对手和"敌人"，他们就是芝加哥学派的那些傲慢的自负者们——弗里德曼、斯蒂格勒和科斯等。

进入20世纪70年代中期，欧美各国都出现了经济停滞和通货膨胀并存的现象，即"滞胀"。萨缪尔森的新凯恩斯主义遇到了麻烦，无法解释这一现象。

轮盘终于从萨缪尔森那里转到了芝加哥大学，弗里德曼等人的货币学派开始占领总统经济顾问委员会，他们主张政府最重要的经济职能就是调节货币供应，除此之外则不应该对经济进行任何干预。里根政府正是奉行了货币学派的政策，走出了滞胀的泥潭，并开创了另一个高增长的时期。

20世纪90年代之后，一些战后出生的中生代学者也发起了对萨缪尔森的挑战，他们认为他已经"老"了。约瑟夫·斯蒂格利茨（Joseph Stiglitz）、曼昆等人相继出版了独立编撰的《经济学》教科书，它们都极具影响力。

斯蒂格利茨在自己的教科书中专门针对曾经的导师萨缪尔森写了一段话："现有的教科书不能使人们了解现代经济学，即不能使人们理解现代的经济学者如何考察世界的原理，以及不能使人们理解为了懂得当前的经济问题而必须具备的原理。当我们即将进入一个新世纪的时候，我们需要超过马歇尔和萨缪尔森。"

萨缪尔森当然不认为芝加哥学派的那些人可以替代他。他批评斯蒂格勒在数学方面没受过扎实的训练，他还说科斯不懂定理，"科斯并不知道自己的定理是什么。至于到底是否存在这么一个定理，还存在较大的争议"。对于最具影响力的弗里德曼，他更是时不时在演讲中对其冷嘲热讽。

对"当代凯恩斯主义的集大成者"这个标签，萨缪尔森并不太乐意接受，他称自己为"后凯恩斯主义者"，认为完全忠实于凯恩斯主义甚至和相信纳粹口号一样好笑。

他在文集《中间道路经济学》（Middle Way Economics）序言中表示，左派和右派的思想家喜欢用极端对立的方式思考问题，但这并不是他作为一个经济学家的作风，经验使他不得不成为折中主义者：在个人的创造性和最优社会规则之间，寻找一条中庸之道。

2008年，金融危机爆发后，萨缪尔森在《纽约时报》撰文，仍然没有饶过已经去世的弗里德曼，他认为金融危机的肇因就是受了弗里德曼思想影响的政策。他写道："今天我们见识了弗里德曼的'一个市场能够调节它自身'的观点有多么错误，我希望他仍然活着，这样他就能够见证他观念中的极端主义是如何导致自身的失败的。"

一年后的2009年12月13日，萨缪尔森也去世了。不知道，这两位同样善于辩论并终生互不服气的经济学家，在天堂里是否又会整天吵个没完。

阅读推荐

萨缪尔森的《经济学》已出到了第19版，发行逾千万册，是绝大多数经济学、管理学本科生的教科书。推荐阅读的版本是商务印书馆出版的三个版本——名著版、教材版和典藏版。此外，还推荐与萨缪尔森的《经济学》并称为"最受欢迎的三大经济学教材"的另外两本：

《经济学》/ 约瑟夫·斯蒂格利茨 著 / 张帆 等译

《经济学原理》/ 格里高利·曼昆 著 / 梁小民、梁砾 译

在商业入门教科书中，推荐：

《认识商业》/ 威廉·尼克尔斯 等著 / 陈智凯 等校译

若对经济理论史感兴趣，推荐：

《经济增长理论史》/ 罗斯托 著 / 陈春良 等译

《创新与企业家精神》：一个"旁观者"的创新

> 管理就是界定企业的使命，并激励和组织人力资源去实现这个使命。界定使命是企业家的任务，而激励与组织人力资源是领导力的范畴，两者的结合就是管理。
>
> ——彼得·德鲁克

现代意义上的经济学（马克思当时称为庸俗经济学）萌芽于18世纪末，与此相比，管理学的出现则要晚130多年。

1911年，机工学徒出身的弗雷德里克·温斯洛·泰勒（Frederick Winslow Taylor）出版了《科学管理原理》（The Principles of Scientific Management），标志着管理学的雏形初现。而当时，亨利·福特（Henry Ford）的T型车已经问世3年了。泰勒认为，只有用科学化、标准化的管理替代传统的经验管理，才是实现最高工作效率的手段。他的理论全部来自于美国企业家们在车间一线的成功实践经验。

而真正让管理学建立完整知识架构，并对企业的性质和企业家精神进行了定义的，则是彼得·德鲁克（1909—2005），他因此被称为"大师中的大师"。

德鲁克一生著述超过60种，其中，《公司的概念》（Concept of the Corporation）、《管理的实践》（The Practice of Management）、《卓有成效的管理者》（The Effective Executive）、《管理：任务、责任、实践》（Management: Tasks, Responsibilities, Practices）、《创新与企业家精神》（Innovation and Entrepreneurship）、《21世纪的

管理挑战》（*Management Challenges for the 21st Century*）和《旁观者：德鲁克自传》（*Adventures of a Bystander*），到今天，都是值得认真阅读的经典著作。每一个从事商业工作的人，都应该为德鲁克专门留下一行书架。

▲ 德鲁克、书桌和打字机，没有秘书。

一

1909年，德鲁克出生于维也纳，母亲是一位医生。八九岁时，小德鲁克与心理学家西格蒙德·弗洛伊德（Sigmund Freud）握过一次手，他到晚年一直对此津津乐道。这对他的潜在影响也许真的不小，在自传《旁观者》中，他写道，"我一向对具体的'人'相当感兴趣，不喜欢人的抽象概念。我所写的一切无不强调人的多变、多元及独特之处"。

22岁时，德鲁克获得法兰克福大学法学博士学位。年轻的德鲁克曾有过短暂的新闻记者的经历，后来成为一位管理咨询师——一个特别有意思的现象是，优秀的管理学者大多有媒体和咨询公司的从业经历。

1943年，德鲁克受聘为当时世界上最大的企业——通用汽车公司的顾问，对公司的内部管理结构进行研究。通用汽车表示出极大的坦诚，它向德鲁克开放了所有公司文件，并允许他访问公司的任何一位职员。而德鲁克为了创作这个案例也下了大功夫，他花两年时间访问了通用汽车的每一个分部和位于密西西比河以东的大部分工厂，进行了大量的考察和访谈工作，阅读了浩瀚的、分为不同机密等级的内部文件。1946年，德鲁克出版《公司的概念》，"讲述拥有不同技能和知识的人在一个大型组织里怎样分工合作"。这算是史上第一本关于大型企业组织管理运营的专著。

在书中，德鲁克对通用汽车的管理模式及公司价值观提出了不少质疑。这部作品出版后，当即遭到了通用汽车的全面抵制。在此后的20多年里，通用都拒绝评论这部作品。甚至在该书出版20年后，通用汽车CEO艾尔弗雷德·斯隆（Alfred Sloan）出版了比《公司的概念》厚一倍的《我在通用汽车的岁月》（*My Years with General Motors*），全面驳斥德鲁克的观点。而这两本书的交相辉映，正印证了管理学的多元与复杂。

1954年，德鲁克出版《管理的实践》，提出了一个具有划时代意义的概念——目标管理。此后20年是德鲁克创作的黄金期，他先后出版了《卓有成效的管理者》《管理：任务、责任、实践》等书，全面建构了管理学的学科体系，也正是在他的努力下，管理学成为一门独立学科。

在德鲁克看来，管理学就本质而言，是关于人的管理和自我管理的综合艺术——"综合"是因为管理涉及基本原理、自我认知、智慧和领导力，"艺术"是因为管理是实践和应用。企业组织的目的是创造和满足顾客，企业的基本功能是行销与创新。组织的目的是使平凡的人做出不平凡的事。

二

1985年，76岁的德鲁克出版了《创新与企业家精神》，在我看来，这是德鲁克"最后的不朽杰作"。他从管理学的角度定义了什么是企业家精神，并将之输出为一种全社会的能力。

第一个把创新提炼为商业关键词的是经济学家熊彼特——德鲁克父亲的朋友。他认为所谓创新，就是建立一种新的生产函数，把一种从来没有过的关于生产要素和生产条件的新组合引入生产体系。而企业家的职能就是实现创新。熊彼特把资本主义描写为以"永不停止的狂风"和"创造性破坏"为特征的经济系统，创新是"不断地从内部革新经济结构"的"一种创造性的破坏过程"。

德鲁克对熊彼特的理论进行了管理学意义上的格式化，在书中，他把创新视为企业家精神的核心，并认为，这是一个可以被组织化的任务和系统化工作。"创新是有目的性的，是一种训练。检验创新的并不是它的新奇、它的科学内容或是它的小聪明，而是它在市场中的成功与否。"

在德鲁克看来，传统的经济学家们对企业家的重要性的认识是不足的，经济学并没有解释为什么19世纪末出现了那种企业家精神。企业家精神本身及其如此重要的原因都不属于经济范畴，而与价值观、认知和处世态度的改变有关，也包括人口、机构和教育的变化。

在这个理论基础上，德鲁克创造性地提出了"企业家经济"这个新概念。他发现了几个重要的事实：

在过去的几十年里，企业的组织模式和管理经验，已经超出商业的范畴，而被广泛地使用于政府、科研机构和其他非营利性组织。

企业，特别是中小企业成为一个国家繁荣的基本动力，它们再造了社会运转的模式。

企业家精神和创新，构成一种新的价值观，体现在各个阶层和行业，成为文化和社会心理的基本面。

德鲁克因此得出结论：管理是一种新技术（而不是特定的某个科学或发明），它使美国经济走向了企业家经济，也将使美国进入一个企业家社会。

三

斯图尔特·克雷纳（Stuart Crainer）在《管理大师50人》（*50 Thinkers Who Made Management*）中写道："德鲁克在世的这些年来，管理者们只有一件事可做，那就是思考或面对他在书中没有写到的问题。"

德鲁克是一个善于把复杂问题简单化的人，但这还不是他的思想最迷人的地方。德鲁克之所以是一个伟大而不仅仅是一个优秀的管理思想家，是因为他终生都在拷问自己一个看上去不是问题的问题："企业是什么？"1992年，他在接受《华尔街日报》的一次专访中再次提醒说："企业界到现在还没有理解它。"

他举了鞋匠的例子，他说："他们认为一个企业就应该是一台挣钱的机器。譬如，一家公司造鞋，所有的人都会对鞋子没有兴趣，他们认为金钱是真实的，其实，鞋子才是真实的，利润只是结果。"

我不知道别的人读到这段文字时是什么感受，至少我是非常感动。我是在做了十多年的企业调研之后，才读到这段话的，在那一刻，我觉得自己似乎终于触摸到了所谓的"商业之美"。

也许我们真的太漠视劳动本身了，我们只关心通过劳动可以获得多少金钱，却不太关心劳动本身及其对象的意义。世界上之所以出现鞋匠，是因为有人需要鞋，而不是因为鞋匠需要钱。

德鲁克自称是一个"介入的旁观者"，永远在一线，永远格格不入。

他一生研究大公司，但他自己的机构却只有一台打字机、一张书桌，也从来没雇用过一名秘书。他半辈子住在一个小城镇上，似乎是为了抵抗机构和商业对思想的侵扰。在一封公开信中，他抱歉地写道：万分感谢你们对我的热心关注，但我不能——投稿或写序；点评手稿或书作；参与专题小组和专题论文集撰写；参加任何形式的委员会或董事会；回复问卷调查；接受采访和出现在电台或电视台。

1994年，吉姆·柯林斯（Jim Collins）刚刚出版了《基业长青：企业永续经营的准则》(*Built to Last: Successful Habits of Visionary Companies*)。有一天，他受到德鲁克的邀请去共度一日，当时，柯林斯想创办一间咨询公司，名字就叫"基业长青"，德鲁克问他的第一个问题是："是什么驱使你这样做？"柯林斯回答说是好奇心和受别人影响。他说，"噢，看来你陷入了经验主义，你身上一定充满了低俗的商业气息。"

每一个企业家碰到德鲁克都会问他一个与自己产业有关的问题。而德鲁克却告诉大家，"企业家首先要问自己：我们的业务是什么？"这好像是一个再简单不过的问题了，却是决定企业成败的最重要的问题。要解答这个问题，企业家必须首先回答：谁是为我们提供"业务"的人？也就是说，谁是我们的顾客？他们在哪里？他们看中的是什么？我们的业务究竟是什么？或者说，我们应该做什么？怎么做？不做什么？

这样的追问，它的终级命题便是：你将如何构筑"企业的战略管理"。

四

2005年11月11日，彼得·德鲁克在酣睡中悄然离世，而在前一年，他还出版了最后一部新著。

再也不会有德鲁克了。

在管理界，德鲁克的后继者们似乎已经排成了队，汤姆·彼得斯（Tom Peters）、詹姆斯·钱匹（James Champy）、加里·哈梅尔（Gary Hamel）、吉姆·柯林斯乃至日本的大前研一，他们更年轻、更富裕、更有商业运作的能力，他们的思想有时候更让人眼花目眩，但是，当大师真正离去的时候，我们才发现，再也不会有德鲁克了。再也不会有人像他那样，能够把最复杂的管理命题用如此通俗的语言表达出来。再也不会有人像他那样，用手工业的方式来传播思想。

在今后 50 年内，要取得德鲁克式的成功是困难的。我们且不说当代公司管理的课题已经越来越技巧化，商业思想的制造越来越商品化，单是就一个人的生命而言，那也困难到了极点——

它要求一个人在 40 岁之前就完成他的成名之作，接着在随后的 50 年里不断有新的思想诞生——起码每一年半出版一部新著。他要能够每隔 5 年把《莎士比亚全集》从头至尾重读一遍。另外，最困难的是，他要活到 96 岁，目睹自己的所有预言——实现，而此前的一年，还能够从容应对《华尔街日报》记者的刁钻采访。

阅读推荐

管理类的书籍不胜枚举，除了德鲁克，如果再推荐三本的话，我的书单是：

《管理学》/ 斯蒂芬·罗宾斯 著 / 刘刚 等译

《影响力》/ 罗伯特·西奥迪尼 著 / 闾佳 译

《高效能人士的七个习惯》/ 史蒂芬·柯维 著 / 高新勇 等译

"竞争三部曲"：战略模型的设计大师

> 战略思想很少自发地产生。
> 竞争优势是竞争性市场中企业绩效的核心。
>
> ——迈克尔·波特

　　哈佛大学商学院成立于1908年，比彼得·德鲁克还年长一岁，是世界上最著名的商业思想产房和企业家摇篮。大学之大，在于大师，它的盛名正在于拥有一支无比显赫的"教授军团"和影响力巨大的《哈佛商业评论》。

　　迈克尔·波特（Michael Porter，1947—　）算是哈佛商学院里名声最隆的教授。在2005年的"世界管理思想家50强"排行榜上，他位居第一。

　　波特研究的领域是战略。如果说德鲁克确立了管理学的学科地

▲ 讲课中的迈克尔·波特，其实他的演讲技巧一直很差。

位,那么,比他晚一辈的迈克尔·波特则让管理学的影响力超出了商业世界的范畴。

让波特成为"竞争战略之父"的,是他的竞争三部曲:《竞争战略》(*Competitive Strategy*)、《竞争优势》(*Competitive Advantage*)和《国家竞争战略》(*The Competitive Advantage of Nations*)。

一

迈克尔·波特出生于二战后的1947年,他的父亲是一名军官,在美国军需处服役,官至上校。波特毕业于普林斯顿大学的机械与航天工程专业。1973年,他获得哈佛大学商业经济的博士学位。他是一位体育痴迷者,参加过高中和大学的橄榄球队、棒球队和高尔夫球队。也就是说,他遗传了家族的军人基因,他的血管里流淌着对抗和竞争的血液。

战略是一个从军事学里诞生出来的名词,在很长时间里,商学院关于企业战略的授课大多采用的是经典的军事著作,包括中国的《孙子兵法》。在波特之前,只有企业史学者艾尔弗雷德·钱德勒(Alfred Chandler)——他也是哈佛商学院培养出来的大师——在《战略与结构:美国工商企业成长的若干篇章》(*Strategy and Structure: Chapters in the History of the American Industrial Enterprise*)一书中,以案例分析的方式,对企业战略的建构与实施进行过阐述。

1980年,33岁的迈克尔·波特出版了《竞争战略》,顿时开创了新局面。

企业竞争战略要解决的核心问题是,如何通过确定顾客需求、竞争者产品及本企业产品这三者之间的关系,来奠定本企业产品在市场上的特定地位并维持这一地位。迈克尔·波特提出了三种一般性战略:总成本领先战略、差异化战略及专一化战略。

"总成本领先战略"要求企业必须建立起高效、规模化的生产设施，全力以赴地降低成本，严格控制生产制造、研发、服务、推销、广告及管理等方面的成本，确保总成本低于竞争对手。

"差异化战略"是将公司提供的产品或服务差异化，树立起一些在全产业范围中具有独特性的东西。实现差异化战略可以有许多方式，如设计名牌形象，保持技术、性能特点、顾客服务、商业网络及其他方面的独特性，等等。

"专一化战略"是公司主攻某个特殊的顾客群、某产品线的一个细分区段或某一地区市场，使其赢利的潜力超过产业的平均水平。公司要么通过满足特殊对象的需要而实现了差异化，要么在为这一对象服务时实现了低成本，或者两者兼得。

这三种一般性战略，都无法尽善尽美。比如，控制总成本，有可能影响公司的长期研发投入；追求差异化和专一性，与提高市场份额的目标往往不可兼顾，而且总是伴随着很高的成本代价和交付风险。迈克尔·波特在《竞争战略》一书中，对此进行了详尽的诠释并提供了可能的解决方案。

《竞争战略》的出版，让年轻的波特声名鹊起，从而奠定了他的学术地位。《经济学人》（*The Economist*）杂志赞誉说："如果有人能把管理理论改变为令人尊敬的学院派原则，这个人就是迈克尔·波特。"

二

1985年，迈克尔·波特出版《竞争优势》，进一步完善了他的竞争战略理论。

他创造性地提出了"价值链"这个全新概念："每一个企业都是在设计、生产、销售、发送和辅助其产品的过程中进行种种活动的集合体。所有这些活动可以用一个价值链来表明。它们互不相同但又相互关联，构成了一个创造价值的动态过程。"

波特进而认为，所有的竞争规则总是以五种竞争力量的形式出现，他总结为"五力模型"。

"五力"包括：供应商的议价能力、购买者的议价能力、潜在竞争者进入的能力、替代品的能力和行业内竞争者现在的竞争能力。五种力量的不同组合变化，最终影响行业利润和竞争格局的演化。

一位优秀的理论建构者的核心能力就是，能够将大量不同的因素汇集在一个简单的模型中，以此分析一个艰涩课题的基本态势。迈克尔·波特无疑具备了这种天才般的能力。

波特提出的三种一般性战略和"五力模型"，成为无数企业和行业研究竞争能力和确定战略的基本分析框架。

三

1990年，迈克尔·波特完成了"竞争三部曲"的最后一部《国家竞争战略》。在这本书中，波特展现出更大的雄心，他试图把自己的竞争战略理论延伸到一个更广泛而具挑战性的学术领域——国家竞争力的战略设计。

波特集中研究了英国、丹麦、意大利、日本、韩国、新加坡、瑞士、瑞典、美国和德国等10个国家，对战后不同的国家发展模型提出了自己的看法。他试图用自己的理论解释，是什么使某个国家的企业和行业在全球市场上具有竞争力，又是什么在推动整个国家经济的前进。

他提出了一连串诱人的设问："为什么以某个国家为基地的企业就可以创造和维持竞争优势，并能和另一个地区的全球最好的竞争对手旗鼓相当？为什么小小的瑞士可以在制药、巧克力和贸易领域里领先于世界其他地区？为什么载重货车和采矿设备的行业巨头都在瑞典？"

正是从这些设问出发，波特提出了一个国家构建经济竞争力的

"菱形"模型，它由四种力量组成：要素条件，需求条件，相关支持行业，以及企业的战略、结构和对手。

波特写作此书的时候，世界正在发生几个历史性的巨变：全球经济一体化进入一个新的高潮期，跨国公司的力量日益显现，而同时，东欧剧变、苏联解体让传统意义上的计划经济模式破产，但是"东亚四小龙"的崛起则呈现出另外一种全新的政府主导经济模式。

作为一个非政治领域的学者，波特的《国家竞争战略》从一个出其不意的视角为人们的思考打开了一扇窗，也让他冒险进入了一个新的商业领域。

在德鲁克时代，管理学家从来只与企业打交道，政府的智库或顾问委员会的椅子都是为经济学家们准备的，如果有一个国家的政要到哈佛大学聘用学者，一般不会去商学院，而是径直到查尔斯河对岸的肯尼迪政府学院。然而，波特彻底打破了这一惯例。他成为印度和葡萄牙的国家战略顾问，还为哈佛大学所在的马萨诸塞州政府拟定了《马萨诸塞州的竞争优势》白皮书。在亚洲，他更成为新加坡的李光耀、马来西亚的马哈蒂尔等强势领导人最喜欢的西方学者。

可以说，正是波特混淆了管理学家的学术服务边界，而这正应和了德鲁克在1985年所提示的"企业家精神向全社会渗透"的前景。不过，波特的国家竞争战略也让经济学家们很不爽，后者觉得管理学家动了他们的"奶酪"，手伸得实在太长了（参见本书的保罗·克鲁格曼一篇）。

四

迈克尔·波特的著作严谨而富有层次感，具备强大的推理性和自洽性，不过，也冗长而沉闷。他很沮丧自己没有畅销书作家的天赋。《经济学人》杂志调侃道："若是让迈克尔·波特发表些妙语连珠、吸引眼球的东西，会比要求他穿着女式内衣公开演讲还让他感到难堪。"

甚至，他的竞争战略理论，也常常遭到诟病，有人抱怨说："这更多是一种理论思考工具，而非可以实际操作的战略工具。"

2012年11月，还发生过一件轰动一时的事件。由迈克尔·波特发起成立的一家战略咨询公司摩立特集团，因经营不善向法院提出了破产保护的申请。"战略大师也救不了自己的公司"的新闻，让他非常难堪。波特透过《哈佛商业评论》澄清说："我从来不曾为摩立特工作过。我参与创办、支持并鼓励他们，但我既没有位列董事会，也不曾任职于管理层。"

其实，摩立特事件无非再一次证明，战略的制定与执行，是多么不同而困难的两件事情，商业世界的不确定性，远远大于书本上的任何模型。就学术而言，哪怕摩立特破产100次，当人们讨论竞争战略的时候，还是无法绕开这个熟悉的名字：迈克尔·波特。

阅读推荐

其他以"战略"定名的书籍，大多是对波特理论的诠释或补充，在这里只推荐两本与战略设计有关的书籍，它们生动而实用：

《企业生命周期》/ 伊查克·爱迪思 著 / 王玥 译

《公司精神》/ 杰斯珀·昆德 著 / 阿弥 译

《乌合之众》：群众是如何被发动起来的

> 群体的"上帝"从未消失，一切宗教或政治信条的创立者之所以能够站住脚，是因为他们成功地激起了群众想入非非的感情，他们使群众在崇拜和服从中，找到了自己的幸福，随时准备为自己的偶像赴汤蹈火。
>
> ——古斯塔夫·勒庞

所有政治、经济规划或商业活动的成败，归根到底，都取决于受众的行为：他们在什么时候，愿意以怎样的价格或方式，为什么而买单——它可能是一个商品，也可能是一个理想。黑格尔认为，获得认可的欲望，是人最基本的愿望。可问题正在于，认可和欲望，都很难彻底地被量化和评估。

在这个意义上，很多人便认为，经济学和管理学终归不是一门"科学"，它们尽管已经独立门派，但是在根子上，仍然无法剪掉与人文哲学和历史学之间的"脐带"。

即便对于经典经济学家而言，所有的模型、公式和数据仍然需要建立在最为微妙而波动的消费者心理之上。凯恩斯在建构他的宏观经济学体系时，便提出了三大基本心理规律，分别是边际消费倾向规律、资本边际效率规律和流动偏好规律，它们被视为凯恩斯主义的支柱。

在过去100年里，有三位非经济学科出身的人——他们分别是心理学家、码头工人和政治传播学家——先后写出了三本著作，勾勒出了群体心理在公共行为中的非理性表现。

一

这三本书中,最出名、最具理论价值的是法国人古斯塔夫·勒庞(Gustave Le Bon,1841—1931)的《乌合之众》(*Psychologie des Foules*),它是大众心理学的奠基之作。

▲ 医生勒庞。

勒庞出生于1841年,是一位医学博士,他到43岁左右的时候才开始研究群体心理,而那时,正是工业革命再造欧洲社会的转折时刻。在书的引论中,他明晰地写道:当今时代是人类思想正在经历转型的关键时刻之一,它来自于两个基本因素,一是宗教、政治和社会信仰的毁灭,二是现代科学和工业的发展创造了一种全新的生存和思想条件。

混乱造成了群龙无首的过渡状态,勒庞称之为"群体时代",而可怕的是,立法者和政治家对"大众阶层是如何崛起的、又是如何滋生出力量的",其实一无所知。

作为一个资深的病理学家,勒庞把正在发生巨变的社会看成一群"集体发作的病人"。他认为，当无数的人聚集在一起的时候，他们的行为在本质上不同于人的个体行为。人在群体聚集时有一种思想上的互相统一，勒庞称之为"群体精神统一性的心理学定律"，他得出了一个非常可怕的结论：理性对群体毫无影响力，群体只受无意识情感的影响。

在《乌合之众》一书中，勒庞提出了一系列骇人听闻的观察：

群体用形象思维思考，且这些形象之间并无逻辑关系。形象暗示产生的情感，有时非常强烈以至于能够被付诸行动。群体易被奇迹打动，传说和奇迹是文明的真正支柱。

高深的观念必须经过简化才能被群众接受，这和做产品很像，普适的产品一定是非常简单通用的。要影响群体，万万不可求助于智力或推理，绝对不可以采用论证的方式，而是应该从情感层面施加影响。而且，要想让这种信念在群体中扎根，需要把能导致危险的讨论排除在外，就像是宗教的手法。

群体不善推理，却急于行动。时势造英雄，其实英雄只是一个被动的产物，英雄的出现是必然的，但具体是谁成了英雄，是偶然的。影响想象力的绝对不是事实本身，而是事实引起人们注意的方式，掌握了影响群体想象力的艺术，也就同时掌握了统治他们的方式。

大众的想象力历来都是政治家权力的基础，伟大的政治家都会把群众的想象力视为权力的基石。群体会夸大自己的感情，因此它只会被极端感情所打动。希望感动群体的演说家，必须出言不逊、信誓旦旦、不断重复，绝对不以说理的方式证明任何事情。

群体的道德，会比个人的更好或更坏。他们可以杀人放火，无恶不作，但是也能表现出极崇高的献身和不计名利的举动，即孤立的个人根本做不到的极崇高的行为。以名誉、光荣和爱国主义作为号召，最有可能影响到组成群体的个人，而且甚至可以达到使人慷慨赴死的地步。

……

在这本并不太厚的心理学著作中,充斥着这样的文字,如手术刀般冰冷,却又精准细微。

为了向人们描述群体癫狂效应是如何在商业行为中发酵并被资本家们所利用的,勒庞引用了发生在1719年的"密西西比计划"。在那次事件中,一位法国银行家以一个子虚乌有的密西西比流域的经济开发计划为由头,发行并炒作股票,酿成法国金融史上最大的泡沫。勒庞警示道:"是金钱导致了癫狂,还是癫狂制造了幻想?群体聚在一起的荒唐行为可见一斑。"

二

勒庞的《乌合之众》开了群体心理研究的先河,其后数十年追随者颇多,而最值得读的两本书是沃尔特·李普曼(Walter Lippmann)的《公众舆论》(*Public Opinion*)和埃里克·霍弗(Eric Hoffer)的《狂热分子》(*The True Believer*)。

▲ "精英公知"李普曼(左)和"草根工人"霍弗(右)。

李普曼是美国当代最伟大的政治评论家，撰写专栏60年，有人戏称，美国人早上起床必做两件事：喝牛奶和读李普曼的专栏。二战前后的欧美自由世界，李普曼和凯恩斯是政经界知名度最高的公共知识分子。

《公众舆论》出版于1922年，彼时，报纸和电台开始普及，真正意义上的大众传播具备了切实的土壤。对民众群体心理的了解及对舆论的利用与掌控的能力，成了一个政治组织和商业机构获得民意和利益的决定性因素。

李普曼在书中创造了一个新词：拟态环境（pseudo-environment）。他认为，我们人类生活在两个环境里：一是现实环境，一是虚拟环境。前者，是独立于人的意志和体验之外的客观世界；而后者，是被人意识到或体验到的主观世界。与此类似，同样存在着"真实人格"和"虚拟人格"。

据此他提出，世界和伟大人物，其实都是被想象和定义出来的。道德准则是固化了的成见。大人物是通过一种虚构的个性而广为人知，他的形象往往是自我塑造与大众塑造的产物，而在这一塑造过程中，集体沉迷其中，不亦乐乎。虚拟甚至会自我实现为真实。

跟勒庞一样，李普曼同样表达了对群体心理的极度不信任，他写道："在所有错综复杂的问题上，都诉诸公众的做法，其实很多情况下都是想借助并无机会知情的大多数介入，来逃避那些知情人的批评。"进而，他提出了民主的重要性："只有当社会状况达到了可以辨认、可以检测的程度时，真相和新闻才会重叠。"

相比作为精英知识分子的李普曼，写出了《狂热分子》的霍弗则要草根得多，但他对群体心理的洞察毫不逊色。

霍弗7岁失明，15岁复明，父母早逝，靠自学成就学问，他终身的职业是码头搬运工。正是在码头、广场和廉价酒吧，在汗臭、空酒瓶和贫瘠无聊中，他发现了群众运动的秘密。

霍弗认为，群众运动最强大的吸引力之一，是它可以成为个人希望的替代品。一个人愈是没有值得自夸之处，就愈容易夸耀自己的国家、宗教或他所参与的神圣事业。

霍弗提出了一个群众运动领袖的养成公式：领袖＝理论家＋鼓动者＋行动人。

"能为一个群众运动做好铺路工作的，是那些善于使用语言和文字的人，但一个群众运动要实际诞生出来和茁壮成长，却必须借助狂热者的气质与才干，而最后可以让一个群众运动获得巩固的，大半是靠务实的行动人。"若一个人的身上同时具备了这三种能力，那么，他一定是一位天才的群众领袖。

霍弗的这个公式，普适于古往今来的政治和商业世界，你可以把你知道名字的"伟大的群众领袖"写在一张纸上，看看能不能对号入座。

三

勒庞的《乌合之众》写成于1895年，霍弗的《狂热分子》则是1951年出版的，这半个多世纪正是科技再造传播的时代，也是群众运动改变历史的时代。

勒庞的书出版后，迅速引起各国政治人士的关注，美国总统西奥多·罗斯福认真阅读了《乌合之众》，坚持要与作者见一面。有人感慨，"我们谴责勒庞，但却翻遍了、读烂了他的著作"。甚至有不少学者论证说，墨索里尼、希特勒及苏联的早期革命家们都是勒庞的信徒，他们把勒庞的理论熟记于心，并忠实地付诸行动。

到霍弗的《狂热分子》出现的时候，文明世界已经对群众运动的某些机制具备了一定的免疫力。

不过，令人悲哀的是，勒庞、李普曼和霍弗所揭示出的群体心理的冲动与晦暗，是人性固有的组成部分，它们即便被发掘、被警示、被防范，但是，仍然会在某种条件下，不可阻挡地大面积发作。[1]

阅读推荐

关于群众运动的研究与反思，是二战后思想界一个很有现实性，又时常引发争议的启蒙性课题，推荐：

《暴力与文明：喧嚣时代的独特声音》/ 汉娜·阿伦特 著 / 王晓娜 译

《原始的叛乱：十九至二十世纪社会运动的古朴形式》/ 艾瑞克·霍布斯鲍姆 著 / 杨德睿 译

《身份与暴力：命运的幻象》/ 阿马蒂亚·森 著 / 李风华 译

---

[1] 勒庞和李普曼分别开创了大众心理学和传播学，在此基础上，出现了一些交叉性学科，比如行为经济学、行为金融学、实验经济学等。他们的观察被广泛验证于股票、期货等资本市场，甚至在互联网经济中，仍能时常捕捉到其对群体心理的诱导与操控。

第二部分
成长的策略与秘密

《追求卓越》/ 汤姆·彼得斯

《基业长青》/ 吉姆·柯林斯

《营销管理》/ 菲利普·科特勒

《第五项修炼》/ 彼得·圣吉

《隐形冠军》/ 赫尔曼·西蒙

《定位》/ 杰克·特劳特

《创新者的窘境》/ 克莱顿·克里斯坦森

《长尾理论》/ 克里斯·安德森

《引爆流行》/ 马尔科姆·格拉德威尔

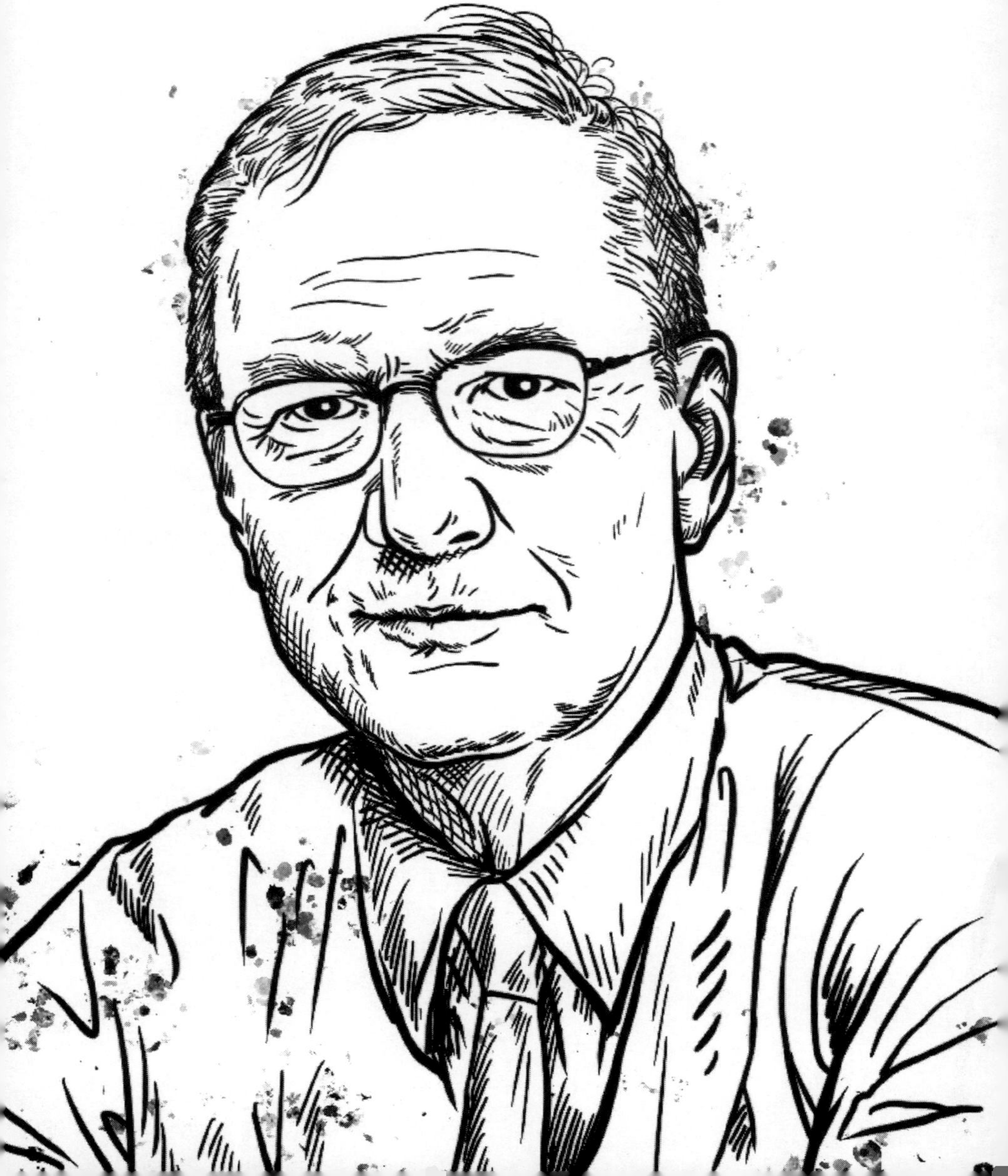

Tom Peters

汤姆·彼得斯：商界"蝙蝠侠"

从他开始，
管理学家们开始像明星推广电影或唱片一样，
营销自己的作品。

《追求卓越》：第一本卖过千万册的商业图书

> 顾客是重要的创新来源。
>
> 有创意的企业不仅特别擅长制造可批量生产或提供的新产品或服务，还能更加灵敏地持续应对任何环境变化。
>
> ——汤姆·彼得斯

在商业世界里，经济学家和管理学家是两种截然不同的动物。一个是冷血型的，为了增长或复苏的目标，可以见佛杀佛，见鬼杀鬼；一个是热血型的，承认人和组织的多样性，注重激励、公平和效率。

在平日里，经济学家和管理学家们基本互不相干，每次见面都会友好地交换一次名片。往往，在经济繁荣的时候，管理学家吃香的喝辣的；经济动荡的时候，经济学家杠上开花。

在阵营内部，经济学家彼此倾轧争斗得很厉害，因为大家用的是同一套模型和公式，面对的是同一个客户——政府。而管理学家之间则要风平浪静得多，大家的戏法各有千秋，无从比较，而客户更是多如牛毛，层次需求千差万别。

在20世纪初至今的120年里，前70年，是经济学家的黄金期，农耕牧歌被机器大炮扰乱，天下时分时合，宏观经理理论层出不穷，学派林立、各显其能。而之后的半个世纪，则是管理学家的乐园了，随着商业环境的成熟和公司规模的膨胀，组织的治理和绩效提升成为最核心的商业命题。

到今天，值得向大家推荐的管理类书籍，全数都诞生在 20 世纪 70 年代之后。

2002 年 9 月，《福布斯》杂志评选出"20 世纪最具影响力的 20 本商业图书"，排名第一的，是一本研究企业如何成功的超级畅销书：《追求卓越》（*In Search of Excellence*），它开创了管理学界的一个"卓越时代"。

一

《追求卓越》出版于 1982 年，对于美国，那是一个令人百感交集的转折年代。经历战后近 40 年的发展，美国经济步入温和增长期，国民的物质需求从满足供给向满足优质化转型，制造业面临产能过剩和成本过高的双重挑战。与此同时，日本经济崛起，1979 年，傅高义（Ezra Feivel Vogel）出版《日本第一》（*Japan as Number One*），1980 年，日本取代美国成为世界头号汽车生产国。

对于一直秉承扩张战略的美国公司而言，前途辽阔而陌生，亟须一次管理思想上的大激荡，这时候，汤姆·彼得斯（1942—　）如蝙蝠侠般出现了。

汤姆·彼得斯写《追求卓越》时年值四十，他在康奈尔大学读的是土木工程学，在越南服过役，在白宫当过防止药物滥用问题的高级顾问，后来在斯坦福大学获得了工商管理学硕士学位和组织行为学博士学位，毕业后入职麦肯锡咨询公司。

关于公司研究，一般而言有三种方式，一是案例法，二是归纳法，三是样本法。彼得斯用的是样本法。

他和另外一位作者罗伯特·沃特曼（Robert Waterman）一起，从数千家上市公司中筛选出 75 家杰出模范企业，在近一年时间里，对其中的约半数公司进行了实地的调查采访。然后，以获利能力和成长速度为准则，挑出 43 家样本公司，其中包括很多耳熟能详的大公司，如沃尔玛、麦当劳、迪士尼、强生等，从中总结出八项"卓越特质"。

二

这八项特质，分别是：采取行动，接近顾客，自主创新精神，以人为本，亲身实践、价值驱动，坚持本业，组织单纯、人事精简，宽严并济。

采取行动——面对重大挑战，大多数杰出公司并不是编制报告来进行庞大的理论论证，而是立即成立专项小组，快速反应。组织的流动性对于杰出公司来说非常重要。小单位是看得到的行动力量，也是杰出公司的基本组织单元。

接近顾客——杰出公司受到顾客影响的程度，远远高于技术或是成本所造成的影响。几乎每家公司的全体员工都能共同遵守力行服务的宗旨。许多公司不论是从事机械制造业、高科技工业或是食品业，都以"服务业"自居。优异的质量和服务是追求完美的基础，也是一个公司能够团结起来的信念。

自主创新精神——杰出公司能创造出令人羡慕的成长纪录、创新产品的纪录以及利润，其中最重要的因素是它们既具有大企业风范，同时也能发挥小企业的作风。另一个重要因素是，它们能够充分授权公司上下各层，提倡企业制度。

在创新过程中，有三个主要的角色：产品创新勇士、创新勇士主管、"教父"。

创新的公司一般都会采取分散式的组织机构，鼓励公司内部的激烈竞争，实行频繁的信息交流，对失败能用容忍的态度对待，对成功的创新实行奖励制度。创新成功的机会是一种数字赌博。

以人为本——以对待朋友的方法对待员工，视他们为合伙人，尊重他们，给予他们尊严，视他们为提高生产力的主要来源。为员工定出合理且清晰的目标,给他们实际的自主权,让他们全心全意地投入工作。同时,在公司内部要形成共同的话语体系和清晰的企业文化。

亲身实践,价值驱动——极力鼓励公司员工,让价值体系深入组织的基层。

杰出企业都是在两个相互矛盾的目标中选择其一作为公司的价值观,如赚钱与服务,经营与创新,注重形式与不拘一格,强调控制与强调人的因素等。

公司的基本价值观主要有:追求美好;完成工作的细节过程很重要,应尽心竭力把工作做好;团体和个人一样重要;优良的质量和服务;组织中大部分成员必须是创新者,而且必须支持大胆试错;不拘泥于形式是很重要的,这样可以增加沟通机会;确认经济成长和利润的重要性。

坚持本业——彼得斯和沃特曼发现,在管理的过程中,许多收买合并的公司常常遭遇失败。最成功的往往是以单一技术发展多样化产品的公司。虽然有些公司借着发展多样化的产品或行业,可以稳定公司的经营状况,但是随意追求多样化,却会得不偿失。扩充后,与核心技术结合得越紧密的公司表现得越好。

组织单纯,人事精简——实行简洁的结构可以让责任更加明确化,避免由组织结构复杂导致的公司瘫痪。人员的精简随公司组织的单纯而来。作者提出了未来的5种组织形态,包括功能性组织、矩阵组织、任务团等。

宽严并济——它是对上述原则的总结,本质上反映了公司的中心方向与个人自主的和谐兼容。管理组织运用这个原则,有严格的管控机制,同时也允许成员自治和创新。

三

彼得斯和沃特曼所总结出来的八大特质，具有相当的普适性。其中，对人的自主性和企业文化的强调，明显借鉴了日本公司的很多做法，而对创新和快速反应的倡导则符合竞争激烈的当前现实。

《追求卓越》出版后，迅速引发热潮，管理学大师彼得·德鲁克在第一时间给予了积极的评价，他认为："《追求卓越》的价值，是不可测量的。它的名声和成功已远远超过对其意义的客观评价。我们能确定的就是它推动了管理书籍的大量出现，而且，在商业世界中，肯定了顾客服务在形成差异和建立竞争优势的过程中所起的核心作用。"

它的热销，还跟彼得斯的"崇尚行动"有关。图书出版后，精力旺盛的彼得斯在北美100个城市展开了路演式的演讲。每到一地，就引发当地媒体的热烈报道。也是从他开始，改变了管理学著作的小众化特征，管理学家们开始像明星推广电影或唱片一样，营销自己的作品，与此同时，他们也成了所谓的"大众明星"。

《追求卓越》在短短3年里畅销600万册，这是史无前例的纪录。它也是第一本发行量超过1000万册的商业类书籍。

不过，盛名之下，也是争议不断。很多学者认为，彼得斯用肤浅的方式达到了迎合大众口味的目的，他所提出的八大特质都过于空洞。甚至他选择样本企业的方法，也缺乏严谨的科学性。从今日的眼光来看，彼得斯把注意力集中于组织创新，而没有洞见全球化市场布局、技术突变和互联网对大型公司所带来的革命性冲击，这一部分工作将由阿尔文·托夫勒（Alvin Toffler）、凯文·凯利（Kevin Kelly）等人来完成。

更让彼得斯尴尬的，是接下来发生的事。

此书出版的10年后，即1992年，人们发现书中所选的43家杰出企业中，居然有十几家发生了财务危机。而到20年后的2002年，其中大部分的公司业绩低于市场平均水平。再到 2012 年，多数公司陷入增长停滞，个别几家已倒闭或破产重组。

汤姆·彼得斯错了吗？有人发出了这样的疑问。

对此，彼得斯也曾在这本书出版 20 周年之际写的长文中给出过自己的回答，它看上去像是勉强的辩解，却也符合商业残酷性的根本法则："我们忘了贴一个警告标签。注意！没有永恒的东西。任何东西吃得太多都会有毒。请记住：商业中所有事情都是悖论。为达到追求，必须持之以恒。而当你持之以恒之时，你就容易受到攻击。你看，这就是悖论。面对它吧！"

彼得斯最后说："卓越只是一种过于静态的观念，而世界实在变化太快了。"①

阅读推荐

对成功的追求及仿效，是创业者最乐意学习的功课，如果你要看一下硬币的另一面，推荐：

《大败局 I》、《大败局 II》/ 吴晓波 著

---

① 原文《汤姆·彼得斯的真实忏悔》发表在著名新经济杂志《快公司》(*Fast Company*) 2001 年 12 月刊，第 78-92 页。中文版由梁光严翻译，刊登在《环球管理》2002 年 1 月号。

《基业长青》：伟大的创业者都是"造钟"人

> 无论最终结局有多么激动人心，从优秀到卓越的转变从来都不是一蹴而就的。在这一过程中，根本没有单一明确的行动、宏伟的计划、一劳永逸的创新，也绝对不存在侥幸的突破和从天而降的奇迹。
>
> ——吉姆·柯林斯

2004年秋天，吉姆·柯林斯（1955—　）受邀去西点军校讲课，他问听课的是哪些人。

回答是：12位陆军将军、12位跨国公司CEO和12位非营利性组织（NGO）的领导者。需要柯林斯讲授的课题是：美国。

这是进入21世纪后，管理学家们所面临的新场景：他们的经验越来越受到跨界人士的欢迎，而他们的知识边界也在被迫打开。

柯林斯应对的办法仍然是非常"管理学家"的："不用搜肠刮肚地给出正确的答案，只需要想办法提出好的问题。"最终他带到西点军校的是这样一个问题：美国正在延续自己的基业长青，还是陷入了从卓越退化到优秀的危险边缘？

这个问题其实来源于柯林斯的两本超级畅销书：《基业长青：企业永续经营的准则（以下简称《基业长青》）》和《从优秀到卓越》（*Good to Great: Why Some Companies Make the Leap...and Others Don't*）。

吉姆·柯林斯是继彼得斯之后另外一位知名度极高的大众管理学明星。在《福布斯》杂志评选的"20世纪最具影响力的20本商业图书"中，《基业长青》排名第二。

▲ 2010年10月,柯林斯在纽约参加"世界商业论坛"。

一

吉姆·柯林斯出生于1955年,比彼得斯小13岁,《基业长青》出版于1994年,也比《追求卓越》晚了整整12年。跟彼得斯从来没有在大型企业服务过的经验不同,柯林斯博士毕业后,曾在默克公司、星巴克和硅谷的惠普工作过。

《基业长青》是柯林斯在斯坦福大学商学院任教期间,与同事杰里·波拉斯(Jerry Porras)一起承担的一项教学科研项目。他们采用的方法仍然是样本式的:从《财富》杂志500强工业企业和服务类公司两种排行榜中,选出18家历史悠久的基业长青型公司,并将这些公司与它们的一个突出竞争对手进行比照研究。柯林斯和波拉斯带领由21位研究员参与的研究小组,花费6年时间完成了这个项目。

与彼得斯相比,柯林斯更注重领导人的能力培养及传承,他认为这对一家公司的长期发展非常重要,他提出要做造钟师,不要做报时人。

　　高瞻远瞩的公司的创办人通常都是制造时钟的人，而不是报时的人。他们主要致力于建立一个组织……而不只是找对时机，用一种高瞻远瞩的产品构想打进市场……他们并非致力于取得高瞻远瞩领袖的人格特质，而是采取建筑大师的方法，致力于构建高瞻远瞩公司的组织特质……他们最大的创造物是公司本身及其代表的一切。

　　为了"造钟"，企业就必须实施兼容并蓄的融合法，保存核心竞争力和刺激进步。这三点之间有着内在的逻辑联系："造钟"的原理，即企业制度和文化的设计思想，就是企业的核心理念，企业要使"钟"持续地自动运转，就必须坚守自己的核心理念，而为了适应不断变化的市场环境，企业必须进行各种创新，不断进步，这就是"保存核心，刺激进步"。

　　柯林斯发现，那些由优秀公司变为卓越公司的佼佼者，并不一定都拥有最新的技术、最擅长管理的 CEO。它们最有力的武器是所倡导和坚持的公司文化———一种激励每个人都按照他们想要的方式去工作的文化。《基业长青》特别强调"自家长成的经理人"。根据柯林斯的统计，18 家伟大的公司在总共长达 1700 年的历史中，只有 4 位 CEO 来自公司外部。

二

　　柯林斯在领导者能力评测上，有自己独到的研究成果。他把领导者分为以下五级。

　　第一级：能力出色的人，可以发挥自己的才干、知识、技能和良好的工作习惯，做出积极的贡献。

　　第二级：乐于奉献的人，为实现团队的目标贡献力量，并与团队成员通力合作。

　　第三级：能干的管理者，合理组织人员和各种资源，高效地朝既定目标努力。

第四级：高效的领导者，指明方向，激励大家共赴目标。

第五级：卓越领导者，通过个人的谦逊性格和职业意志的复杂结合，保证企业长期、持续健康发展。

柯林斯指出，使企业变得卓越的关键因素是，拥有一位第五级领导者。

人们通常以为，所谓的第五级领导者，一定要具有领袖魅力和卓越非凡的才能，他们入得车间，上得头条，风度翩翩，霸气横溢。但是，柯林斯却认为，真正的第五级领导人很可能是那些看上去其貌不扬的不善言辞者。

他举了一个例子。

1971年，一位相貌平凡、名叫达尔文·史密斯（Darwin Smith）的人，被任命为金百利-克拉克公司（Kimberly-Clark）执行长。这家老牌纸业公司的表现平平，之前20年间股价落后于整体市场36%。史密斯是公司律师，态度温和，本身也不很确定董事会选他当CEO到底是不是正确的。但他当上公司的CEO，一当就是20年。

那是惊人的20年。在此期间，史密斯让金百利-克拉克脱胎换骨，成效非凡，将它改造成全球消费性纸类产品的龙头公司。在他的带领和管理下，公司击败竞争对手史谷脱纸业（Scott Paper）和宝洁（P&G）。同时，金百利-克拉克的累积股票报酬率是整体股市的4.1倍，表现优于惠普、3M、可口可乐和通用电气等久负盛名的公司。

在史密斯身上，呈现出复杂甚至带点冲突的人格特征，"谦逊而执着，腼腆而无畏"，平日沉静如水，却在关键时刻刚猛如虎，勇于决断，敢于担责。为了使公司走向卓越，他有决心做任何事，不管这些决定多么重大，多么困难。

在一切都很顺利的时候，第五级经理人向窗外看，把功劳归于自身以外的因素（如果找不到特定的人或事件，他们就把功劳归于运气）。同时，如果事情进行得不顺利，他们会朝镜子里看，承担责任，而不是埋怨运气不好。

柯林斯在书中，将达尔文·史密斯与亚伯拉罕·林肯（Abraham Lincoln）相比，而在中国读者读来，却会联想起曾国藩、任正非。他的这种"反英雄主义"观点，在人文历史学科并不新奇，但在商业管理界却让人耳目一新。

三

2001年，吉姆·柯林斯出版《从优秀到卓越》。

他对1965年以来进入《财富》杂志的500强名单中的每一家公司——共1400多家——都进行了研究，结果令人震惊：只有大概11家公司实现了从优秀业绩到卓越业绩的跨越，它们在15年的时间里，公司的平均累积股票收益约是大盘股指的6.9倍。

柯林斯得出了一系列打破大众传统认知的结论：

公司从优秀到卓越，跟从事的行业是否在潮流之中没有关系。很多实现跨越的公司从属的并非是景气行业，有的甚至是处境很糟的行业。

卓越并非环境的产物，在很大程度上，它是一种慎重决策的结果。

从公司之外请来被奉若神明的名人做领导，往往对公司从优秀到卓越的跨越过程起消极作用。经理人的薪酬结构跟推动公司经营业绩无关。

实现跨越的公司在制定长期战略上花的时间并不比别的公司更多。革命性的跨越，不一定需要革命性的过程。

合并和收购在推动公司跨越过程中并没有起到任何作用。

柯林斯的这些观点，颇有点语不惊人死不休的架势，当然也不可能放之四海而皆准。不过，他以"不破不立"的姿态，让人们重新审视持续成长的艰辛与曲折,并突出了人和组织自我革命的重要性。

他的著述风格与他去西点军校授课的做法如出一辙:提出一个好问题,提供一套思考模式,却从不给出标准答案。

阅读推荐

柯林斯对第五级领导者的研究,让商业界对企业家领导特质产生了新的认知角度,值得推荐的相关书籍是哈佛大学商学院教授小约瑟夫·巴达拉克的作品,他几乎与柯林斯同期得出了类似的观点:

《沉静领导》/ 小约瑟夫·巴达拉克 著 / 杨斌 译

《营销管理》：营销学最后的大师

> 优秀的公司满足需求，而伟大的企业却创造市场。
>
> ——菲利普·科特勒

芝加哥大学的米尔顿·弗里德曼和麻省理工学院的保罗·萨缪尔森有很多共同的学生，因为导师之间的江湖恩仇，学生们常常会左右为难。只有一个人如鱼得水，原因是，他告别了所有的经济学门派，并且在一个更功利的细分行业，自立为一代宗师。

这个人就是菲利普·科特勒（Philip Kotler，1931—　）。

有一次，他很自得地和记者说："我对经济学家们并不研究的

▲ 因为科特勒神一般的存在，凯洛格商学院常年被评为"北美最佳商学院"，把哈佛商学院甩在身后。

实质性问题很感兴趣,如:公司在广告上花了多少钱?什么是销售力量的合理规模?公司如何明智地定价?我陷入了一种市场的思维形式之中。"

说科特勒是当代营销学的理论建构大师——甚至是最后的大师,恐怕一点都不言过其实。

一

菲利普·科特勒出生于 1931 年,在芝加哥大学拿到经济学硕士学位,在麻省理工学院拿到经济学博士学位,1962 年到西北大学凯洛格商学院任教,再未离开。因为他像神一般的存在,凯洛格商学院常常在"北美最佳商学院"的评选中,力压哈佛商学院排名第一,而市场营销系则从来是无争议的全球第一。

科特勒的奠基之作,便是《营销管理》(*Marketing Management*),它首版于 1967 年,到 2015 年,已更新至第 15 版。如果说,各大经济学院经常在萨缪尔森、曼昆或斯蒂格利茨的经济学原理教材中徘徊选择的话,那么,营销学教授则要省心得多。

一本伟大的教科书需要具备三个特点:清晰而严谨的理论架构,精准的概念定义和与时俱进的迭代能力,恰巧,科特勒是这三方面的天才。

在科特勒之前,所有的营销学教材都是在描述营销所起的作用,而科特勒则把营销学思想变成了一种分析导向和可接受的学术范式。他第一次把经济学、行为科学和数学元素引入了理论中,从而实现了营销学知识的可证伪与可量化。

科特勒写作《营销管理》的 20 世纪 60 年代末,正是商品由短缺转向泛滥的爆发时刻,新的品牌如雨后春笋般层出不穷,营销人才开始被业界追捧,而新的营销概念也不断地被制造出来。科特勒在自己的研究中,率先对一些基础性概念进行了定义。

他把营销定义为:"个人和集体通过创造并同别人交换产品和价值,以获得其所需之物的一种社会过程。"

他把产品定义为:"人们为留意、获取、使用或消费而提供给市场的,以满足某种欲望和需要的一切东西。"

他把营销管理定义为:"为了创造与目标群体的交换以满足顾客及组织目标需要所进行的计划、执行、概念、价格、促销、产品分布、服务和想法的过程。"

他还给市场营销下了一个尽可能简洁的定义,那就是"有利可图地满足需求"。

正是由这些清晰的定义出发,科特勒建构了自己的营销学理论王国。

二

如果仅仅如此,科特勒还够不上伟大,只能算是一个优秀的"教书匠"。他在营销学的创造性价值是:在过往的数十年里,一次次地提出了诸多具有创见的新概念,从而为大家打开了一扇又一扇的营销之窗。

科特勒沿着德鲁克提出的趋势论继续前进,把企业关注的重点从价格和分销转移到满足顾客需求上来。他提出了"顾客交付价值"这一全新概念。它是总体顾客价值(由产品价值、服务价值、人员价值和形象价值组成)与总体顾客成本(包括货币成本、时间成本、精力成本和心理成本组成)之间的差额。

20世纪70年代,他又提出"社会营销",把营销学的应用推广到除了商业活动之外的所有社会领域。

营销是一种被消费者心理、新兴市场和科技工具共同推动的学科,它的所有理论诠释时刻遭遇变化所带来的挑战。当科特勒写出《营销管理》的时候,杰克·特劳特(Jack Trout)还没有发表论文《定位》

（"Positioning"），迈克尔·波特的竞争理论要13年后才会出现，而互联网对世界的冲击更是一个遥远的事件。

科特勒像一个大城市的市长一样，在日后漫长的岁月里，需要一次次把这些概念、技术和最新的公司案例接纳进自己的理论体系中，让"城市"的疆域和功能不断扩张与迭代。

三

如果在商业教育界有"四大师"，他们应该是彼得·德鲁克、菲利普·科特勒、迈克尔·波特和彼得·圣吉（Peter Senge）。

他们分别在管理学、营销学、战略学和学习型组织这4个方面开天辟地，分河划江，坐镇一方。

在"四大师"中，科特勒是与中国最亲近的一位。在过去的10年里，他每年到访中国4至5次，为多家公司提供营销咨询服务。很显然，这个全球人口最多的大国，为他的营销思想提供了无穷的灵感和商业服务机会，同时也提出了挑战。

2008年，中国爆出三聚氰胺事件，奶粉行业所有善于营销推广的明星级企业遭遇灭顶之灾。之后，一家中国杂志就这一事件访问了科特勒。

科特勒问：在日本，如果一家公司的总裁遇到丢脸的事情，有时会剖腹自杀，羞耻感是他们文化的一部分。羞耻感在中国是个大问题吗？

记者答：不，我们有不同的文化。

科特勒：羞耻感不起作用的话，负罪感呢？

记者答：说不准。负罪感更多是在西方文化中。

科特勒：那么面子呢？面子问题在你们的文化中也不明显吗？

记者答：面子是我们的文化。不过面子问题主要发生在认识的人之间，比如朋友之间和社区之中。

科特勒：明白了。（他当时的表情估计很复杂）

在第 15 版的《营销管理》中，科特勒把科技、全球化和社会责任并列为"全书重点阐述的三大变革力量"。其中，关于社会责任，他写道：由于市场营销的影响会扩展到整个社会，营销人员必须考虑其活动的道德、环境、法律和社会联系。

不知道科特勒写到这里的时候，有没有想起几年前关于三聚氰胺事件的那场对话。

阅读推荐

在营销学界，不乏经典传世之作，值得推荐的书有：

《一个广告人的自白》/ 大卫·奥格威 著 / 林桦 译

《整合营销传播：创造企业价值的五大关键步骤》/ 唐·舒尔茨 等著 / 何西军 等译

《第五项修炼》：席卷全球的学习型组织热

> 在一个变化越来越快、越来越复杂的世界里，只有那些懂得如何激发组织内各个层级人员学习热情和学习能力的组织，才能傲视群雄。
>
> ——彼得·圣吉

1984 年，麻省理工学院的彼得·圣吉（1947—　）教授去福特汽车公司调研，遇到一群刚刚从日本丰田公司考察回来的高管。圣吉问他们有什么心得。

"我们没有看到什么新鲜东西，日本人打败我们的原因是，他们的劳动力太便宜了。"

这样的回答让圣吉十分吃惊。因为在他看来，丰田的精益管理和零库存才是日本汽车的制胜之道，但是，为什么福特的高管们却视而不见呢？

1990 年，彼得·圣吉出版《第五项修炼：学习型组织的艺术与实践》（*The Fifth Discipline*：*The Art and Practice of the Learning Organization*），他在书中提出的第一个问题便是：为什么在许多团体中，每个成员的智商都在 120 以上，而整体智商却只有 62？

他的答案是："这是因为，组织的智障妨碍了组织的学习和成长，使组织被一种看不见的巨大力量侵蚀，甚至吞没了。因此，未来最成功的企业将会是'学习型组织'，对组织而言，唯一持久的优势，是有能力比你的竞争对手学习得更快。"

《第五项修炼》被认为是美国管理学界继亨利·福特的流水线

革命后，最重要的一次企业管理理论创新。其实，彼得·德鲁克早已经提出了"知识员工"的概念，而圣吉在这一基础上将组织系统化的能力进行了提炼，并给出了一套可以实际操作的概念性模型和工具。

一

彼得·圣吉本科的专业是航空及太空工程学，他的理想是当一个太空人。到麻省理工学院的斯隆管理学院攻读社会系统模型的博士学位时，他师从提出系统动力学的弗瑞斯特教授，从而建立了用系统学理论再造企业组织的一套方法论。

圣吉认为，正是"组织的智障"让那些取得成功的企业陷入了成长的停滞，它们包括局限思考、归罪于外、缺乏整体思考的主动积极、专注于个别事件、从经验学习的错觉及管理团体的迷思等等。

因此，破除"组织智障"的出路，便是建立学习型组织，进行五个方面的技能修炼。

第一项修炼：自我超越。

圣吉把这个概念与管理中常见的要求和技巧联系在一起，训练管理者从创造性角度而不是反应性角度来看待世界。这项修炼牵涉两个潜藏的运动：不断看清世界及通过想象力让事物充满"创造性张力"。

第二项修炼：改善心智模式。

圣吉提醒管理者注意在组织层次上进行思考，发掘内心世界的图像、假设、成见等，使之浮上表面，并严加审视。

第三项修炼：建立共同愿景。

管理者应当整合个人愿景，将其转化为能够鼓舞组织的共同愿景，帮助组织培养成员主动而真诚地奉献和投入，而非被动地遵从。

第四项修炼：团队学习。

▲ 彼得·圣吉虽未实现年轻时的太空梦，却成功掀起了企业管理界的创新革命。

这一项修炼包括深度会谈和讨论两个流程。前者是团体的所有成员摊出心中的假设，以创造性的方式察觉集体的智慧，后者则是缩小范围，找到共识和问题的解决方案。

第五项修炼：系统思考。

圣吉发明了一种系统原型，它能帮助管理者找出问题的产生方式和系统内置的发展局限。他提出，公司和人类的其他活动一样，是一个系列性的复杂系统，受到细微且息息相关的行动牵连，因此必须进行系统思考修炼。今天我们的世界如此不健康，跟我们没有能力把它看作整体，有极大的关联。

系统思考的修炼，是建立学习型组织最重要的修炼。

二

彼得·圣吉的第五项修炼，实质上是一种破坏性思维，他以系统思考的名义，打破了传统管理学中的中心权威模式。他强调在一个学习型组织中,管理者是研究者和设计者,而不是控制者和监督者。管理者与被管理者的关系,是互动促进和共同提升。

圣吉把组织能力的效率优化,确立在每个人的工作主动性和对共同愿景的维护上。在书中,他详尽描述了斯隆管理学院从20世纪60年代就开始实验的一个"啤酒游戏"。

这是一个以进货为主题的策略游戏,其中有制造商、分销商、批发商和零售商四种角色。在游戏中,每个角色根据自己对市场的判断,确定向上游下多少订单、向下游销出多少货物。数以千次的游戏实验证明,到游戏的最后,必定会发生终端崩盘的事实。

圣吉通过"啤酒游戏"得出的启迪是:结构会影响系统的总体行为。即使每一个人都针对自己所能获得的信息,做出最理智和善意的决策,但是仍然会导致悲剧性的结局。

这个游戏对科学管理提出了终极意义上的质疑——它再次印证了德鲁克关于"管理不是一门科学,而是艺术"的著名论断。日后,管理学界所提倡的灰度管理、容错机制、蜂窝状组织等,无一不是对此的克服与创新。

圣吉认为,所有的修炼都关系心灵上的转换,它们包括:

从看部分转为看整体;

从把人们看作无助的反应者,转为把他们看作改变现实的主动参与者;

从只对现实做反应,转为创造未来。

三

《第五项修炼》出版于1990年,它不仅连续三年蝉联全美管理类畅销书籍的榜首,更是引领了随后十多年的学习型组织热。

与其他管理学家只管"生产思想"不同,圣吉还是其理论最积极的落实者。他提倡,要想教给人们一种新的思维方式,就不要刻意去教，而应当给他们一种工具，通过使用工具培养新的思维模式。

就在图书出版的同年，圣吉在斯隆管理学院成立了"组织学习学会"，招生授课，推广学习型组织的创建。他还出版了《第五项修炼》的实践版、寓言版，向全球输出经过他授权认证的培训课程。

圣吉的理论有很强的普适性，几乎适用于所有的组织形态。在中国，很多人也许从来没有听说过彼得·圣吉，但是恐怕没有人不知道这些概念：学习型社会、学习型城市、学习型团队、学习型社区……

阅读推荐

彼得·圣吉开启了学习型组织的研究门类，追随类书籍大多质量平平，推荐：

《驱动力》/ 丹尼尔·平克 著 / 龚怡屏 译

《隐形冠军》：默默无闻的小巨人

> 隐形冠军既不完全奉行"客户至上"原则，也不一味地追求技术。它们将市场和技术视为两个同等重要的驱动力。
>
> ——赫尔曼·西蒙

有一年，赫尔曼·西蒙（Hermann Simon，1947—　）来中国讲课，一位企业家站起来提问。

这个企业家是做沐浴球的，用 20 年做到了世界第一，每年销售 5000 万只沐浴球。然而，这个行业的总量不大，他认为自己已经做到"独孤求败"了，每年还有不少的利润溢出。他的问题是：我接下来该怎么办？

西蒙的答案是：继续认真做你的沐浴球，保持全球第一。

也是在这个课堂上，另外一位中国企业家分享了自己的经验，来印证西蒙的观点。

他的企业生产的是服装拉链，在这个非常细分的行业做到了全国第一。2018 年，服装市场不景气，很多成衣公司大幅降产，但是，他的订单却在增长。原因是：成衣公司削减了一半的产能，同时把 5 家拉链供应商减到了一家，他的竞争对手倒掉了，订单反而集中了。

赫尔曼·西蒙是德国的管理学家，他发明了"隐形冠军"这个词，出版了一本没有《追求卓越》和《基业长青》那么畅销但却非常值得推荐的书——《隐形冠军》（*Hidden Champions*）。

一

"德国的管理学家们有没有考虑过,为什么联邦德国的经济总量不过是美国的1/4,但是出口额雄踞世界第一?哪些企业对此所做的贡献最大?"

1986年,时任欧洲市场科学研究院院长的赫尔曼·西蒙在杜塞尔多夫巧遇哈佛商学院教授西奥多·莱维特(Theodore Levitt),后者对他提出了这个问题。

西蒙最终发现,真正支撑德国产业经济的,不是西门子、奔驰之类的巨型企业,而是数以百万计的中小企业,特别是那些在某一细分行业默默耕耘并且成为全球行业领袖的中小企业。

它们在利基市场中的地位无可撼动,有的甚至占据了全球95%的市场份额;它们的技术创新遥遥领先于同行,其人均拥有专利数甚至远远超过西门子这样的世界500强公司;但是因为所从事的行业相对生僻,加上专注的战略和低调的风格,它们都隐身于大众的视野之外。

▲ 西蒙对中国的兴趣很大,每隔一两年会来一次中国。

正是这些企业保持了德国制造业创新的活力，并且在每一次经济危机中，都表现出强大的抗风险能力。

据此，西蒙创造性地提出"隐形冠军"的概念。他通过大量数据和事实证明，德国经济和国际贸易的真正基石不是那些声名显赫的大企业，而正是这些沉默无闻的"隐形冠军"。

二

西蒙给隐形冠军下了一个十分简洁的定义：（1）某一个细分市场的绝对领先者，以市场占有率衡量，它们是世界市场的老大或者老二；（2）年销售额不超过10亿德国马克；（3）不为人所知。

这三条中，仅年销售额一项会随着国家和市场的不同稍有波动——到2018年，西蒙把这个指标提高到了20亿欧元，其余两项则十分刚性化，也容易识别。

以西蒙的标准，在德国的370万家企业中，符合隐形冠军特质的企业达1400家，接近全球总数的一半。通过对它们的实地研究，西蒙得出了7条成长共性。

第一：燃烧的雄心。

隐形冠军公司一般都有非常明确的目标，如："我们的目标是做全球的老大，而且要永远霸占这个位置""我们要在这个领域成为全世界最优秀的一员，不仅要占据最高的市场份额，而且要在技术和服务方面做到最出色""市场的游戏规则要由我们说了算"等。

第二：专注到偏执。

在一个目标市场上长期坚持。隐形冠军公司典型的说法是："我们是这个行业的专家""我们专注于自己的竞争力，专注再专注""我们要成为小市场的主宰者，我们要在小市场做出大成绩，而不是在大市场做'凤尾'"。

第三：自己攥紧客户。

在市场扩张中，隐形冠军把自己的产品和专有技术造诣与全球化的营销结合在一起，通过自己的子公司来服务全球的目标市场，不把客户关系交给第三方。

第四：贴近卓越客户。

隐形冠军都非常贴近它的最重要客户。它们之所以成为全球市场的领导者，是因为它们的客户也是全球顶级的。让一些庸庸碌碌、只需要便宜低质商品的企业成为你的客户，你的企业永远成不了气候。

第五："非技术"创新。

产品创新的同时，隐形冠军还注重流程和服务的创新。

有家做螺丝的伍尔特公司，全世界螺丝销售额最高，它有个很小的发明：在建筑业要用到大量的螺丝和螺丝刀，但是要找到规格正好相同的很费时。它所做的创新，就是在同等规格的螺丝和螺丝刀上贴个同样颜色的小标签。这些完全不是高科技的东西，对顾客来说却意义深远。创新不是"一招鲜，吃遍天"，而是小步迭代，持续改进。

第六：毗邻最强者。

隐形冠军公司经常位于同一个地区甚至同一个城市当中，同城的竞争实际上是世界级的竞争，最强的对手都在一起，它们亦敌亦友，彼此成就。

第七："事必躬亲"。

隐形冠军们认为，卓越的品质，要求它们在产品加工制造方面有特殊的造诣、特殊的深度，所以，它们基本上所有的事都亲力亲为。

三

《隐形冠军》一书中的所有案例均来自德国，然而，此书出版后，却在中国获得了很多拥趸。

2010年,中国成为全球第一制造业大国,每年生产全球近60%的消费品。在制造业大军中,中小企业的比例最高。西蒙在书中所描述的规律,对中国中小企业的战略拟定和成长模式都有很强的借鉴性。

在西蒙的样本企业中,德国隐形冠军占有市场领导地位的时间平均达22年之久,它们的"良性"市场占有率,不是通过血腥的价格战,而是以卓越的性能、品质创新和优良的服务来获得的。

在管理学上,隐形冠军是对专一化战略的极致性陈述。对这一战略的坚持,便意味着对其他扩张性道路的彻底放弃。在赫尔曼·西蒙看来,培养一家隐形冠军企业,需要10年以上的时间,并需经受更长时间的检验。对于所有立志于此的创业者,这本《隐形冠军》都值得阅读。

阅读推荐

有些公司虽小,却拥有伟大的灵魂。关于如何经营一家小而美的企业,推荐:

《小巨人:不做大也能成功的经营新境界》/ 保·伯林翰 著 / 王珺 译

《定位》:"有史以来对营销影响最大的观念"

> 定位的基本方法不是创造新的、不同的东西,
> 而是操纵已有的认知,重新建立已经存在的连接。
> ——杰克·特劳特

所有在中国做营销的人,都知道定位。这应该是过去20年提及率最高的营销学名词。

定位,简而言之就是:一个商品是什么不重要,重要的是,它在消费者的认知中是什么。这个观念颇有点东方禅意——"百千名相,无非一心"。

杰克·特劳特(1935—2017)在1969年提出这个概念的时候,中国还是一个短缺型经济的社会,从粮食、自行车到衣服,都需要凭票才能购买,如果那个时候将他的图书引入中国,估计卖不出10本。

而到了1991年,中国陡然进入过剩经济时期,所有的商品都开始焦急地寻找消费者,《定位》的适时引入,形成了一场现象级的营销新运动。

一

定位理论曾被美国营销学会评选为"有史以来对美国营销影响最大的观念"。事实上,它的提出、试验及风行的过程,是整个美国管理学界共同推动的过程。

1969年，杰克·特劳特，一家位于康涅狄格州的广告营销公司的合伙人，首次提出"定位"的概念，他宣告，在经过了产品时代、形象时代之后，广告业进入了"策略为王"的定位时代，若要在这个传播泛滥的社会里取得成功，企业必须在消费者心智中创造一个"定位"。这个"定位"不仅仅要权衡自己的强项和弱点，同时要考虑竞争对手的优劣势。

▲ 杰克·特劳特在中国有很多粉丝，《定位》最初就是被他们引入的。

1970年，《营销管理》的作者、营销学理论开创者菲利普·科特勒最先将定位引入营销之中，作为4P[①]之前最重要的另一个P（position），以引导企业营销活动的方向。

1971年，《一个广告人的自白》作者、北美最著名的广告大师大卫·奥格威列出了创造"有销售力广告"的38种方法。排在首位的、也是他所认为最重要的是"广告的效果更多地取决于对产品的定位，而不是怎样去写广告"。

[①] 4P：指产品（product）、价格（price）、渠道（place）、促销（promotion）4大营销组合策略。——编者注

1980年，战略学家迈克尔·波特又将定位引入企业战略的思考体系中，视之为市场竞争战略的核心之一。

正是在诸多重量级学者的助推下，定位理论走出广告业，成为所有公司乃至一个国家，在竞争中夺取消费者心智的一个决定性手段。1981年，杰克·特劳特与艾·里斯（Al Ries）合著出版《定位》一书，对定位进行了系统性的阐释，这一理论随即定型，广为人知。

二

定位理论的核心是"一个中心两个基本点"：以"打造品牌"为中心，以"竞争导向"和"消费者心智"为基本点。

定位的起点是产品，它可能是一件商品、一项服务、一个机构甚至是一个人。但是，定位不是你对产品要做的事，而是你对预期目标受众要做的事。换句话说，你要让目标受众在头脑里自动给产品定位，确保产品在他们头脑里占据一个真正有价值的地位。

在定位理论提出之前，传统的营销理论认为，品牌的要点是"销售者向购买者长期提供的一组特定的特点、利益和服务"。这是一个自内而外的品牌概念，特劳特的建议是反向行之——销售者先在购买者的心智中占据一个独一无二的认知，然后把与之相符的产品提供给他们。这将是一个由外而内的过程。

特劳特和里斯总结了消费者的五大心智模式：消费者只能接收有限的信息；消费者喜欢简单，讨厌复杂；消费者缺乏安全感；消费者对品牌的印象不会轻易改变；消费者的注意力容易失去焦点。

找到定位的基本方法就是针对这些心智模式，通过聚焦、对立和分化的方式，进行突破和占领。

定位的理论并不深奥，在更多的意义上，它是一种思维方式。

比如，很多新兴品牌最苦恼的是，市场上已经出现了强大的领导者品牌，特劳特给出的建议就非常"简单粗暴"：去做它的对立面。

引用他的举例来说，漱口水大都气味不好，像药一样，SCOPE选择做对立面，它说自己是好闻的漱口水。塔吉特（Target）的对立面是沃尔玛，它的定位是便宜时尚；百事可乐是可口可乐的对立面；贝兹娃娃是芭比娃娃的对立面；百度是谷歌的对立面。

特劳特已经于2017年去世了，在过去的30多年里，他亲手打造了很多十分经典的定位案例。

20世纪80年代，全球的汽水饮料市场已经被可口可乐和百事可乐瓜分，几乎所有的人都认为没有任何的市场缝隙。特劳特为一家公司的一款橙汁汽水品牌七喜做营销咨询，他把七喜汽水重新定位为"不含咖啡因的非可乐"。这一策略取得了出人意料的成功，七喜汽水一跃成为仅次于两大可乐品牌之后的美国饮料业第三品牌。以至于百事可乐在拓展海外市场的时候，放弃了自主研发，转而购买了七喜公司的品牌使用权。

美国西南航空是一家不起眼的美国国内廉价航空公司，特劳特对它进行了定位咨询。全球航空业推行的票舱策略都是多级舱位和多重定价，西南航空冒险推出了"单一舱级"的航空品牌，并围绕着这一定位重新设计了服务和价格体系，很快，这家小航空公司从一大堆竞争者中脱颖而出，1997年起连续五年被《财富》杂志评为"美国最值得尊敬的公司"。

在西班牙，特劳特为当地的一家新成立的石油公司雷普索尔制定了三重定位的多品牌战略，推出以汽车、服务、价格为区隔方向的品牌，有效地防御了壳牌、美孚、英国石油（BP）等国际巨头的进入。雷普索尔在西班牙占有一半的石油市场，成为西班牙最大的石油商。

这样的案例数不胜数。定位理论之所以传播广泛，正在于它不仅仅是一个新的观念，同时也是可以被具体执行的方法论。

三

在管理学界，每一个学者的商业化其实也是一种定位，迈克尔·波特等同于战略，汤姆·彼得斯等同于卓越，彼得·圣吉等同于"第五项修炼"，而特劳特和里斯等同于定位。他们用一个新创的概念抢占了企业家的心智，然后以一套标准化的、娴熟的服务流程完成交付。

这些学者都成立了以自己的名字命名的公司，甚至通过授权的方式完成了各自的全球化布局。

《定位》就是被特劳特的几个中国信徒引入的，在第一时间，他们就成立了特劳特中国公司。在过去20年，他们应该是盈利能力最强的营销策略公司。到今天，在很多航空杂志上仍然能够看到这家公司的全页广告，用粗大的黑体字和品牌案例，宣传一个又一个成功的定位"传奇"。

阅读推荐

在这里推荐几本与广告传播和设计有关的书籍：

《22条商规》/ 艾·里斯、杰克·特劳特 著 / 寿雯 译

《设计中的设计》/ 原研哉 著 / 纪江红、朱锷 译

《知的资本论：茑屋书店的经营之道》/ 增田宗昭 著 / 王健波 译

《创新者的窘境》：管理越好的公司越容易失败

> 在单纯追求利润和增长率的过程中，一些优秀企业的优秀管理者因为使用了最佳管理技巧而导致了企业的失败。
>
> ——克莱顿·克里斯坦森

在 20 世纪 90 年代之前，很少有人研究失败，在绝大多数商学院的案例库里都找不到一篇关于失败公司的论文。

最早提出警示的是战略学家普拉哈拉德（C.K.Prahalad）和哈默尔（G.Hamel），他们在 1990 年出版的《公司的核心竞争力》（*The Core Competence of the Corporation*）一书中认为，随着竞争的日益激烈和技术迭代的加快，创新的周期正在快速地收窄，这对大型公司构成了前所未有的挑战。

1997 年，哈佛大学商学院教授克莱顿·克里斯坦森（Clayton Christensen，1952—2020）出版《创新者的窘境》（*The Innovator's Dilemma*），第一次系统地研究"大公司为什么会失败"。他提出"破坏性创新"这个新概念，并得出了一个有点惊悚的结论：越是管理卓越的公司，在"破坏性创新"时刻到来的时候，就越难以摆脱困境。

这个近乎宿命的结论，启迪了很多人，包括不可一世的史蒂夫·乔布斯（Steve Jobs）。后来发生的事实正是，一些巨无霸型的大公司正是被一家又一家不起眼的小公司击败，这一景象几乎出现在所有的行业，从百货、金融、电脑硬件到互联网。

▲ 比尔·盖茨曾半开玩笑地说:"自从克里斯坦森提出破坏性理论后,出现在我桌上的每一份提案,都自称是'破坏性'的。"

一

克里斯坦森创作此书的20世纪90年代中期,正是计算机行业从大型机向台式机转型的关键时刻。他惊奇地发现:"没有任何一家主要生产大型计算机的制造商,成功地转变为在微型计算机市场具有举足轻重地位的生产商。"

那么,是这些公司的管理不善吗?答案恰恰是相反的。这些公司是全世界管理效率最高的公司,而且无一例外地拥有杰出的领导者,到1982年,它们还出现在汤姆·彼得斯的卓越样本企业的名单上。

克里斯坦森的研究结果是:良好的管理正是导致领先企业马失前蹄的主因。

准确地说,因为这些企业倾听了客户的意见,积极投资了新技术的研发,以期向客户提供更多更好的产品;因为它们认真研究了市场趋势,并将投资资本系统性地分配给了能够带来最佳收益率的创新领域，最终，它们都丧失了其市场领先地位。

一个更悲剧的事情是，那些颠覆性的技术居然有很多来自大公司的实验室，而小公司的创业者正是从大公司被排异出去的"失意者"。

希捷（Seagate）是全球最大的硬盘、磁盘制造商，在向小型化转型的过程中，它的工程师率先研制出了3英寸硬盘，领先于行业两年，但这位工程师在公司内一直得不到重视，只好自立门户，创建了康诺公司，成为希捷最强有力的竞争者。

这样的案例比比皆是。第一个研发出数字相机技术的是胶卷公司柯达，第一个研发出手机触屏功能的是诺基亚，可是它们都不是这些技术的勇敢使用者，它们的前途也因此被埋葬。诺基亚的最后一任总裁在公司被收购时，颇为无奈地说："我们什么也没有做错，但是我们还是失败了。"

二

在《创新者的窘境》中，克里斯坦森系统性地研究了这一现象发生的原因。他有三个发现。

发现一：延续性技术与破坏性技术之间存在重大战略差异。

破坏性技术是一种革命性的技术创新，其技术产品是从未有过的、完全新兴的事物。而对于大公司而言，这一技术在一开始往往针对的是一个无法检测的新兴小市场，它不能满足大企业的增长需求和强大的制造能力，这对大公司的决策构成了致命的挑战。

发现二：技术进步的步伐可能会而且经常会超出市场的实际需求，这就导致以市场需求为主导的科技创新型企业可能会错失潜在的新技术市场。

与一般的观察不同，克里斯坦森发现，在诞生初期，破坏性技术产品的性能要低于主流市场的成熟产品，但由于其某些新特性，这种产品会受到非主流消费者的喜爱,终而彻底改变了市场的价值主张。

发现三:拥有一整套管理模式的成熟企业为了融资,更在乎公司的资本结构和资本回报率是否能吸引投资者,上市企业尤其如此。

克里斯坦森认为,成熟市场与大公司资金对破坏性技术有天然的排斥心理。即便管理者拥有一个大胆的设想,希望带领他们的企业朝着一个完全不同的方向展开冒险,但是,绩效主义者和严格高效的流程管理,将在企业内部阻扰这种改变的发生。

《创新者的窘境》一书,其实提出了一个十分叛逆的结论,那就是:已经成熟了近半个世纪的公司治理理论,已经无法适应快速变化的世界,越是大型的成功企业越容易在未来的竞争中成为无法改变自己命运的"恐龙"。

这一结局,甚至与它既有的能力、资本乃至领导者的勤勉无关。

在书中,克里斯坦森没有给出一个标准的解决方案——或者说,这个"锦囊"根本就不存在。他的根本性建议是,大公司决策层应该放弃对高效管理制度的迷信,将组织创新能力极度下沉,"把开发破坏性技术的职责赋予存在客户需求的机构"。"尚不存在的市场是无法分析的,因此,管理者应为破坏性技术变革采取的战略和计划应该是有关学习和发现的计划,而不是事关执行的计划。"

三

克里斯坦森的这本书,在刚刚出版的时候,并没有引起轰动性的效应。因为,变化才刚刚开始。到 2000 年,美国互联网泡沫破灭,接下来的 10 年,技术和商业模式发生了令人眼花缭乱的突变,无数教科书上的卓越公司陷入泥潭,他的观察才渐渐发出金子般的光芒。

对克里斯坦森的理论最为关注的,是那些即将发动颠覆行动的挑战者们,其中就包括苹果公司的乔布斯。在他的官方传记里,作者列举了 7 本影响了乔布斯的图书，其中，除了莎士比亚、柏拉图和几本与禅修有关的书外，唯一的一本商业图书，就是《创新者的窘境》。

2007 年，索尼公司前常务董事土井利忠（笔名"天外伺郎"）发表《绩效主义毁了索尼》一文，引发激烈的争论。他的观点便大多来自《创新者的窘境》，他认为正是优异的日本式管理最后无解地让索尼公司走向衰老。

克里斯坦森的这部书被《福布斯》评为"20 世纪最具影响力的 20 本商业图书"之一，2011 年，他本人则在《哈佛商业评论》的"当代 50 名最具影响力的商业思想家"评选中，排名第一。《创新者的窘境》在出版后的 20 多年里激励了无数的创业者，也让那些大公司治理者坐立不安。比尔·盖茨曾半开玩笑地说："自从克里斯坦森提出破坏性理论后，出现在我桌上的每一份提案，都自称是'破坏性'的。"

阅读推荐

克里斯坦森开创了破坏性创新的全新研究领域，他同系列作品的另外两本也值得推荐：

《创新者的解答》/ 克莱顿·克里斯坦森、迈克尔·雷纳 著 / 李瑜偲 等译

《创新者的基因》/ 克莱顿·克里斯坦森 著 / 曾佳宁 译

《长尾理论》：尾巴决定商业的未来

> 商业和文化的未来不在热门商品，不在传统需求曲线的头部，而在于过去被视为"失败者"的那些商品——也就是需求曲线中那条无穷长的尾巴。
> ——克里斯·安德森

在硅谷，光头的克里斯·安德森（Chris Anderson，1961— ）有两个身份，他是一位超级畅销书作家，同时是烧掉1亿美元的失败者。这也没有什么，因为在硅谷，成败不是价值观，是否敢于成为另外一个自己才是。

安德森当了9年《连线》（*Wired*）杂志的执行主编。这本杂志是互联网技术革命的发现和传播者，它在历史上出了两个非常著名

▲ "斜杠中年"克里斯·安德森是一位畅销书作家，同时也是个有点失败的创业者。

的主编，一个是安德森，另外一个是写出了《失控：全人类的最终命运和结局》（*Out of Control: The New Biology of Machines, Social Systems, and the Economic World*）的凯文·凯利。

2004年的一天，安德森去拜访一个数字音乐网站的CEO，后者问了他一个问题："收录在我们网站上的一万张专辑中，有多少能达到每一个季度至少被点播一次？"

就是从这个问题出发，安德森颠覆了一条被沿用了一百年的铁律。

一

在1897年，意大利经济学家维弗雷多·帕累托（Vilfredo Pareto）发现了一个经济规律：在任何一组东西中，最重要的只占其中一小部分，约20%，其余80%尽管是多数，却是次要的，这被称为帕累托法则，或者叫二八定律。

80%的东西之所以次要，不是因为没有人需要，而是因为发现或呈现它们的成本实在太高了。

当安德森被问到上述问题的时候，他自然想到了帕累托法则。"我当然知道这是一个狡猾的问题，经验告诉我们二八法则，正常的答案应该是20%，也就是说，20%的产品带来80%的销量。"

可是，正确的答案居然是98%。

跟传统的唱片店不同，在数字音乐网站上，那些小众而冷门的歌曲不存在展现和库存的成本，人们可以轻易地找到它们。

就是从这个令人吃惊的答案出发，安德森开始了一项研究工程，考察了所有互联网电商公司的数据，从亚马逊（Amazon）、iTunes到奈飞（Netflix）。他得到的结论几乎都惊人的一致：在互联网世界里，任何商品都找得到它的消费者。

在iTunes的曲目排行榜上，排名第10万首的那首曲子，每月的下载量仍能达到千位数。

在亚马逊网络书店的图书销售额中，有 1/4 来自排名 10 万名以后的书籍。这些"冷门"书籍的销售比例正高速成长，预估未来可占整个书市的一半。

由此，安德森发现了互联网经济区别于传统经济的一个重大法则：由于关注的成本大大降低，人们有可能以很低的成本关注正态分布曲线的"尾部"，而且，关注"尾部"产生的总体效益甚至会超过"头部"。

就这样，在互联网环境下，帕累托法则失灵了，取而代之的是倒二八法则，即所谓的"长尾理论"。

二

安德森第一次发表"长尾理论"，是在 2004 年 10 月的《连线》杂志上，它迅速成了这家杂志成立以来被引用最多的一篇文章。这一发现启迪了一代互联网人。

在那个时候，成立 6 年的谷歌公司尽管已是全球最大的搜索公司，但是，一直没有找到高效的盈利模式。长尾理论启发了谷歌当时的首席执行官埃里克·施密特（Eric Schmidt），由此构建出一个针对中小企业主的广告发布模式。谷歌后来成为美国最大的广告公司，而其八成的付费客户不是传统意义上的大企业客户。施密特因此说："长尾理论以一种意义深远的方式影响了谷歌的战略思路，这是一本杰出而及时的著作。"

安德森认为，网络时代是关注长尾、发挥长尾效益的时代。

在 2006 年，亚马逊的交易额刚刚超过 100 亿美元，淘宝的交易额为 160 亿元人民币，天猫还没有出现，刘强东则关闭了所有线下门店，专注做京东商城，全球电商处在爆发的前夜。安德森的洞察无疑为日后的电商发展提供了一个新颖的视角。

自帕累托法则被发现后的100年里，企业家们一直在用此法则来界定主流，计算投入和产出的效率，它成为商业运营的一条铁律。商家主要关注在20%的商品上创造80%收益的客户群，往往会忽略了那些在80%的商品上创造20%收益的客户群。用安德森的话说："我们一直在忍受大众流行文化的专制……我们所认定的流行品位实际上只是供需失衡的产物。"

可是，互联网经济的特殊属性，让人们看到了长尾的价值。同时，这一理论也推导出了一种新的互联网经营模式。

互联网平台如果能够极大地增加商品的品类，同时，以"烧钱"的方式获取足够多的客户，那么，就可能最高效地发挥长尾效应，从而实现"赢家通吃"。

这一逻辑彻底改变了商品销售的成本计算方式和平台型企业的价值模型，为日后的亚马逊模式、淘宝模式提供了理论上的支持。

对于制造业者，长尾理论的启迪是：即便不能挤入20%的头部畅销行列，只要能够生产出符合少数人口味的独特商品，仍然可以通过互联网的长尾辐射，找到自己的客户群体。在《长尾理论：为什么商业的未来是小众市场》（*The Long Tail: Why the Future of Business is Selling Less of More*）一书中，安德森预言了生产柔性化出现的前景：我们已经摆脱了货架和频道的容量限制，摆脱了它们的统一化模式，没多久，我们也会摆脱大规模生产的容量限制。

三

在《长尾理论》一书中，安德森还总结出了9个法则：

（1）数字化仓储是降低库存成本的最佳办法；

（2）挖掘消费者心理数据，让他们参与生产；

（3）从多个传播渠道挖掘潜在需求，深入长尾的尾部；

（4）不要试图生产一款适合所有人的商品；

（5）建立更加灵活的定价策略；

（6）在企业与顾客之间建立共享信息的机制，达到双赢的效果；

（7）结合自身产品的特点，考虑产品之间的"和"与"或"的问题；

（8）借助长尾效应，根据市场自身淘汰结果来做出相应的反应，让市场替你做事；

（9）重视免费的力量。

这些法则都指向一种新的商业可能性，同时，安德森对大数据与消费者互动关系的观察，在日后都被证明是天才的预见。

2009年，安德森出版了新书《免费》（Free），对长尾理论进行了一次迭代。他提出，在互联网经济中，"免费"不再是一种推销策略，而可能是具有战略意义的存在形态。

安德森总结了4种免费模式，其中之一是"非货币市场"：人们提供某些服务或者产品，不一定是为了获得金钱回报，关注度、声誉、与人分享的快乐等回报都是人们免费服务他人的动力所在。维基百科和知乎便是这一模式的实践者。

另外一种模式是"三方市场"，企业把核心业务免费化，从而彻底击溃所有的竞争对手，然后通过其他的增值服务，获得利润。2009年10月，周鸿祎把360杀毒软件免费化，仅仅用了6个月，就把保持了9年市场占有率第一的瑞星软件斩于马下，便是实施这一战略的经典案例。

四

就在出版了《免费》之后，克里斯·安德森宣布辞去《连线》执行主编的职务，创办了一家无人机公司，他认定："就像20世纪70年代个人电脑的兴起一样，我们将迎来无人机的高潮。"

这个预言像《长尾理论》一样准确，可是创业与写书好像需要不一样的天赋，到 2016 年，安德森的公司在烧掉 1 亿美元之后宣告裁员搁浅。

击败安德森的，是深圳的一群年轻的《连线》杂志爱好者。2009 年，当安德森在硅谷高调创业的时候，29 岁的汪滔正在莲花山下的一间三居室民房里苦苦挣扎，他创办的大疆科技在当时的无人机市场正是一条极不起眼的小"长尾"。

阅读推荐

市面上每年都会出现一些自圆其说的商业模式或战略类书籍，大多昙花一现，推荐：

《蓝海战略》／W. 钱·金、勒妮·莫博涅 著／吉宓 译

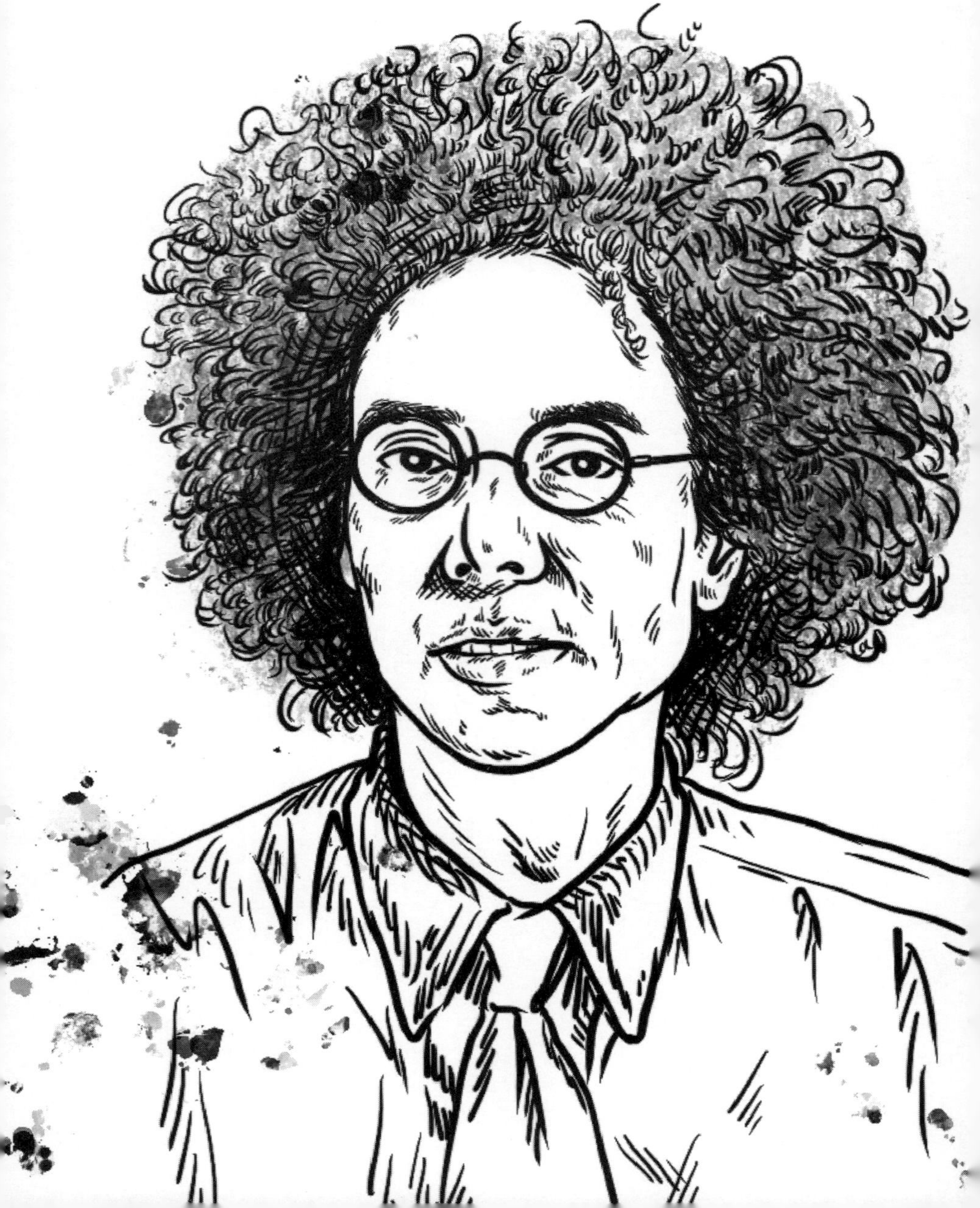

Malcolm Gladwell

马尔科姆·格拉德威尔：《纽约客》怪才

留着一个蓬松的爆炸头，
好像时刻打算去引爆什么。

《引爆流行》：如何找到那个引爆点

> 看看周围的世界吧，也许它看上去似乎是个雷打不动、无法替代的地方，其实不然。只要你找准位置，轻轻一触，它就可能倾斜。
>
> ——马尔科姆·格拉德威尔

马尔科姆·格拉德威尔（Malcolm Gladwell，1963— ）留着一个蓬松的爆炸头，好像时刻打算去引爆什么。出生于1963年的他常年生活在纽约，是《纽约客》的专栏作家。2005年，《时代》杂志评选"全球最有影响力的100人"，格拉德威尔赫然在列，这让很多人觉得意外。

▲ 很有明星范儿的马尔科姆·格拉德威尔，曾经因为太爱睡懒觉而被公司解雇。

在那一年的《纽约时报》全美畅销书排行榜上，精装本和平装本的第一名，都是格拉德威尔的书，这是前所未有的事情。

其中一本，就是《引爆流行》（The Tipping Point），而事实上，这本书出版于2000年，已经霸占榜单整整三年。

一

格拉德威尔发明了"引爆点"（Tipping Point）这个新名词。

在书中，他先是讲了一个故事。

暇步士（Hush Puppies）是一家创办于1958年的休闲鞋公司，在很多年里，它一直不温不火，直到1995年的秋天，它的一款单价30美元的拉绒羊皮鞋不知什么原因突然在曼哈顿东区和苏荷区流行了起来，甚至有人开了暇步士的二手小店。两位时装设计师把它带到了纽约时装周上，在接下来的两年里，暇步士的销量增长了20多倍。

1996年，暇步士赢得美国时装设计师委员会颁发的最佳配饰奖。公司总裁在发表获奖感言时，颇有点迷茫地说：我们并没有为赢得这项荣誉做出任何努力——完全是被潮流赶上，而非主动追赶潮流。

格拉德威尔的问题是：暇步士没有投放巨额广告，没有聘请大明星，也没有营造轰动性事件，那么，它为什么会赶上这样的"狗屎运"？

《引爆流行》这本书就是从这个故事出发，去探寻一个十分有趣的商业课题：所有的潮流都存在着一个引爆点，它与观念、产品、信息和行为方式相关，它的到来看似意外，却有迹可循。

格拉德威尔认为，巨大的效果都是由一个很小的变化引起的，微小的转变可以对个体、组织和社区产生重大的影响。一个遵循流行浪潮规则的世界与我们眼中自己现在生活的世界截然不同。

在书中，他提出了引爆流行的三法则：个别人物法则、附着力因素法则和环境威力法则。

二

一种流行浪潮的引发,是由少数人驱动的,但是它未必来自一个中央系统,甚至也不是超级人物,而是一个"角色组合"。格拉德威尔把他们定义为:联系员、内行和推销员。

联系员是指那些交际广泛,一旦传递信息,就有无数人接收到的人。内行是那些对某个领域研究特别透彻的意见领袖。推销员是乐于传播的活跃分子。在流行过程中,内行是数据库,他们为大家提供信息,联系员是社会黏合剂,他们四处传播信息,推销员负责说服大家。

这一功能性的"角色组合"一旦运转起来,它的病毒式传播力将是惊人的。格拉德威尔算了一个数字:如果一个事物,一个人哪怕只传播给两个人,如果这两个人每人再传播给两个人,这样进行50次时,传播人数将是 1,125,899,906,842,620。

附着力因素法则指的是,流行事物本身应该具有让人过目不忘或者至少给人留下深刻印象的附着力。

20世纪60年代美国心理学家霍华德·莱文瑟(Howard Levanthal)做了一个关于恐惧的试验。

试验目的是说服耶鲁大学的高年级学生去打破伤风针。该试验一共分三个组:第一组给实验对象看关于破伤风疾病危害的宣传资料,并呼吁他们去校医务室打疫苗;第二组在第一组宣传资料的基础之上配了病人痛苦的图片;第三组在第二组的基础上加配了一张校医务室的地图。

试验数据却大大出乎人们的意料,第二组虽然比第一组更加强烈地感受到了破伤风的可怕之处,但仍然和第一组一样,只有3%的人去了校医务室注射疫苗;而第三组仅仅只是加了一个简单的地图,就把实际行动的人数占比增加到28%之多。

这是因为,人的本能不仅更容易接收那些视觉化的东西,而且更愿意去做那些可操作化的行动。

环境威力法则，意思就是发起流行的环境极端重要。在经济学上有一个"破窗理论"的试验，如果一条街道上一辆汽车的玻璃被敲破，在一段时间里没有修复，那么，就会有越来越多的汽车玻璃被破坏，直至整条街道破败不堪。

格拉德威尔在书中举了一个很生动的例子。

在20世纪80年代的纽约，一年要发生2000起以上的谋杀案，纽约地铁更是地狱般的重灾区。为了降低地铁里的犯罪率，新上任的地铁总监不顾所有人的反对，将大部分的地铁警力都用在了清洗地铁涂鸦和严查逃票现象上。

事实上，效果真的是立竿见影，20世纪90年代末和90年代初相比，地铁上的犯罪事件减少了75%。这些不起眼的涂鸦和逃票现象，正是引爆纽约地铁犯罪流行的那扇"破窗"，也可称之为引爆点。

《引爆流行》还引用英国人类学家罗宾·邓巴（Robin Dunbar）的论文，提出"150人法则"。邓巴在调查了遍布全球范围的21个原始部落之后，有了一个惊人的发现，这些原始部落都有一个几乎相同的人数规模，那就是150人左右。

格拉德威尔据此认为，当一个社群的规模超过150人时，组织成员之间的沟通就开始存在问题，协作便走向低效。因此，150人是环境威力发挥最佳效用的边界。

三

《引爆流行》自出版之后，一直长销不止。格拉德威尔的文笔优美流畅，新奇案例不胜枚举，是很重要的原因。他把流行病学、人类学、犯罪心理学和城市治理等方面的知识进行了一次"乱炖"，通过跨界式写作，揭示了商业流行在去中心化的互联网时代，将被引爆的场景和可能性。

就如同克里斯·安德森在《长尾理论》中对帕累托法则的颠覆一样，格拉德威尔敏锐地发现了信息传播和社交趋势的微妙改变——他在 2002 年就提出"我们正进入口头传播的时代"，流行不再自上而下地发生，它有可能是一场由素人发动的群众运动，同时，流行的颗粒度越来越细小，越来越小众化和脉冲式。

这些特点在智能手机普及的移动互联网时代，表现得更加显著。恐怕也是这个原因，在 2009 年、2014 年，中信出版社两次再版了格拉德威尔的这部作品，并将中文书名改为《引爆点》。

阅读推荐

格拉德威尔还有一部畅销书值得推荐，他在书中提出了一个人获得成功需要"一万小时训练时间"：

《异类：不一样的成功启示录》/ 马尔科姆·格拉德威尔 著 / 季丽娜 译

第三部分
动荡年代与潮汐的方向

《萧条经济学的回归》/ 保罗·克鲁格曼

《非理性繁荣》/ 罗伯特·希勒

《政府为什么干预经济》/ 约瑟夫·斯蒂格利茨

《21世纪资本论》/ 托马斯·皮凯蒂

《美国大城市的死与生》/ 简·雅各布斯

《第三次浪潮》/ 阿尔文·托夫勒

《失控》/ 凯文·凯利

《奇点临近》/ 雷·库兹韦尔

《世界是平的》/ 托马斯·弗里德曼

《未来简史》/ 尤瓦尔·赫拉利

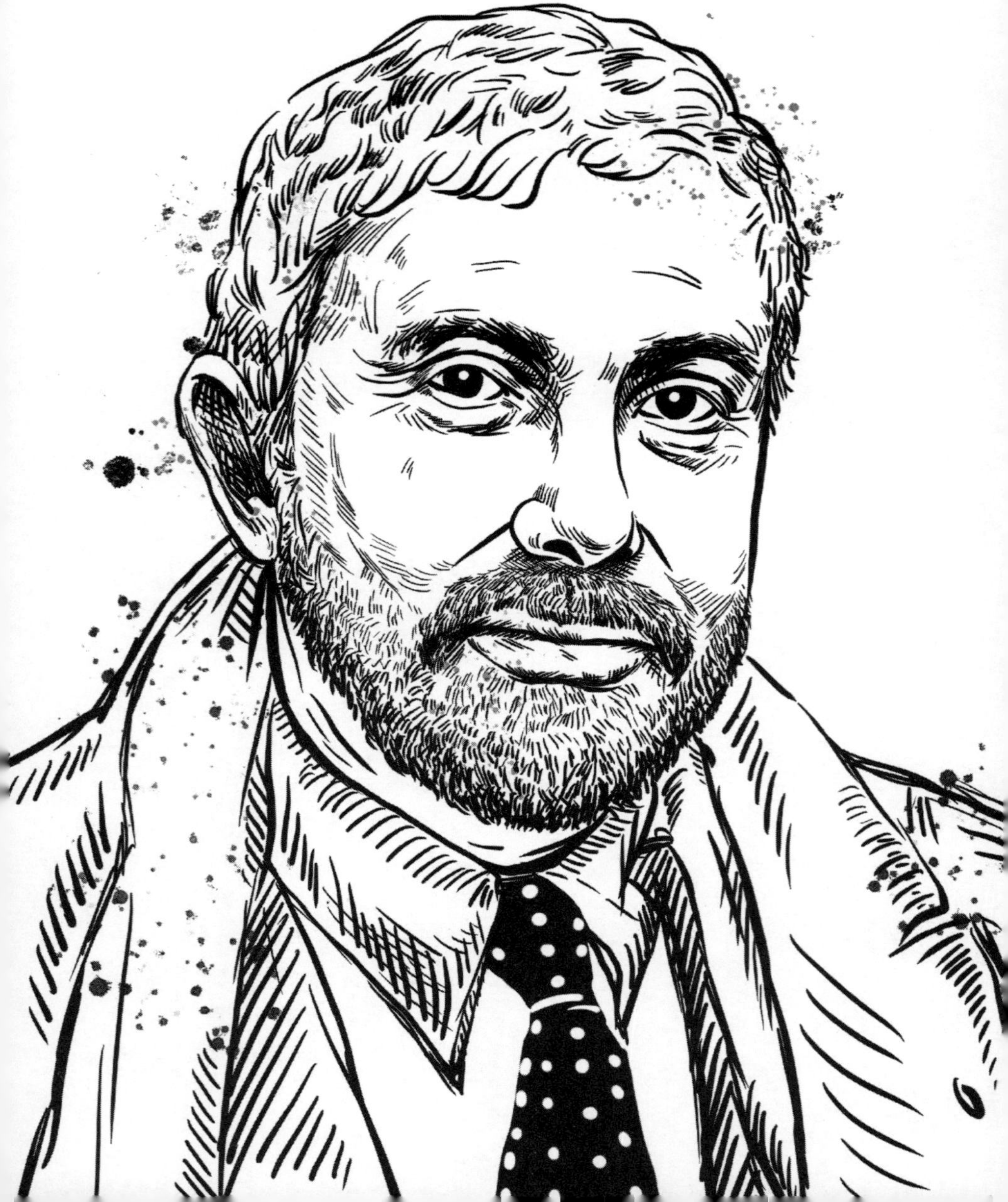

Paul Krugman

保罗·克鲁格曼：最喜欢说"不"的经济学家

2009年飞抵中国讲学，
从上海到北京，再到广州，
一路"舌战群儒"，
最后得了急性咽喉炎。

# 《萧条经济学的回归》：最喜欢说"不"的经济学家

> 通往世界繁荣的唯一重要的结构性障碍，正是那些盘踞在人们头脑中的过时的教条。
>
> ——保罗·克鲁格曼

如果有人评选"全球最让人讨厌的经济学家"，保罗·克鲁格曼（Paul Krugman，1953— ）很可能会排名第一，至少肯定不会跌出前三。

他是小布什总统最讨厌的诺贝尔经济学奖得主，是唐纳德·特朗普（Donald Trump）政府最刻薄的批评者。他对中国经济模式的轻慢，让他失去了最大的商业票房市场。每次经济学家聚会，他总显得格格不入。他被邀请去听苹果公司 CEO 的演讲，回去后写专栏，说人家一直不知所云。

如果你对他说"不"，他会表现得比你还兴高采烈。

但是，他又是全球读者最多的经济学家，其雄辩的文笔被认为是自凯恩斯之后第一人，更有人认为，他是活着的经济学家中影响力最大的那一位。

读他的书，你也许会不认同他的观点，但会被他分析问题的方法和绚烂而辽阔的视野所迷倒。

一

克鲁格曼出生于 1953 年，是地道的纽约长岛人。在麻省理工学院读书的时候，他就因为狂妄自大而不受同学们待见。有一次申请研究生奖学金,他遭同学举报,被硬生生地从名单中撤了下来。

毕业后克鲁格曼去耶鲁大学教书,25岁时,他发表了一篇关于国际贸易模式的论文,后来因此得了诺贝尔奖。30岁那年,他去华盛顿担任总统经济顾问,主笔了1983年的总统经济报告。

1992年,比尔·克林顿(Bill Clinton)竞选总统,邀请克鲁格曼担任竞选顾问,两人主张接近,气味相投。克鲁格曼使出了浑身解数助选,希望克林顿当选后能聘他当总统首席经济学家。结果,克林顿如愿入主白宫,却把聘书给了另外一个人。克鲁格曼只好给自己找台阶下:"从性格上来说,我不适合那种职位。你得会和人打交道,在人们说傻话时打哈哈。"

克鲁格曼暴得大名,是因为他准确地预言了亚洲金融风暴的发生。

从20世纪80年代到90年代,"东亚四小龙"快速崛起,东亚发展模式成为经济学界的一个显学。1994年,克鲁格曼却不合时宜地在《外交事务》(Foreign Affairs)杂志上发表了《亚洲奇迹的神话》

▲ 最喜欢说"不"的克鲁格曼。

一文，激烈批评新加坡、韩国等国家高度依赖政府主导的资本和劳动力要素投资拉动，因此不具备可持续性，东亚模式"建立在浮沙之上，迟早要幻灭"。

1997年，克鲁格曼出版《流行的国际主义》（*Pop Internationalism*）一书，再次拳打脚踢，启动"克氏批判程序"。

他拳打迈克尔·波特的竞争理论。波特在《国家竞争战略》中，试图把商业界成熟的竞争理论延伸至国家治理。克鲁格曼却认为，"定义国家的竞争力比定义公司的竞争力困难得多，偏执于竞争力不仅是错误的，而且是危险的，会干扰国内政策的制定。……有人以为，一国的经济财富主要取决于它能否在世界市场上取得胜利，这种看法不过是个假说，甚至是完全错误的"。

接着，他继续脚踢东亚模式。他直接把"亚洲四小龙"称为"纸老虎"，他轻蔑地写道："如果说亚洲的增长有什么秘密的话，无非就是延期享受、愿意为了在未来获得收入而牺牲眼前的享乐。"他断定，它们不可能再保持前几年的速度，甚至有可能爆发一场突如其来的大危机。

就在此书出版的第二年，泰铢泡沫破灭，一场金融危机席卷亚洲各国，克鲁格曼成了那只预见了危机的"超级乌鸦"，《流行的国际主义》被翻译成各国文字，在极短的时间里狂销120万册。

二

克鲁格曼师出麻省理工学院，秉承了萨缪尔森学派的市场主张，他不反对政府干预，但是对政府主导模式保持深刻的质疑，这既关乎政策设计的技术层面，更来自于意识形态。在"亚洲奇迹的神话"中，他写道："亚洲的成功证明了更少公民自由与更多计划的经济体制的优越性，而这种体制是我们西方所不愿意接受的。"

相比于国家主导模式或波特式的竞争理论，他更信仰市场和技术的革新力，认为真正重要的并非全球竞争，而是技术变革。技术进步带来了全要素生产率的持续增长。

他多次引用同事罗伯特·索洛（Robert Solow）的一个估算：在美国人均收入的长期增长中，技术进步起了 80% 的作用，投资增长只解决了余下的 20%。

1999 年，克鲁格曼出版了《萧条经济学的回归》（*The Return of Depression Economics*），他警告人们，现实世界正经历一次又一次的危机，所有问题都一针见血地涉及需求不足。因此，如何增加需求，以便充分利用经济的生产能力，已经是一个至关重要的问题了。萧条经济学又回来了。

相比于檄文般的《流行的国际主义》，克鲁格曼在《萧条经济学的回归》中回到了更具结构性的阐述。全书以很长的篇幅回顾了 1997 年 7 月 1 日——他称之为"世界新秩序的转折点"——以后的亚洲金融危机全景，同时以专题讨论了 20 世纪 90 年代的拉美和日本经济模式。克鲁格曼试图将眼前的世界与 20 世纪 30 年代的经济大萧条做一次大跨度的呼应，从中寻找出经济萧条的共同规律，以及新的应对策略。

在书中，克鲁格曼的一些观点表达了对凯恩斯的敬意——在一个需求不足的世界中，自由市场体制是难以持续生存下去的，尽管我们已经享受了自由市场的所有好处。他因此被视为新凯恩斯主义的代表人物。

《萧条经济学的回归》没有像《流行的国际主义》那样，获得惊呼式的畅销，不过，它显然"活"得更久。进入 21 世纪之后的全球经济，在很长时间里并没有出现全面性的萧条，这当然不是经济学家们的功劳，而是要感谢乔布斯、杰夫·贝索斯（Jeff Bezos）和马克·扎克伯格（Mark Zuckerberg）。但是，局部的萧条从来没有消停过。

每到这种时刻，人们就会回想起 1929 年的"黑色星期二"和

1997年的那个夏天，然后，克鲁格曼的幽灵就出现了。

三

克鲁格曼一直乐此不疲地扮演着"黑色预言师"的角色。

1997年，他预见了俄罗斯金融危机的爆发。

2000年，他预测新一轮国际油价上涨的周期已经到来。第二年，国际油价急剧上涨。

2007年，他在《外交事务》杂志撰文，警告类似于20世纪30年代的全球经济萧条很可能再度来袭，很快，华尔街的次贷危机爆发，紧接着是那场可怕的全球金融海啸。

2008年10月，保罗·克鲁格曼获得诺贝尔经济学奖，不过获奖理由不是善于预测灾难，而是他在25岁时写的那篇关于国际贸易模式的论文。

作为全球最炙手可热的经济学家，克鲁格曼与中国的关系非常微妙和别扭。

2009年5月10日，获得诺贝尔奖不久的克鲁格曼飞抵中国讲学。

在上海一下飞机，他就受到了超级明星般的待遇，在鲜花簇拥下，他被送进了一家五星级酒店的总统套房。此时正值中国经济触底反弹的时刻，人们非常希望听到这位"巨星"的见解。然而，当他在一周后离开的时候，几乎得罪了一大半的中国同行和媒体。网易财经专门做了一个送别专题——《克鲁格曼：中国公敌？》

从来没有学会讲客套话的克鲁格曼，对中国经济的反弹及其前景都颇不以为然。

在他看来，中国经济的恢复是虚弱的，官方提供的数据不值得信赖，中国想要通过出口来恢复经济增长是不太可能的，需要马上开始着手调整经济结构。此外，他认为中国可能是一个汇率操纵国，其他国家再也不能容忍中国有这么大的贸易盈余。在被问及人民币的国际化时,他更是直截了当地回答说,在他有生之年大概是看不到的。

克鲁格曼的这些言论激怒了很多中国学者,于是,从上海到北京,再到广州,他一路"舌战群儒",以致最后得了急性咽喉炎。当他离开的时候,彼此都觉得对方已无可救药。

阅读推荐

自1929年的大萧条之后,"萧条"一直是人们最为警觉也乐于去研究的问题,值得推荐的书籍有:

《1929年大崩盘》/ 约翰·加尔布雷思 著 / 沈国华 译

《大萧条》/ 本·伯南克 著 / 宋芳秀 译

《现在终结萧条!》/ 保罗·克鲁格曼 著 / 罗康琳 译

《非理性繁荣》：大股灾烧出的超级明星

> 我们所做的全部金融安排，都是为了尽最大努力，排除取之无道或一夜暴富得来的财富，让真正通过实力赚取财富的赢家留有获取尊重的空间。
>
> ——罗伯特·希勒

2000年之前，除了金融理论界和华尔街的房地产证券分析师，很少有人知道罗伯特·希勒（Robert Shiller, 1946—　）。

他是耶鲁大学经济系教授，专业领域是资产定价实证分析。在业余时间，他与卡尔·凯斯（Karl Case）受标准普尔公司的邀请，编制了一个以他俩的名字命名的凯斯–希勒指数，用于反映美国城市的房价波动。

1996年12月，时任美联储主席艾伦·格林斯潘在华盛顿发表了一次例行演讲，他用了一个新词——"非理性繁荣"，来形容股票投资客的行为。市场迅速对此进行解读，认为美联储将采取货币紧缩政策了。第二天，美国道琼斯指数下跌2.3%，全球其他国家的股票指数也随即应声而落。

希勒觉得这是一个挺有趣的现象。2000年，希勒给自己的一部新著起名为《非理性繁荣》（*Irrational Exuberance*），他预言，美国的股市正处在"非理性繁荣"的高点，股价很可能会出现拐点。

就在这本书刚刚被摆上各地书店的书架时，美国互联网泡沫破灭，纳斯达克指数从5133点崩盘式下跌，在接下来的两年多里，跌到1108点，跌幅高达78%，数万亿美元灰飞烟灭。

"国家不幸诗家幸",一场大股灾烧出了一个经济学界的超级明星。

一

你当然也可以用"非理性繁荣"来形容希勒的网红式走红。不过,偶然之中,却也有着专业的必然。

希勒对拐点出现的预测,并不是新闻评论式的。在《非理性繁荣》一书中,他画出了自1860年以来,美国股市的市盈率曲线图,发现在140年的历史中,出现过1901年、1929年和1966年三个峰值点,而历史事实是,它们都成了大股灾的前奏时刻。

在这个曲线图上,2000年是第四个峰值,而且是前所未见的"20世纪高峰",所以,灾难的出现带有历史的不可避免性。

在人类的经济行为中,投机是贪婪天性的一部分,它像基因一样难以被更改。而对股票波动的预测,则如同上帝的骰子,无法捉摸。在金融理论界,一直有针锋相对的两派意见。

一派是有效市场假说。其代表人物是尤金·法玛(Eugene Fama),来自美国西部的自由主义大本营芝加哥大学。法玛在1970年提出了这个理论,他认为,在法律健全、功能良好、透明度高、竞争充分的股票市场,一切有价值的信息已经及时、准确、充分地反映在股价走势当中。除非存在市场操纵行为,否则投资者不可能通过分析以往价格来获得高于市场平均水平的超额利润。

另一派当然就是有效市场假说的反对者。他们反对的理由也很简单:首先,法玛的那个"法律健全、功能良好、透明度高、竞争充分的股票市场"根本就不存在,同时,"有足够的理性,并且能够迅速对所有市场信息做出合理反应的消费者"也不存在。

这一派人聚集在美国东部的耶鲁大学和麻省理工学院,罗伯特·希勒正是他们的代表之一。

二

在罗伯特·希勒看来,股市的非理性,是由市场和人性的双重缺陷共同塑造的。投资者的情绪、媒体、专家叠加成为市场情绪,与股价变动形成反馈环,最终形成泡沫。

因此,我们应该牢记,股市的定价并未形成一门完美的科学。

他在书中提出了制度和心理的"自我救赎"。当经济不好的时候,政府就会出台种种刺激政策,从而唤起人们投资和消费的热情,当这一行为被认定为趋势,那么市场就会转热。而在热度越来越高的时候,恐惧就会累积,甚至美联储主席说出的一个新名词,就能造成市场的动荡。但是,在泡沫破灭之前,没有人能够定义泡沫。悲剧往往在喜剧的高潮时刻出现,反之亦然。

他写道:导致人们行为的大部分想法并不是数量型的,而是以"讲故事"和"找原因"的形式出现的……如果你听见赌博者的谈话,就会发现他们通常是在讲故事,而不是评价事件发生的概率。

在写《非理性繁荣》一书的时候,希勒还做过一个小测试,他通过邮件的方式随机向 147 个人发出了一份问卷。在问及"股市是不是最好的投资场所"时,63% 的人表示"非常同意",34% 的人表示"有些同意","中立""有些不同意"和"非常不同意"的人数加在一起只有 3%。

希勒对股市的下跌判断由此而来,这符合巴菲特的那句名言,投资人应该"在贪婪时恐惧,在恐惧时贪婪"。

《非理性繁荣》成为一本研究股市波动及制度分析的经典之作。希勒在书中,先是从结构、文化和心理性因素三个方面,对现代股票市场自创建以来的上涨与下跌进行了系统性的分析,继而对有效市场假说理论进行了辩驳,最后,对"新千年初期的股市"做了展望,并提出了政策性的建议。

在 2005 年的修订版中,希勒回到自己最熟悉的领域,新增了关于房地产市场分析的章节,他指出,当时的美国房产市场的繁荣隐含着大量的泡沫,房价可能在未来几年内下跌,而这种"非理性繁荣"的源头,是现有金融体系安排存在重大缺陷。

在该书修订版出版一年多后,由房地产泡沫破灭而引发的次贷危机真的如期而至了,罗伯特·希勒的预言再次应验。

三

2012 年,希勒出版了《金融与好的社会》(*Finance and the Good Society*)一书,它可以被看成是 12 年前《非理性繁荣》的续篇。

在这十多年里,美国股市先是收复了全部的失地,并创造了新高,然后又在 2007 年再度泡沫破灭,接着又实现了稳定和反弹。在两个周期的大波动中,市场和政府监管当局展现了全部的智慧、无知与不平等。

希勒分析了活跃在资本市场的所有参与者的角色、责任与合约缺陷,在他看来,目前的金融秩序其实无法化解非理性所带来的风险。他建议设立一个包含各种风险信息并能够对其进行及时处理的数据库系统,构成金融新秩序的物质基础。在这个"超级大脑"的帮助下,反映出所有的风险,并从此创造出新型金融工具。

在希勒看来,只有通过这样的金融创新,才可能实现金融民主化,从而分散风险,让每一个普通公民都能享受商业进步的红利。

他感叹说:金融应该帮助我们减少生活的随机性,而不是添加随机性。为了使金融体系运转得更好,我们需要进一步发展其内在的逻辑,以及金融在独立自由的人之间撮合交易的能力——这些交易能使大家生活得更好。

希勒于 2013 年获得了诺贝尔经济学奖,这几乎没有什么争议。不过让人们非常意外的是,与他一起得奖的另外一位经济学家,居然是尤金·法玛。

▲ 在诺贝尔奖新闻发布会现场的希勒,坐在他左手边的是他的妻子。

一向严肃的瑞典皇家科学院用这样的方式,与经济学界开了一个不大不小的玩笑。它大概是想表达一个意思:你们都说得太有道理了,但是迄今,你们似乎都没有改变如此混沌的世界。

阅读推荐

关于资本游戏的书籍不胜枚举,大多自吹自擂,投资人火中取栗,一朝得手便不可一世。值得推荐的有:

《摩根财团:美国一代银行王朝和现代金融业的崛起》/ 罗恩·彻诺 著 / 金立群 校译

《金融炼金术》/ 乔治·索罗斯 著 / 孙忠、侯纯 译

《政府为什么干预经济》：为"守夜人"划定边界

> 政府应该在更正市场失灵和市场局限，以及追求社会公正方面，扮演重要但有限的角色。
>
> ——约瑟夫·斯蒂格利茨

如果要把当世美国经济学家聚在一起，整一出"锵锵三人行"，最合适的人选，应该就是保罗·克鲁格曼、约瑟夫·斯蒂格利茨（1943— ）和罗伯特·希勒。

他们都是诺贝尔奖得主，个个都是颜值担当，话锋犀利，而且得理不饶人。克鲁格曼代表市场，斯蒂格利茨代表政府，希勒代表"非理性"，抛出任何一个话题，估计都会吵到莲花朵朵开。

斯蒂格利茨比克鲁格曼年长10岁，无论是教书还是行政阅历都要丰富得多，对中国的态度，也相对温和不少。作为在弗里德曼和萨缪尔森两大巨人阴影下成长起来的中生代经济学家，斯蒂格利茨的思考和创作都徘徊在老师们所设定的主题和理论

▲ 比起那位喜欢说"不"的克鲁格曼，这位诺贝尔奖得主斯蒂格利茨要温和许多。

架构之内。

对天才来说，晚出生了 30 年，其实就如同错过了一生。

一

加里（Gary）是一座位于美国印第安纳州西北部的小城市，全市人口不足 10 万。有趣的是，世界上最畅销的两本经济学教材居然都出自加里人之手——萨缪尔森和斯蒂格利茨。

斯蒂格利茨出生于 1943 年，在麻省理工学院获得经济学博士学位，26 岁就当上了耶鲁大学的经济学教授。

他的经济学见识都起源于一个以他的名字命名的悖论——格罗斯曼 – 斯蒂格利茨悖论（Grossman-Stiglitz Paradox）：由于信息成本的存在，市场效率和竞争均衡是不相容的，价格不可能充分显示。

也就是从这个悖论出发，斯蒂格利茨在自己与货币学派之间重重地画出了一条界限。他反对罗纳德·科斯（Ronald H. Coase）的主张，认为科斯提出的"自愿联合"或"协商解决"是不可能实现的——因为市场无法完全收集到所有个人的信息。与其自愿联合建立一个"新组织"去负责这个市场问题，倒不如简化地把"现成"的政府看成是为此目标而设立的一个集体性组织，这样更能节省交易费用。

20 世纪 80 年代之后，哈耶克的"假想敌"——计划经济在理论、国家治理和道德层面上，都已经破产了。在西方或东方，原教旨意义上的计划派、市场派其实都不存在了。

最亟待解决的理论问题，其实只剩下了一个：市场失灵与政府调控的边界到底在哪里？

1989 年，斯蒂格利茨写出了一本小册子《政府的经济角色》（*The Economic Role of the State*），它被认为是近半个世纪以来对这一问题的最杰出的思考。此作品发表后，引起整个经济学界的大讨论，左中右各派相继卷入，多位重量级的学者——包括几位诺奖得主——

都发表了赞同或商榷的文章。1998 年，正处改革深水区的中国把这篇论文与其他 7 位经济学家的论战文章结集在一起，出版了《政府为什么干预经济》一书。

在书中，斯蒂格利茨先是揭示了一个事实，美国政府的支出约占国民生产总值的 1/3，而其他市场化国家，如德国、法国和意大利，这一比例更高达 1/2。他继而把政府的作用划分为生产和消费两方面的作用，前者要回答"怎样生产产品"，后者要回答"生产什么"和"为谁生产"。

他的核心观点是："只要在信息不全或市场机制不完整的状况下（这可说是全球常态），国家的干预就必然存在，以有效改善资源分配的效率。"①

如果信息不对称会造成"市场失灵"，那么，它也同样会造成"政府失灵"。斯蒂格利茨显然看到了这一事实，他对政策工具在调控中的自我约束进行了讨论，建议引入创新、激励和竞争机制，以提高公共供给的效率。他试图确立一些基本原则，来规范政府参与经济的行为。

二

"我想看看真实的世界——做一只碰壁的苍蝇。"1993 年，斯蒂格利茨离开高校，去往华盛顿从政，他担任了 4 年的总统经济顾问委员会主席，接着，又在世界银行当了 3 年的副行长兼首席经济学家。

2001 年，斯蒂格利茨获得了诺贝尔经济学奖，这时候，他已经重返熟悉的校园。在后来的两年里，他先后出版了《全球化及其不满》（*Globalization and Its Discontents*）和《喧嚣的九十年代》（*The*

---

① 出自斯蒂格利茨为卡尔·波兰尼（Karl Polanyi）的《巨变》（*The Great Transformation*）一书写的序言。

Roaring Nineties）。

在这两部书中，他以简明经济史的手法回顾了刚刚发生的历史，包括超出所有人想象的高速增长、"9·11"事件、狂热的放松管制、安然丑闻、东亚金融危机及越来越严重的分配不公平。

"毁灭的种子是什么？第一个是繁荣自身。"斯蒂格利茨在《喧嚣的九十年代》中写道："也许自从郁金香泡沫之后，市场的非理性从来没有表现得像最近这样的明显。"他批评了市场，同时认为政府没有很好地扮演平衡的角色，以至于出现了"廉价的增长"。

他再次重复了十多年前的警告：不受约束的市场远非经济繁荣的引擎，获得持续增长和长期效率的最佳方法，是找到政府和市场之间的恰当平衡，公司和经济都必须受到一定程度的管制。这不仅仅是好的道德教化，还是"好的经济学"。

2012年，勤奋的斯蒂格利茨又出版了《不平等的代价》（*The Price of Inequality*）一书，这个时候，他成了反省全球化的"斗士"。在他看来，"人均GDP可能上升，但大部分公民的生活可能年复一年原地踏步甚至过得更糟……我们的经济与政治体系承诺我们要做的事情，与它们实际做的事，两者天差地别到不容忽视的地步"。

根据斯蒂格利茨的统计，美国社会最上层的0.1%的家庭所获得的收入是社会底层90%的家庭平均收入的220倍。最富有的1%人群拥有的总财富超过国家财富的1/3。他把林肯总统的名言"民之所有，民之所治，民之所享"，讽刺性地改为"1%所有，1%所治，1%所享"。

三

从斯蒂格利茨最近十多年的著作可以发现，华盛顿的从政经验对他的学术路径产生了巨大的影响。作为一个坚定的政府干预主义者，他对政府机制了解得越透彻，失望便也越深重。

自亚当·斯密以来，关于重商主义的争论从来就没有停歇过，"看不见的手"与"守夜人"之间的关系一直微妙而危险，并且从来没有达成完美的均衡，或者，理想状态的均衡根本就不存在。在这个意义上，现代经济学是从道德伦理学中被剥离出来的，而实际上，它又从来没有离开过道德伦理。

在斯蒂格利茨发表《不平等的代价》的3年后，2015年，特朗普宣布参选美国总统。以东部精英知识分子的立场，斯蒂格利茨认为他是"最不够格且参选最仓促的人之一"，但实际上，他的著述却可能是特朗普反对他和他的朋友们的最佳助选文案。

斯蒂格利茨与克鲁格曼被视为美国经济学界的"双子星"，他的性格更温和，不像克鲁格曼那样"善于"得罪所有的人。

阅读推荐

关于国家的经济行为研究，中国与西方学界的考察起点、立场和结论都相去甚远，推荐：

《国家为什么会失败》/ 德隆·阿西莫格鲁、詹姆斯·罗宾逊 著 / 李增刚 译

《21世纪资本论》：让公平重新回到辩论的中心

> 不平等是一种政治建构，而并非经济或技术的"自然"产物。是时候走出这个财产神圣化的时代，超越资本主义了。
>
> ——托马斯·皮凯蒂

自二战之后，随着全球政治与经济主导权的转移，欧洲再也没有出现凯恩斯式的大人物，经济学理论的发动机被搬到了大洋彼岸的美国。在弗里德曼与萨缪尔森的争吵中，欧洲人有时候连插嘴的资格都没有。

因此，一部全面展现欧洲学者经济学观点的著作，便显得非常稀罕了。这个任务，在2014年由一位法国经济学家完成了，他还非常年轻，是一位"70后"。

一

托马斯·皮凯蒂（Thomas Piketty，1971— ）出生于1971年，距离卡尔·马克思去世已有88年，他的作品名为《21世纪资本论》（*Capital in the Twenty-First Century*）。

从卢梭时代以来，巴黎一直是左翼知识界的心脏，二战结束后，萨特的存在主义思潮更是激荡了一代青年。1968年，巴黎爆发"红五月"运动，继而席卷整个西方世界，成为百年左翼青年运动的双高峰之一。皮凯蒂的父母就是1968年运动的街头参与者，这样的记忆如血液一样渗透到了皮凯蒂的著述之中。

皮凯蒂非常早慧而且富有行动力,他博士毕业于巴黎高等师范学院,22岁就在麻省理工学院经济系谋到了助理教授的教职。但是,他对美国式的生活没有兴趣。"我觉得美国经济学家们的工作一点都没有说服力。没错,他们都很聪明,但奇怪的是,我非常强烈地意识到,他们对世界上的经济问题一无所知。"

皮凯蒂于1995年回到了巴黎,从此再没有离开过。31岁时,他被评为法国年度最佳青年经济学家。35岁时,皮凯蒂创办巴黎经济学院,并担任第一任院长。

作为萨特存在主义信徒的儿子,皮凯蒂继承了叛逆和崇尚自由的知识分子传统。

2015年1月,法国政府授予皮凯蒂象征最高荣誉的法国荣誉军团勋章,但是,就如同萨特拒绝1964年的诺贝尔文学奖一样,皮凯蒂拒绝接受勋章,他对记者说:"政府的角色并非决定谁值得尊敬……他们还不如专注于复兴法国及欧洲的经济增长。"

▲ 皮凯蒂的身上流淌着萨特和加缪的血液。

二

《21世纪资本论》就如同它的书名一样,充满了勃勃的野心,为这本书,皮凯蒂准备了20年。

与美国经济学家专注研究"发展"不同,皮凯蒂把他的学术重心放在了"公平"上,这是欧洲左翼传统的出发点。而与其他欧洲学者不同,皮凯蒂的理论工具来自数据模型,而不仅仅是逻辑推导和意识形态的愤怒。

早在博士时期,他就开始用数学方法对税收理论进行深入的研究。2003年,他与同事合作发表论文,研究了美国1913—1998年间的收入不平等情况。这篇文章详细描述了处于收入分配顶端的家庭所占有的国民收入比重的变化,20世纪初,他们占有的财富比重急剧上升,二战期间出现下降,到了20世纪80年代又开始大幅增加。

接着,皮凯蒂将不平等问题的研究拓展到英国、中国、印度和日本等国家,他和他的研究团队建立了包括30多个国家的数据在内的"世界最高收入数据库"。他们发现,在2012年,最富有的1%的家庭拿走了22.5%的财富,这是1928年以来的最大值!他的实证研究激起巨大反响,成为近年来各国反金融资本主义寡头运动最重要的理论武器。

《21世纪资本论》是皮凯蒂这一系列研究的总结。他警告人们,分化的力量随时可能占据上风,现在似乎正在重蹈20世纪初期的覆辙。如果任由这一趋势持续下去,财富分配的长期变化令人不寒而栗。

在书中,皮凯蒂提出了资本"向心论":当资本回报率超过经济增长率时,不平等将加剧——因为利润和其他形式的资本收入,会比工资收入增长更快,而后者是绝大多数人的饭碗。

通过对近300年欧美经济史的数据统计,他得出了让人近乎"绝望"的结论:资本报酬率维持在每年4%~5%的水平,意味着每14年左右财富翻番,而国民收入每年增长1%~2%,意味着起码每35

年收入才能翻番。也就是说，工业革命以来，财富和收入的不平等程度日益加剧，是一种必然现象。

此外，皮凯蒂还使用了很多极端的数据，比如，在20世纪50年代，平均每个CEO的薪水是公司里基层员工的20倍，如今，世界500强公司管理层和基层薪资比大于200倍。再比如，世界上最富有的85个人拥有的财富等于最穷的35亿人的资产总和。"我们的世界将重现19世纪欧洲的场景，平均主义的先锋思想将被遗忘，而新世界可能沦为拥有全球化经济的老欧洲。"

皮凯蒂的行文和某些论述，让人联想起100多年前在大英图书馆埋头创作的马克思，他也不时做出一点这样的"暗示"。不过当然，他的结论并没有导向暴力革命。

他给出的解决方案是征收"财富税"：对全球富人征税，并对最富人群提高税率。

税率要多高？根据皮凯蒂团队的计算，发达国家理想的最高税率可能要高于80%。他以美国为例，认为对年收入高于50万或100万美元的个人征重税，不仅不会损害美国经济的增长，还会让更多的人享受增长的果实，因为它对无用甚至有害的经济活动起到了合理的抑制作用。

三

在全球化暂时落幕的21世纪第一个10年，皮凯蒂再次提出了关于不平等的问题。《21世纪资本论》的中文版厚达700页，可谓皇皇巨著，它与两年前约瑟夫·斯蒂格利茨的《不平等的代价》，体现出欧美经济学家对同一问题的共同关注。

但是，他有没有展现全部的真实及给出正确的答案，便仁者见仁了。

发展与公平，如同一对恩怨交叠的兄弟。在人类漫长的历史上，它们在绝大多数的时候势同水火，此消彼长。中国古人曰，"不患寡而患不均，不患贫而患不安"，体现了人性幽远而叵测的一面。

所以，凡是倾向"患不均"一侧的思想者，都很容易站在道德的高点上，人们往往因为在内心呼应了他的控诉，而放弃了对他给出的解决方案的警惕性。

对皮凯蒂的质疑主要体现在两个方面：其一，他漠视了近半个世纪以来，在地球的大部分地区，消除贫困和延长寿命的努力已经取得了实质性的进步；其二，他所提出的"财富税"方案，不但缺乏推行的实际可能性，而且意味着另外一种意义上的暴力掠夺。

皮凯蒂在《21世纪资本论》中的观点对马克思表达了遥远的敬意，同时也颇有点自信地试图加以修正和迭代。他说："我比马克思多了150年的历史经验。马克思指出，资本主义是自己的掘墓人，但他没有告诉我们，废除资本主义后，如何在政治和经济上组织社会，这是他的历史局限性。"[1]

其实，每一个人都活在自己的历史局限性里。如果一本书可以开启我们对一个问题的认真思考——而不是代替我们思考，那么，它就已经足够杰出。

阅读推荐

对当代资本主义的批判，从来没有停止过，而这些作家大多是欧洲学者，值得推荐的有：

《资本主义十讲》/ 米歇尔·于松 著 / 潘革平 译

---

[1] 2014年，皮凯蒂接受《外滩画报》采访时的回答。

《美国大城市的死与生》：家庭主妇对城市的抗议

> 城市美化运动的全部观念和计划，都与城市的运转机制无关，缺乏研究，缺乏尊重，城市成了牺牲品。
>
> ——简·雅各布斯

这些年，去国内的二、三线城市出差，站在十字路口，举目四望，在高楼林立的崭新景观中，常常会有一种错觉：我是不是曾经到过这座城市？因为，所有的中国城市都长得实在太像了。

还有一次去北京，住在北京大饭店，到了晚上8点左右，我想出门逛一下夜市，结果，在饭店附近走了一个多小时，居然没有找到一条胡同、一个酒吧，甚至没有发现一家便利店。

站在空旷而冰冷的大道上，我突然有一种被城市"隔离"的荒诞感。

我的这一体验，在1961年，曾被一个叫简·雅各布斯（Jane Jacobs, 1916—2006）的家庭主妇感受过，她写作了一本书——《美国大城市的死与生》（*The Death and Life of Great American Cities*）。

这本书几乎颠覆了以往的城市规划理论，也几乎改变了美国城市的发展方式。

一

简·雅各布斯不是建筑师，也不是城市规划的专家，她仅仅是一个住在纽约格林威治村的作家，偶尔也给《纽约客》或 *Vogue* 杂志写写专栏。她的这本书出版后,美国城市规划学会的会长抱怨说,"她除了给规划带来麻烦,其余什么也没有"。

但是,雅各布斯所代表的意见方,不是规划专家,而是居住在城市里的普通人,她的《美国大城市的死与生》的第一句话就是:"本书是对当前城市规划理论和重建活动的抨击。"

在二战之后,随着经济的繁荣,美国发生了一场壮观的城市再造运动,旧的街道被彻底改造,贫民区相继被拆除,摩天大楼的纪录被一再打破。这里面既有新商业文化的喷发,也有着巨大的利益涌动,涉及房地产商、政府、零售商,以及无数雄心勃勃的建筑大师们。在这场大造城运动中,主流的理念是机器美学和新功能主义建筑哲学。甚至有人提出,"新是唯一的哲学"。

然而,在家庭主妇雅各布斯看来,这是一个错误的潮流,她在书中描述说,"生机勃勃的城市要有如下条件:零售与住宅相融;街道短小而不间断,避免长条封锁状;建筑物最好有新有旧,且融合不同的功能;此外,人口密度要高"。

在书中,雅各布斯对众多世界知名的城市规划师指名道姓地提出了尖锐的批评,其中包括旗手型的人物勒·柯布西耶(Le Corbusier)。

柯布西耶是现代主义城市建筑的主将,他提出了"光辉城市"的理念,认为城市应当按照需求严格分区——高密度的居住与工作空间、专为汽车交通建设的路网、集中的公共服务体系,以此提高城市与居住者的效率。日后盛行的中央商务区(Central Business District,CBD)模式即源于柯布西耶的这一构想。

雅各布斯认为柯布西耶是那个"把反城市的规划融入一个罪恶城堡里的人"。她写道:"这样庞大而引人注目的作品表现了某个人的成就,但是,至于城市到底是如何运转的,正如花园城市一样,除了谎言,它什么也没有说。"

继而,她用散文的笔调描写了自己心目中的城市场景:早上,杂货店的店主打开窗户，中学生们在上学路上把包装纸丢在地上。中午，裁缝打开窗给花草浇水，爱尔兰人在白马威士忌酒馆里晃荡，也会"舞出一个舞步"，比如把钥匙留在隔壁的熟食店。城市里到处是短的、七拐八扭的街道，人们能享受到拐弯的空间感乐趣。

她笔下的城市是现代的，但同时更是混乱的，并充满了人的气息，这当然与柯布西耶式的注重功能秩序、整洁和社区分割的新城市主义背道而驰。

二

在《美国大城市的死与生》一书中，雅各布斯创造了一个新名词，"街道眼"（Street Eye）。

这个新鲜而可爱的概念，反对建设那些寂寥而空旷的"花园城市"，它主张保持小尺度的街区和街道上的各种小店铺，用以增加街道生活中人们相互见面的机会，从而增强街道的安全感。

与大多数城市规划师认为"城区越老就越破败和越不安全"的观点截然不同，雅各布斯用强有力的案例和亲身体验证明，老社区是安全的，因为邻里有着正常的交往，对社区有着强烈的认同感。

她指出，交通拥堵不是汽车多引起的，而是城市规划将许多区域生硬地隔离开来，让人们不得不依赖汽车而导致的。

曾经有一次，雅各布斯找一位规划师询问相关的城市建设问题，但对方摆出一副对"人们在想什么"毫无兴趣的表情。这样的姿态，让雅各布斯感到很愤怒："对他来说城市设计就是美学上的事情，跟其他无关。"

雅各布斯认为城市不是被拿来设计的艺术品，而是活的有机体，城市规划本身也是一个富有生命的、活的过程。城市是人类聚居的产物，而成千上万的人的兴趣、能力、需求和才华千差万别。

多样性是城市的天性。她犀利地指出，所谓功能纯化的地区如中央商务区、市郊住宅区和文化密集区实际上是功能不良的。她用尖刻的口吻写道："城市设计的规划者们和建筑师们……费尽心思去学习现代正统规划理论的圣人和圣贤们曾经说过的话……他们对这些思想如此投入,以致当碰到现实中的矛盾威胁到要推翻他们千辛万苦学来的知识时,他们一定会把现实撇在一边。"

三

简·雅各布斯有着一张圆圆的娃娃脸,从青年到暮年,都留着标志性的齐刘海短头发——她可能是留这个发型最出名的两位女性之一,另外一个是日本的"圆点女王"草间弥生。有趣的是,她们都是20世纪60年代最愤怒的女知识分子。

雅各布斯不但是新城市运动的理论反对者,更是第一批冲上街头的抗议分子。就在出版《美国大城市的死与生》的1961年,她参加了抵制格林威治村城市重建的抗议活动,并因此入狱。

1968年,曼哈顿下城区将修建一条高速公路,雅各布斯和她的同道们认为,这会导致成百上千的家庭和商业机构被迫迁移。她组织了激烈的街头抗议活动,因"暴乱"和"故意伤害"的罪名遭拘捕。在听证会上,她大闹现场,试图冲上去撕毁速记员的记录磁带。这场抗争最终以雅各布斯的胜诉而告终。也是在这一年,简·雅各布斯又和苏珊·桑塔格(Susan Sontag)、艾伦·金斯堡(Allen Ginsberg)一起因反征兵而被捕,她认为儿子即使是去坐牢也不该到越南战场去当"炮灰"。

拉塞尔·雅各比(Russell Jacoby)在《最后的知识分子》(*The Last Intellectuals*)一书中将简·雅各布斯列为美国"最值得珍惜的公共知识分子"之一。

在《美国大城市的死与生》的最后一页,雅各布斯写道:单调、缺乏活力的城市只能孕育自我毁灭的种子,但是,充满活力、多样

▲ 简·雅各布斯，首先是一个家庭主妇，然后是一个街头抗议者，最后才是一个作家。

化和用途集中的城市孕育的则是自我再生的种子，即使有些问题和需求超出了城市的限度，它们也有足够的力量延续这种再生能力，并最终解决那些问题和需求。

这种对自然和人性的尊重，在后来的很多年里，刷新了人们对城市和栖居的理解。

阅读推荐

从《美国大城市的死与生》问世的第一天起，雅各布斯就不乏反对和批驳者，最值得推荐的是：

《城市的胜利：城市如何让我们变得更加富有、智慧、绿色、健康和幸福》/ 爱德华·格莱泽 著 / 刘润泉 译

在本书中，纽约大学经济学家爱德华·格莱泽认为"高密度的城市生活，不仅有利于保护生态环境，而且还能刺激创新"。

《第三次浪潮》：他把新世界的地图徐徐展开

> 第三次浪潮拆散了我们的家庭，动摇了我们的经济，瘫痪了我们的政治制度，粉碎了我们的价值观，每一个人都受到影响。明天的权力争夺必须以此为背景。
>
> ——阿尔文·托夫勒

阿尔文·托夫勒（1928—2016）去世于 2016 年，时年 88 岁，他目睹了自己 30 多年前的预言变成了现实，作为一个未来学家，没有什么比这个更令人欣慰的了。

蔡元培曾评论胡适说，他的学问未必有多高深，但是他敢于"断刀截流"。相比胡适，托夫勒是一个更大胆的人，因为他不但梳理过往的历史，更试图大胆勾勒未来的方向与路径。

很多关于未来的书籍，随着"未来已来"而变得陈旧，但是，托夫勒创作于 1980 年的《第三次浪潮》（*The Third Wave*），却因为洞见的深邃和思考方式的新颖，在今天仍然被人们一再地阅读。

一

"人类面临一个量子式的跃进，面对的是有史以来最强烈的社会变动和创造性的重组。我们并没有清楚地认识到这一事实，但是却参与了建立新文明的基层工作，这就是第三次浪潮的意义。"

每一个生活于 20 世纪 80 年代的人，都可以从这段文字中读出亢奋和焦虑：一个新的大航海时代真的开始了吗？我真的置身其中吗？我是一个革命者还是被革命者？

阿尔文·托夫勒出生于1928年，当过5年的工人，对车间和流水线有最切身的体验。二战结束后，他成为一名勤奋的记者。1960年，托夫勒去IBM实地调研，写了一篇题为《计算机对社会和组织的长期影响》的考察报告，预见到大规模生产向服务和知识工作的微妙转变，这份报告触发了IBM向数字化技术的转型。

进入20世纪70年代之后，欧美各国的制造业相继陷入产能过剩的困境，与之相伴的是中产阶层的大规模崛起，劳动力成本逐年增加而能源危机的火苗时时闪现，全球经济被前所未见的"滞胀"所困扰。

就在各国政治家和经济学家为纾困焦头烂额、无计可施的时刻，名不见经传的科技记者托夫勒猛地推开了一扇新的窗户。

在《第三次浪潮》一书中，托夫勒先是对人类的商业文明史进行了大胆的断代，他把经历了几千年演进的农业革命定义为第一次浪潮，把已经进行了300年的工业革命定义为第二次浪潮，进而，他顺理成章地提出，我们即将进入一个崭新的、横扫过去一切的第三次浪潮时期。

一个新的文明正在我们生活中出现……这个新文明带来了新的家庭形式，改变了我们的工作、爱情和生活的方式，带来了新的经济和新的政治冲突，尤其是改变了我们的思想意识……很多人被未来吓坏了。

对于这个可怕而陌生的新经济形态，托夫勒并不是唯一的发现者，在他之前，已经有一些学者洞见到了信息化产业所可能造成的革命性效应，大家都试图用一个新的概念去定义它。美国的战略学家兹比格涅夫·布热津斯基（Zbigniew Brzezinski）提出了"电子技术时代"，社会学家丹尼尔·贝尔（Daniel Bell）称之为"后工业社会"，马歇尔·麦克卢汉（Marshall McLuhan）创造了"地球村"这个新名词，还有人提出了太空时代、信息时代、电子纪元等。

▲上图：调研报告发布的 14 年后，阿尔文·托夫勒又出现在了 IBM 办公楼门口，当然这次只是为了拍照。下图：他的妻子海蒂·托夫勒也是知名的未来学学者，夫妻二人曾多次合著作品。

但是，没有一个人像阿尔文·托夫勒这样，从人类文明史的高度对当今的时代进行审视，并做出了高度概括性的描述，他大胆宣布，"工业主义灭亡，新文明崛起"。

在这个意义上，托夫勒重新发现了历史。

二

《第三次浪潮》在出版的 10 年内，被翻译成 30 多种文字，发行量超过惊人的 1000 万册，是史上卖出最多的未来学著作。这与托夫勒大胆而肆意的文风大有关系。

如果由布热津斯基或贝尔来创作同题材图书，肯定是另外一番风格或别有深度，但能否像《第三次浪潮》这样狂销，恐怕要打一个问号。托夫勒创造了一种"全景演绎"式的创作范式，即跳上太空看地球，同时在细节中发现剧烈的变化。

有一些我们今天非常熟悉的名词，都是在《第三次浪潮》中第一次被托夫勒发明出来的，比如，大数据、跨国公司、无纸化办公、产消合一等。

在 1980 年，电脑已经诞生了 30 多年，也有一些实验室在构想信息化网络的可能性，不过，绝大多数人都仅仅站在工业和商业活动的效率提升的高度。托夫勒却把它看成是"新文明形态的诞生"，在他看来，信息化将改变人类的生活和工作方式，而信息流动所产生的难以计量的非结构性数据，将成为新的资产，"数据即财富"。

众所周知的是，互联网经济的真正出现是在 1995 年前后，并在其后的 20 年里再造了全球经济格局。但是在 1980 年托夫勒的作品里，已经随处可见他对变化的预见。在他看来，信息将几十亿人口系统地连接在一起，产生了一个没有人能够独立控制其命运的世界。我们必须重新设计重要的管道，以配合递增的信息流量，这一系统必须依赖电子、生物和新的社会科技。第三次浪潮带来了历史上第一个"超越市场"的文明。

这可以被看成是人类对互联网的第一次清晰描述。

在信息化时代,大市场将分裂成繁复多变的小市场,出现更多各种形式、类别、尺寸、颜色的产品,这意味着传统的标准化大规模生产模式将崩溃。而在流通领域,则需要一种新的、能够符合多样化需求的服务模式。在这些叙述的字里行间,我们可以读到工业 4.0 和电子商务平台的飘渺身影。

在 20 世纪 70 年代,怀孕自测用品在欧美国家被发明和流行起来,从这个微小的细节,托夫勒敏锐地洞见到:"生产者和消费者之间的界限逐渐模糊,可以看到产消合一者的地位日趋重要。"

托夫勒还看到了跨国公司的崛起。随着发达国家的制造成本日渐提高,越来越多的公司试图建立一个特殊的全球性生产体系。"就全球权力体系而言,跨国企业的崛起削弱了国家的角色,此时正是离心压力即将导致内部分裂之际。"

三

我迄今仍记得 1986 年的冬季,在复旦大学寒冷的学生宿舍里,第一次读到《第三次浪潮》时的惊悚心情。

托夫勒的这部作品在 1983 年被翻译引进中国。对于这个刚刚打开国门的国家,他所描述的技术变革实在是非常的陌生和遥远,但是你仍然能够嗅出趋势的硝烟,以及与我们的隐约关系。而对于像我这样的青年学子,《第三次浪潮》把一个新世界的地图展现在了我们的面前,它是如此的波澜壮阔而激动人心。

托夫勒用文字把他的读者一脚踢进了莫测的未来之海:"今天在危险边缘徘徊的不仅是资本主义和社会主义,也不仅是能源、食物、人口、资本、原料和工作,真正危险的是市场在我们生活中扮演的角色以及文明自身的远景。"

我还曾经把托夫勒的一句话抄在日记本的扉页："唯一可以确定的是，明天会使我们所有人大吃一惊。"

在后来的几年里，我无数次与这段文字相遇，在默默对视中，让时间开始。

阅读推荐

阿尔文·托夫勒的"未来三部曲"包括：

《第三次浪潮》/ 阿尔文·托夫勒 著 / 黄明坚 译

《未来的冲击》/ 阿尔文·托夫勒 著 / 黄明坚 译

《权力的转移》/ 阿尔文·托夫勒 著 / 黄锦桂 译

另外一本对中国产生过重大影响的互联网启蒙书是：

《数字化生存》/ 尼古拉·尼葛洛庞帝 著 / 胡泳、范海燕 译

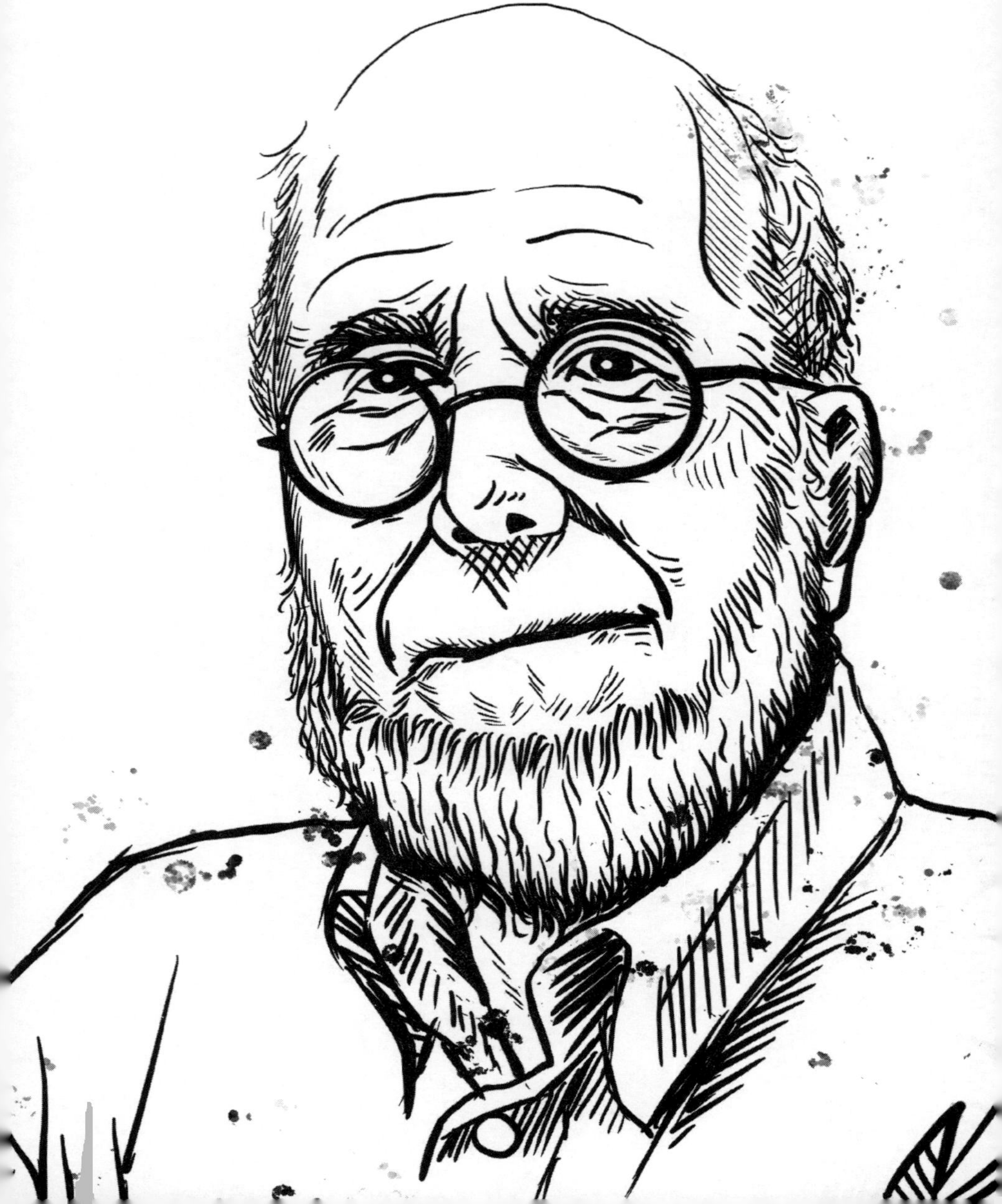

Kevin Kelly

凯文·凯利：互联网世界的"预言帝"

一度让马化腾"失控"的男人。

《失控》：互联网世界的"预言帝"

> 跟 30 年后的我们相比，现在的我们就是一无所知。必须要相信那些不可能的事情，因为我们尚处于第一天的第一个小时——开始的开始。
>
> ——凯文·凯利

大胡子的凯文·凯利（1952—　）被读者亲切地称为 KK。西方人中，名字用两个 K 字母开头的应该很多，但他是唯一的 KK。

他的《失控》，中文版 80 万字，厚达 700 多页，几乎很少有人逐页完整读过，但几乎没有人不知道这本书。

如果说，阿尔文·托夫勒在 1980 年"断刀截流"，把信息化革命定义为人类文明的"第三次浪潮"，那么，凯文·凯利创作于 1994 年的《失控》，则以"先知"的姿态，勾勒了互联网经济的产业图景。活跃于硅谷的 KK 的创作显然更加具体和具有科技感。

可以说，关于未来，托夫勒大声喊出了"方向"，KK 则描述了"道路"本身。

在中国阅读界，很长时间里，《失控》是一个传说。因为它实在是太厚了，充斥着无数陌生的科技名词，令人望而生畏，没有一家正规的出版社愿意出版它。

直到 2008 年，一群年轻的科技爱好者实在忍不住了。他们在互联网社区里发起了一项众筹翻译的工程。

他们创建了维基页面和谷歌小组，公开招募翻译者——他们中有大学生、教师、公务员及自由职业者，通过"乱哄哄"的协作方式，

▲ KK 的《失控》中国读者见面会。近年来 KK 频繁访华，中国快成他的第二故乡了。

仅用一个半月的时间，就完成了中文版的翻译初稿。

KK 本人对这样的翻译方式非常惊讶，但觉得这就是"失控"的体现。此外，他还在中文序言中十分自得地写道：我们今天所知的，绝大多数是我们 20 年前就已知的，并且都在这本书中提及了。

一

凯文·凯利出生于 1952 年，比托夫勒足足小了 24 岁。在美国，把互联网技术推向商业化的那一代人，大多出生于 20 世纪 50 年代至 60 年代，如乔布斯和比尔·盖茨，他们都出生于 1955 年，创办 eBay 的皮埃尔·奥米迪亚（Pierre Omidyar）是 1967 年生人，雅虎的杨致远和亚马逊的贝索斯分别出生于 1968 年和 1964 年。

凯文·凯利大学读了一年就辍学了——辍学似乎是美国互联网人的优良传统，在长长的辍学名单中，包括盖茨（微软）、乔布斯（苹果）、杨致远（雅虎）、谢尔盖·布林（Sergey Brin，创办谷歌)、扎克伯格(Facebook,脸书)、陈士骏(YouTube)、特拉维斯·卡兰尼克(Travis Kalanick,创办 Uber,优步)、杰克·多西(Jack Dorsey,创办 Twitter,推特)、埃隆·马斯克(Elon Musk,创办 Tesla,特斯拉)等等——然后用打工赚来的钱买了一张飞往亚洲的机票,"当我到达的时候,我的钱包几乎空空如也,不过,我有的是时间"。

接下来的 8 年,他一直在亚洲各地游荡。28 岁那年,他又骑自行车跋涉 8000 公里,横穿整个美国。29 岁,他创办了一本杂志,后来参与创办《连线》杂志,担任创始主编。1984 年,他在硅谷组织了全球第一次黑客大会。

也许只有这种反传统的个性和游侠精神,才能够跳出森严而坚硬的体系,发现来自未命名世界的微弱冲击波。1990 年,KK 开始写作《失控》,那时,还没有万维网,因特网尚处在实验室的仿真阶段,连计算机绘图也很少见,但是,KK 说:机器正在生物化,而生物正在工程化。

在《失控》中,KK 把人类历史对自然的认识过程分为四次"认知唤醒":第一次是哥白尼——"地球不是宇宙中心";第二次是达尔文——"我们是其他生物进化来的";第三次是弗洛伊德——"我们不能完全主宰自己的意识";即将到来的第四次,便是机器智能的认知唤醒——"生物和机器的结合,无论生物还是机器,其实都是进化体"。

KK 身处互联网爆发地硅谷,《失控》所要描述的是信息化革命在软件、硬件及系统领域的种种新突破,但是,他用了非常多的生物学和社会学知识及案例,这本书读上去很像一本关于自然科学的书,甚至这本书的副标题直译过来便是——"机器、社会系统和经济世界的新生物学"。

把自然进化与人工进化并列而叙,符合 KK 对互联网的本质性理解:它是一个失控的、不断演化的生物体,世界将因此去中心化。

二

凯文·凯利从早年在印度马路上的体验和对蜂群的观察中，得出了一个结论：生命是连接成网的东西，拥有自下而上分层级的去中心化分布式系统，生命和机械体本质上是相同的，都具备活系统。

而只要是活系统，就具备自组织、自进化的能力。

他因此提出了自然界的"造物九律"：分布式状态；自下而上的控制；培养递增收益；模块化生长；边界最大化；宽容错误；不求目标最优，但求目标众多；谋求持久的不均衡；变自生变。

从自然界到同样符合"九律"的互联网产业，KK总结了四个基本生存特征：

共生——便捷的信息交换以允许不同的进化路径汇聚在一起；

定向变异——非随机变异及与环境的直接交流和互换机制；

跳变——层级结构和模块化，以及同时改变许多特性的适应过程；

自组织——具有自我进化和纠错能力的发展过程。

在书中，KK一再强调非线性和连接的重要性，在他看来，单个进化体的价值，由他和这个系统连接的数量和质量来决定。未来所有的变革都将以出其不意的方式自下而上地爆发，因此，他引述了皮埃·阿博彻的话："我更关心那些空白的地方，那些能想象得到却实现不了的形态。"

KK还发现了在互联网环境下，某些与工业革命时代截然不同的竞争规律。

赢家通吃：在一个高度连接、高速运转的信息社会里，一旦你顺应趋势又方法正确，那你的领先速度会变得非常快，将更容易进入爆发式的增长模式。

边界突破：传统的机会都存在于核心区，而未来拥有更多机会的地带将是边界，也就是行业与行业之间的边缘地带。未来的创新往往将会从行业与行业、板块与板块之间的激烈碰撞中产生。

在硬件部分,凯文·凯利天才地预见到了信息颗粒度的最小化及因此带来的改变。他认为,在未来的某一天,我们穿的衬衫、建筑物上的每一块砖,都可能被植入一个硅芯片,从此,这个世界将"万物互联"。

读到这里,你应该会同意他在中文序言中的那份自得,云计算、物联网、虚拟现实、网络经济、共生双赢,这些互联网热词的第一次出现都在《失控》一书中。

在1990年到1994年的4年创作时间里,凯文·凯利的确掀起过未来女神的面纱,窥见到了某一些真相。

三

厚厚的一本《失控》,如果你静下心来读,其实并不枯燥。KK的文笔比托夫勒还要优美,灵感四溢。他讲了数百个故事和案例,有些来自一些冷僻的学术领域,更多的是他在公司实地调研时的观感。全书的很多章节并不冗长,甚至更像是一则则随笔。

Out of control——失控,既是一种存在的状态,更是一次对既有秩序的破坏行动。所有的东西,都变成了另外的东西,所有的东西都是一种流动的状态,都在不断地改变。

失控,因此成了互联网人发动革命的宣言和旗帜。

我见过凯文·凯利两次,一次在硅谷,一次在北京。

2013年,他在北京与腾讯创始人马化腾有一次对话。马化腾问他:"KK,你认为即将颠覆腾讯的那个企业是谁?"

KK开玩笑地说:"如果你现在给我1亿美元,我就告诉你。"

接着他说,"即将消灭你的那个人,迄今还没有出现在你的敌人名单上"。

我在现场的一角,分明能感受到扑面而来的"失控"的气场。

阅读推荐

凯文·凯利值得推荐的书籍还有：

《必然》/ 凯文·凯利 著 / 周峰 等译

《科技想要什么》/ 凯文·凯利 著 / 严丽娟 译

《奇点临近》：机器什么时候战胜人类

> 我们有能力理解、模拟，甚至拓展自身的智能，这便是人类与其他物种不同的一个方面。
>
> ——雷·库兹韦尔

在凯文·凯利出版《失控》的11年后，2005年，雷·库兹韦尔（Ray Kurzweil, 1948— ）发表了《奇点临近》（*The Singularity is Near*），他讨论的是同一个话题：人类与机器的结合。

不过此刻，所不同的是，信息技术在10年间日行万里，互联网不再是一个想象或实验室里的婴儿，它已经革命性地改变了这个世界。

库兹韦尔把焦点放在了一个十分敏感的主题上：机器什么时候战胜人类？他预言，到2045年，机器人的智能将超越人类。

他把这一时刻称为：奇点。

一

奇点是一个既存在又不存在的点，它是天体物理学的概念，指的是宇宙"大爆炸"刚发生时的那一状态。

与媒体人出身的阿尔文·托夫勒和凯文·凯利不同，库兹韦尔是一个拥有13项荣誉博士头衔的科学家，入选了美国国家发明家名人堂，获得过全球最重要的发明奖——莱梅尔逊（Lemelson–MIT）发明大奖。他自称5岁的时候，就试图建造一艘能够驶往月球的火箭，比肯尼迪登月计划要早8年。1960年，12岁的库兹韦尔第一次接触

▲ 2015 年，雷·库兹韦尔获得格莱美技术奖，旁边是他的医生妻子和作家女儿。

到了计算机，3 年后，他设计出一款能帮助自己做作业的软件。

步入职场后，库兹韦尔不断地有新发明问世，世界上的首个电子音乐键盘就是他的杰作。在 1990 年出版的一本关于人工智能的专著中，库兹韦尔预测，在 21 世纪的前 50 年，机器智能可以媲美人类。

他的这个预测，听上去十分荒诞，可是，在科学界却是一个延续了数十年的雄伟计划。早在 1968 年，美国科学家就曾秘密邀约国际象棋大师与计算机对弈，此后一直没有间断。1997 年，IBM 公司有一台超级国际象棋电脑"深蓝"（Deep Blue），它重 1270 千克，有 32 个"大脑"（微处理器），每秒钟可以计算 2 亿步棋。

1996 年 2 月 10 日，"深蓝"首次挑战国际象棋世界冠军卡斯帕罗夫（Garry Kasparov），以 2 胜 4 负落败。1997 年 5 月再战，"深蓝"以 2 胜 1 负 3 平获胜，这场"人机大战"轰动世界。

上述景象，在库兹韦尔看来，是一定会发生的事实。他在《奇点临近》中提出了"加速回归理论"，他认为，我们已经完整地经历了 5 次计算范式的创新，分别是机电计算器、继电器计算、真空管、分立式晶体管和集成电路，著名的摩尔定律就是关于第五范式的规律洞见，如今，我们已经进入以人工智能为标志的第六范式阶段，技术发展的指数趋势和性能增长的单位成本已远远超出摩尔定律的预测。

根据库兹韦尔的计算，超级计算机将在2010年前后达到与人类大脑性能相当的计算性能，在2020年前后，电脑的算力将媲美甚至超越人脑的水平，到2027年电脑将在意识上超过人脑，2045年左右，"严格定义的生物学上"的人类将不存在。

他因此激情地预告，"我们的未来不是再经历进化，而是要经历爆炸"。

二

计算速度的指数级加速，对人类意味着什么？它指向两个"终极问题"：机器有可能替代人类吗？以及，人类有可能永生吗？

库兹韦尔继续用他极其繁复的公式、数据和图表来为我们寻找答案。他认为，未来将发生3种重叠进行的革命，他称之为GNR，即基因技术（G）、纳米技术（N）和机器人技术（R）。

基因技术：通过理解信息在生命中的处理过程，我们开始学习改造自身的生物特征，以消除疾患，激发潜能，从根本上扩张生命的力量。

纳米技术：将使我们可以重新设计和重构身体和大脑，以及与人类休戚相关的世界，并可以突破生物学极限。

机器人技术：这是最具威力的革命，具有智能的机器人脱胎于人类，经过重新设计后，机器人的能力将远远超过人类所拥有的能力。

库兹韦尔认为，我们目前正处在逆向设计生命与疾病内在信息处理的初级阶段。

如果排除特定的医学上一般可以预防的情况，人类寿命可超过

150岁，如果能预防90%的医学问题，则可超过500岁，如果预防率达到99%的话，我们可活过1000岁。

同时，GNR还可能让人类的存活方式向非生物化探索，那就是大脑移植方案——通过扫描人脑，捕捉所有主要细节，然后将人脑的状态重新实例化到一个不同的、可能更强大的计算机中，由此，人类将在意识的意义上获得永生。

人工智能的研究者道格拉斯·霍夫斯塔特（Douglas Hofstadter）认为："人类的大脑没有能力理解本身的智能，这也许只是命运中的一个意外。"在今天，这个"意外"有可能被技术克服。

库兹韦尔大胆地预测：这将是一个可行的步骤，并且最有可能出现在21世纪30年代末……我们将不再需要把死亡合理化为给予生命意义的主要办法。

三

阅读《奇点临近》，是一次畅快淋漓的烧脑体验，它仿佛打开了一扇又一扇神秘而安静的实验室小门，让你窥见科学家们正在做着什么，而这些工作又将以怎样的方式改变我们的生命、生活和整个世界。

库兹韦尔在书中举例说，也许在不久的将来，J.K. 罗琳（J.K. Rowling）在《哈利·波特》（Harry Potter）中描述的所有魔法都会变成事实：通过纳米设备，小说中的"魁地奇"运动以及将人或物体变成其他形式的行为，在全沉浸式的虚拟现实环境中，将被实现。

事实上，在过去的十多年里，人工智能的发展速度超出所有科学家的预计，而它对人类工作的替代和协同效应也开始清晰地呈现出来。

在2015年4月，苹果公司发布2015财年第一季度财报。没过几分钟，美联社的报道《苹果第一季度营收超华尔街预测》出炉，这篇行文流畅的报道是由"机器人记者"完成的,它每个季度能写出3000篇这样的报道,同时对美联社的写作风格了如指掌。

2016年3月,谷歌的智能机器人阿尔法狗(AlphaGo),毫无悬念地击败了围棋世界冠军李世石。2017年10月,沙特阿拉伯给一个叫索菲娅(Sophia)的"女性"机器人颁发了第一张"人类身份证"。

科技的突飞猛进,很容易滋生唯科学论,即认为"科学的发展不再为了某个特定目标,它自己就是最终目的"。作为一个当代科学家,库兹韦尔并不持有如此绝对的态度。在《奇点临近》中,他同时对技术进步的后果进行了思考。他警告说,新生物工程可能带来病毒的潜在威胁,纳米技术可能引发自我复制的危险,而随着超越人脑的机器人的出现,我们如何免遭侵袭?

与此相关,还将诱发出更多社会和伦理意义上的讨论:在未来,什么是工作?我们还需要爱情和家庭吗?国家将是什么?现实与虚拟世界,到底哪个是真实的?如果死亡消失,我们又将如何安置灵魂?

库兹韦尔没有能力回答上述的任何一个问题。

不过,他在《奇点临近》中陈述了自己的观点,他写道:

事实将证明,我们始终是"中心"。我们有能力在大脑中创造模型来虚拟现实,凭借这种能力再加上一点前瞻性的思考,我们就足以迎来又一轮进化:技术进化。这项进化使得物种进化的加速发展过程一直延续,直到整个宇宙都触手可及。

阅读推荐

英国物理学家史蒂芬·霍金(Stephen Hawking)在去世前对人类的最后一个警告就是,警惕人工智能对文明的冲击后果。他有一本很薄的书,我从来没有读懂过,但一直不敢从书架上清理掉:

《时间简史》/ 史蒂芬·霍金 著 / 许明贤、吴忠超 译

《世界是平的》：一组动听的全球化赞歌

> 世界变平的过程是发生在我的噩梦过程中的，我错过了这一过程。我不是真的睡着了，但是我在忙碌之中错过了它。
>
> ——托马斯·弗里德曼

1997年12月初，泰国政府宣布关闭56家金融机构，东亚金融危机爆发。第二天清晨，《纽约时报》记者托马斯·弗里德曼（Thomas Friedman, 1953— ）坐出租车路过曼谷的金融街，每经过一家大门紧锁的银行，司机就喃喃自语道："垮了……垮了……垮了……"

"我当时并不明白其中道理，其他人也不知道，这些泰国银行成了新的全球化时代的第一次全球金融危机中的第一块多米诺骨牌。"弗里德曼后来在自己的著作中如此写道。

弗里德曼是当今世界读者最多的商业记者之一，他每周两次固定发在《纽约时报》的国际事务专栏，被700多家媒体采购转载。从1971年起，他就在中东从事采访工作，之后常年驻点印度，曾三次获得普利策新闻奖。他的主要著作包括"全球化三部曲"：《世界是平的："凌志汽车"和"橄榄树"的视角》（*The Lexus and the Olive Tree: Understanding Globalization*）（1999年）、《世界是平的：21世纪简史》（*The World is Flat: A Brief History of the Twenty-First Century*）（2005年）和《世界又热又平又挤》（*Hot, Flat, and Crowded: Why We Need a Green Revolution—And How It Can Renew America*）（2008年）。

▲ 弗里德曼对未来的乐观需要被一再地证明。

其中,《世界是平的》被《纽约时报》和《商业周刊》评为年度图书,并在很长时间里占据亚马逊图书排行榜第一名。这个书名成了全球化论者和互联网人的一个标志性热词。

一

"地球是圆的。"这个惊人的事实是 1493 年哥伦布在大航海时发现的。

500 多年后,弗里德曼在印度的"硅谷"班加罗尔采访,他走访的每个公司都与全球的其他企业或市场相关,每项技术或任何商业模式,都得到其他企业的支持和启迪,甚至,他在当地的呼叫中心能听到美国式口音,有很多印度青年给自己取了一个美国名字。

他对居住在纽约的太太说:"亲爱的,我发现这个世界是平的。"

那么,世界是如何被碾平的?弗里德曼提出了十大动力。

他把第一大动力,定格在当代政治史的那个地标性时刻——

▲ 柏林墙遗址，著名的"兄弟之吻"。

1989年11月9日，柏林墙倒塌。正是从那一天起，持续了近半个世纪的冷战结束了，意识形态的铁墙轰然倒塌，资本、人才、技术与产品开始加速地流通。

第二大动力，便是互联网经济的崛起，也就是阿尔文·托夫勒所定义的第三次浪潮时代的到来。"个人电脑、传真机、Windows操作系统和调制解调器的广泛应用，都是在20世纪80年代末和90年代初，这些都是启动全球信息变革的基本平台。"1991年，万维网闪耀登场，与因特网合二为一，用户以指数级的速度递增，5年之内，互联网用户从60万人上升至4亿人。

在市场和信息全球化的革命性前提下，弗里德曼把"工作流软件"视为第三大动力，它指的是商业公司通过新的标准和交互工具，得以实现劳动资源的重新分配，由此创造出一个具有多种合作形式的全球新平台。他认为："这是世界变平的创世纪时刻，这意味着一切都开始成型。"

在个人知识分享层面，弗里德曼受到凯文·凯利的启发，把"上传"视为第四大动力。20世纪90年代之后出现的开放源社区、博客和维基百科等商业模式,把知识传播的权力让渡给平民,彻底摧毁了知识传播的等级结构和巴比伦塔。

上述四大动力,可以说是勾勒了"世界变平"的政治和信息基础设施的新格局,其他的六大动力是在这一基础上的重要应用,它们包括:外包、离岸经营、供应链优化、内包、搜索服务和移动办公。

二

全球化这个名词并不新鲜,而弗里德曼试图将之"版本化"。在他看来,全球化1.0发生在国家之间,全球化2.0发生在跨国企业之间,而已经到来的全球化3.0则是发生在个人之间的合作。随着颗粒度越来越小,公民在政治和商业行动上的主动性将越来越大,从而把世界推平。

他还提出了一个有趣的"金拱门理论":凡是有麦当劳的国家之间,不会发生战争。理由是:"当一个国家的经济发展达到一定的水平,国内中产阶层实力足以支撑起麦当劳的服务网络,这个国家就成了一个'麦当劳国家'。'麦当劳国家'的人们是不希望发生任何大规模战争的,他们宁愿选择排长队等候汉堡包。"

与此类似的,还有"戴尔冲突防治理论"。他以台海危机为例,由于戴尔(Dell)这样的跨国公司在台湾海峡两岸都有投资,因此爆发战争的可能性非常小。

在2005年出版《世界是平的》之后,弗里德曼迅速地进行了两次版本的升级——其迫切程度宛如科技创新的迭代速度,在接下来的《世界又热又平又挤》一书中,他大幅增加了对环境保护问题的研究论述,在他看来,"我们正处于地球上三种最大力量的同时加速中——摩尔定律、气候变化和市场,而这将交互作用,正在重新改变世界"。

三

弗里德曼是一个乐观的全球化主义者，他的三部曲作品可以说是一组动听的全球化赞歌。不过自 2008 年之后，科技创新虽如他所预见的一样飞速发展，"十大动力"一一发动，可是全球化经济却出现了停滞的景象，柏林墙倒塌 20 多年后，出现了"墨西哥墙"。

他的"金拱门理论"也被证伪。在 2018 年，土耳其有 255 家麦当劳餐厅，黎巴嫩有 33 家，约旦有 28 家，沙特有 224 家，但是这些"麦当劳国家"并没有因此化解了仇恨，停止战争冲突。

他关于全球化模式的演绎，看上去也带有浓厚的美国优先主义色彩。

比如，他在书中以美国与中国为例，试图说明产业协同与资源整合的场景：

假设这个世界只有两个国家——美国和中国。

假设美国经济体系中只有 100 个人，其中 80 个人受过良好的教育，20 个人受教育程度较低，工作技能较差。接着设想世界已经变得平坦，美国已经和中国签署了自由贸易协定。此时的中国有 1000 个工人，但中国是个发展中国家，所以在这些工人当中，只有 80 个人接受过良好的教育，其他 920 个人都是非熟练劳动力。

在美国和中国签署自由贸易协定以前，美国的市场上只有 80 个掌握较高技术水平的工人；协定签署之后，世界范围内掌握较高技术水平的工人人数增加到 160 人。因此，80 个美国人会感觉他们面临的竞争更加激烈，事实确实如此。

但随后，美国得到的好处却是一个大大扩展的、更加多样化的市场。原来 100 人的市场扩张到 1100 人，需求大量上升。所以对于中美双方的熟练劳动力而言，这是一个双赢的结果。

弗里德曼没有纳入的一个变量是：在接下来的时间里，拥有较高技术水平的中国工人数量可能会陡增，直至超过美国全部工人人数,这个时候,中国就可能对市场的配置权提出新的要求,而美国就可能对"熟练技术"的输出制造障碍。

而这正是 2018 年 4 月,中美贸易战爆发的导火索。

所以,历史尚未终结,被碾平了的世界又将重新崎岖不平起来。

勤奋的托马斯·弗里德曼还在继续写作。

阅读推荐

托马斯·弗里德曼三部曲:

《世界是平的:"凌志汽车"和"橄榄树"的视角》/ 托马斯·弗里德曼 著 / 赵绍棣、黄其祥 译

《世界是平的:21 世纪简史》/ 托马斯·弗里德曼 著 / 何帆 等译

《世界又热又平又挤》/ 托马斯·弗里德曼 著 / 王玮沁 等译

《未来简史》：99% 的人将成无用之人？

> 当社会发展到神圣的意志讲不下去的时候，现代宗教就是人文主义，而现在，人文主义也可能讲不下去了，因为未来是 AI 的时代。
>
> ——尤瓦尔·赫拉利

上一次，知识界以空前的雄心，全景式地重新叙述人类史，是在 200 年前的 19 世纪。工业革命的爆发让一代学者抱持着对科技进步坚定不移的信念，用全新的哲学思想和历史断代方式，塑造自我，告别先人。

21 世纪开始的这些年，我们重新看到了这一雄心的回归。它的诱因仍然是科技的突破，尤其是互联网、人工智能及基因革命所带来的要素突变，让人们有足够的空间想象未来，并重新叙述历史。

所不同的是，200 年前的那代人对自己充满了自信，而这一代人则被机器替代的恐惧所缠绕。

2014 年，法国的"70 后"经济学家托马斯·皮凯蒂出版《21 世纪资本论》，轰动知识界。在以色列，有一位比他更年轻的学者尤瓦尔·赫拉利（Yuval Harari，1976— ），在 2012 年和 2016 年相继出版了《人类简史：从动物到上帝》（*Sapiens：A Brief History of Humankind*）和《未来简史：从智人到智神》（*Homo Deus：A Brief History of Tomorrow*），在更长的时空畴内，对人类演化史进行了自成体系的叙述。

一

在宏大叙事中，对一位学者的挑战不是来自专科能力，而是跨学科的知识储备、独特的叙事视角及对长波段历史的天才洞察。

尤瓦尔·赫拉利是牛津大学的历史学博士，他以极大的勇气把人类学、生物工程学、政治学和当代科技诸学科融汇一炉，从容地完成了别人不敢启动的巨大工程。在他的著作中，并没有独家的史料披露，但却带给你"重新发现"的知识乐趣。

譬如关于人类的起源，在30万年前，地球上出现了几支独立繁衍的种族——直立人、智人和尼安德特人，他们的智力水平相当，都学会了用火，其中，尼安德特人最为强壮和不怕寒冷。但是，到了7万年前，最终是智人脱颖而出，其他人种灭绝了。

赫拉利提出了一个饶有趣味的问题：智人征服地球的原因是什么？

他的答案是：认知革命。智人并不是最强壮的，但是他们率先拥有了语言，从而学会了团队作战，此外，他们还形成了"讨论虚构事物"的能力，进而诞生了信仰和宗教，增强了认同感和凝聚力。

赫拉利的解释，在历史学界肯定不是一个创见，但是对于普通读者来说，却充满了现代感，甚至可以用其来解释自己的生活和工作。

再譬如，在1775年，亚洲经济总额占到了全球经济总额的八成，中国和印度的生产总量占到全球的2/3，同时还拥有辽阔的疆域和最多的人口，但是，为什么在后来的竞争中，反倒是"处在世界偏远角落、气候还冻得让人手指僵硬"的欧洲成了最终的胜出者？

赫拉利的答案，仍然是认知革命。欧洲形成了民主平等的价值观，以及与之配套的司法系统和社会政治结构，在此基础上诞生了科学精神，机器和枪炮是竞争力的体现，而不是原因。

二

在《未来简史》一书中，赫拉利由 7 万年前的智人出发，提出了一个新的人种概念："神人"（homo deus）。

他认为，千百年来，人类一直面临三大重要生存课题——饥荒、瘟疫和战争，而这些课题在 21 世纪都呈现消失的趋势。随之而发生的新事实是，人类为解决这些危机提出的很多概念其实已经或者正在消亡，比如宗教和国家观念。

今天的人类又处在了一个新的巨变的前夜："从地球上诞生生命直到今天，生命的演化都遵循着最基本的自然进化法则，所有的生命形态都在有机领域内变动。但是现在，人类第一次有可能改变这一生命模式，进入智能制造和设计的无机领域。"[①]

那么，新出现的人类共同议题是什么呢？赫拉利将之总结为三项：长生不死、幸福快乐和化身为"神人"。

作为一个年轻的历史学家，赫拉利的答案几乎完全来自于凯文·凯利和库兹韦尔等人对新科技的描述："人工智能和生物基因技术正在重塑世界，人类正面临全新的议题。生命本身就是不断处理数据的过程，生物本身就是算法；计算机和大数据，将比我们自己更了解自己。"

更进一步的是，赫拉利对于新科技对人类职业现状的挑战给出了更为惊悚的预言。

他在书中描述道："随着大数据的不断积累以及计算能力的快速发展，未来人类可能会越来越多地将自身的决策权让位给无意识的算法，让算法替自己决定该买什么东西，应该接受什么治疗以及应该和谁结婚。人工智能将比绝大多数人更擅长察觉人类的情绪波动，也更会创造艺术。他们可能自身没有任何情感，但却在分析，

[①] 引用自 2017 年 7 月 6 日，赫拉利在"未来进化"首届 XWorld 大会上的演讲。

▲ 尤瓦尔·赫拉利在中国演讲，"70后"一代学者因年轻而更受欢迎。

甚至掌控人类情绪上更胜人类一筹。"

在这一大变革中，除了那些从事标准化工作的劳动者之外，甚至律师、教育、咨询、医生这些行业人群的工作也很容易被人工智能挤走。

最终，他得出的结论是：未来，只有1%的人将完成下一次生物进化，升级成新物种——"神人"，而剩下99%的人将彻底沦为无用阶级。

三

没有一个历史学家是乐观主义者，年轻的赫拉利也不例外。

他认为，人类的两难困境是自己造成的，而且迄今未找到解药。"一方面，我们也想打破那些限制金钱和商业流动的社会大坝；但另一方面，我们又不断筑起新的大坝，希望保护社会、宗教和环境免受市场力量的奴役。"

在《人类简史》的最后，他不无悲观地写道："拥有神的能力，但是不负责任，贪得无厌，而且连想要什么都不知道，天下危险，恐怕莫此为甚。"

尽管对新科技革命深信不疑并充满了巨大的期待，但是，出人意料的是，赫拉利竟从来不用智能手机。在中国的一次公开演讲中，有读者问他："面对这些挑战和惨淡的未来时，我们，这些普通的民众，到底应该做什么？"

他回答说："你应当少接收一些信息。"

在日常生活中，赫拉利坚持每天花两小时冥想，在他看来："智能用于解决问题，意识用于感知事物，如痛苦、快乐、爱与恨，这两者并存于哺乳动物。而无意识具备高度智能的算法，可能很快就会比我们更了解我们自己。"

赫拉利的著作广受全球年轻读者的欢迎，他在中国北京 XWorld 的演讲有 120 万人在线收看。但是也有严肃的媒体不以为然，《经济学人》杂志就公开嘲讽他的书肤浅而耸人听闻。

不过，赫拉利刚刚四十出头——这对于一位历史学家而言，实在是太年轻了，他似乎对此早有心理准备。他写道："人工智能的技术毫无疑问会改变我们的世界，但是我们未来的社会究竟怎样，有很多选择，但不是完全由技术来决定的，一切都悬而未决。"

也就是说，如果你不喜欢他预想的这个世界，那么，就应该用自己的行动去改造它。

阅读推荐

赫拉利的"简史三部曲"：

《人类简史：从动物到上帝》/ 尤瓦尔·赫拉利 著 / 林俊宏 译

《未来简史：从智人到智神》/ 尤瓦尔·赫拉利 著 / 林俊宏 译

《今日简史：人类命运大议题》/ 尤瓦尔·赫拉利 著 / 林俊宏 译

第四部分
无法终结的历史与思想

———

《旧制度与大革命》/ 亚力克西·德·托克维尔

"年代四部曲" / 艾瑞克·霍布斯鲍姆

《巨人》/ 尼尔·弗格森

《历史的终结与最后的人》/ 弗朗西斯·福山

《大国的兴衰》/ 保罗·肯尼迪

《枪炮、病菌与钢铁》/ 贾雷德·戴蒙德

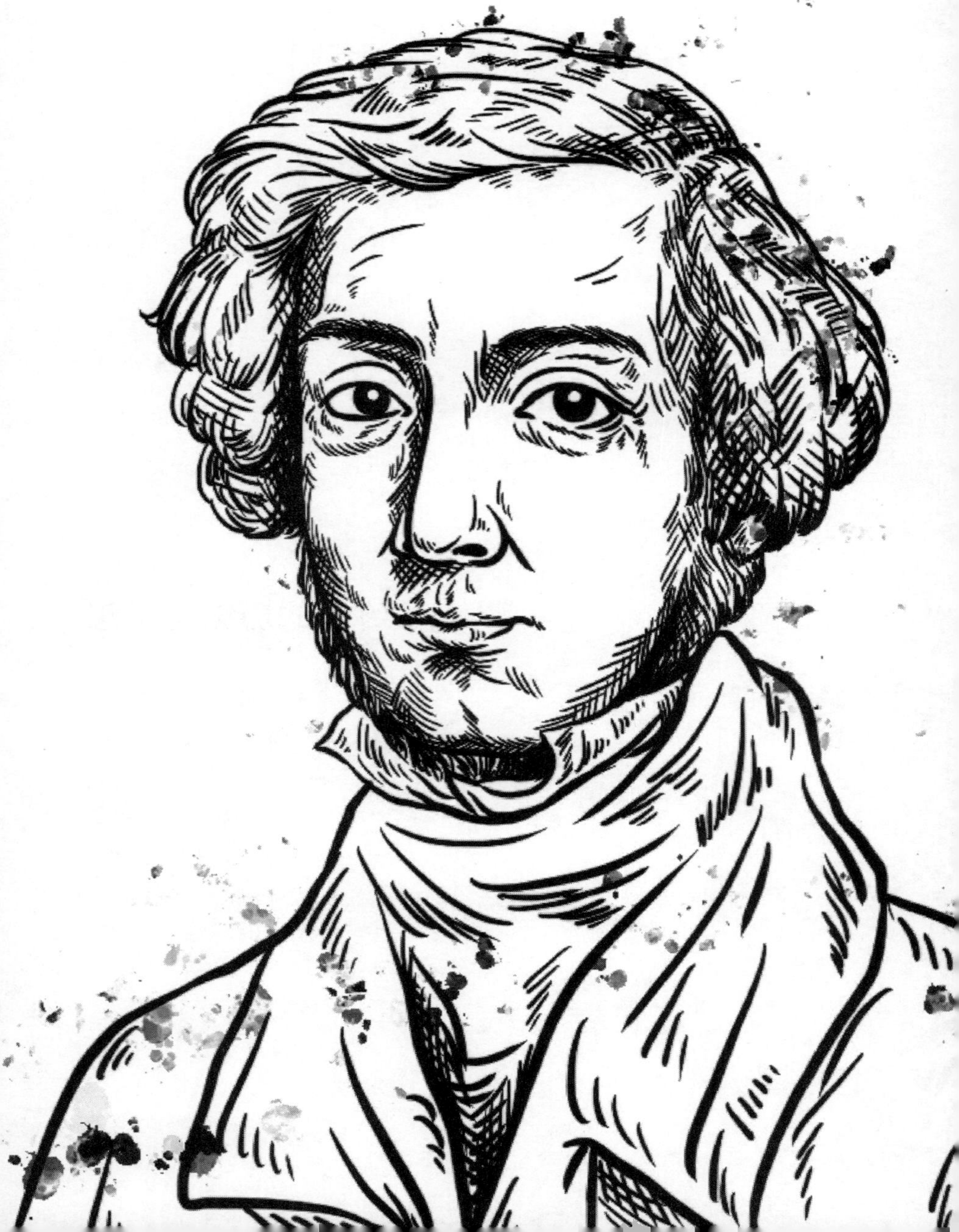

Alexis de Tocqueville

亚力克西·德·托克维尔：政治社会学奠基人

出身贵族世家，历经五个"朝代"。
在思想上倾向于民主制度，
但出于贵族的本能，蔑视和惧怕群众。

《旧制度与大革命》：如何攻陷内心的巴士底狱

> 我只能考虑当代主题，实际上，公众感兴趣、我也感兴趣的只有我们时代的事。
> ——亚力克西·德·托克维尔

亚力克西·德·托克维尔（1805—1859）是卡尔·马克思的同时代人。在他们的动荡人生中，历时半个多世纪的法国大革命既是他们亲历的当代史，也是他们学说的时代之锚。当马克思在 1848 年起草《共产党宣言》的时候，托克维尔参与了第二共和国宪法的制定，并一度出任内阁的外交部部长。

与同时代的欧洲政经学者最不同的是，在托克维尔的学术坐标中多了一个新世界的维度，那就是对美国的研究。他的一生写了两部著作，一是 1835 年出版的《论美国的民主》（*De la Démocratie en Amérique*），二是 1856 年出版的《旧制度与大革命》，它们隔着一个大西洋，互相呼应，其思想的光芒迄今未熄。

一

在中国人的印象中，美国与西方大约是画等号的，不过在经典的欧洲学者那里，美国是一个"他者"，甚至是一种癌症般的存在。

早在托克维尔的时代，美国式的商业文明就已经被欧洲知识分子所厌恶，它被认为是利己主义和拜金主义的温床。1860 年，埃德蒙·龚古尔（Edmond de Goncourt）——他因创办龚古尔文学奖而闻名——在评论新建的巴黎城时就不无失落地写道:"这让我想起了那些未来的美国的繁华都市。"这一情绪后来还被写进了一本法国的中学生历史读本中,作者督促年轻的欧洲青年思考:"美国正在变成世界的物质中心,欧洲的知识分子和道德中心的地位还能维持多久?"

托克维尔出生于法国诺曼底地区的一个贵族家庭,当过律师和法官,他在政治上倾向自由主义,曾拒绝继承家族的贵族头衔。1831年4月,因与当时的共和政府不合,托克维尔请求赴美避难,有了9个月的考察美国的时间。在当时,几乎没有一位著名的欧洲学者认真地研究过美国,关于美国的学术资料十分稀缺,这倒给了托克维尔一个机会。律师出身的他发挥实证调研的专业能力,以田野调查的方式展开了自己的观察。《论美国的民主》的大部分资料来自他的第一手接触和收集。

在邮轮到达港口的时候,托克维尔买了一份当地的报纸,入眼的第一篇文章就是对时任总统安德鲁·杰克逊的激烈抨击,这让他对美国的新闻自由留下了深刻的印象:"出版自由在民主国家比在其他国家更为珍贵,只有它可以救治平等可能产生的大部分弊端。"

在美国期间,托克维尔对三权分立下的政府运转制度进行了重点的研究,特别是联邦政府与州政府之间的制衡和分权模式,在他看来,"美国之伟大不在于她比其他国家更为聪明,而在于她有更多能力修补自己犯下的错误"。

托克维尔接触了很多民间的社团,从而对结社自由有了新的认知,他在书中写道,"各种政治的、工业的和商业的社团,甚至科学和文艺的社团,都像是一个不能随意限制或暗中加以迫害的既有知识又有力量的公民,他们在维护自己的权益而反对政府的无理要求的时候,也保护了公民全体的自由"。

事实上,托克维尔在探讨的是一个正在生成中的现代"公民社会"的母命题:民主、平等与自由的关系。

作为一个来自正在经历一场血腥的政治大革命国度的青年学者，独立运动后的美国给予了托克维尔一个陌生的体验和观察视角。他很坦诚地自我解剖："在思想上我倾向民主制度，但由于本能，我却是一个贵族——这就是说，我蔑视和惧怕群众。自由、法制、尊重权利，对这些我极端热爱——但我并不热爱民主……我无比崇尚的是自由，这便是真相。"

二

《论美国的民主》让30岁出头的托克维尔暴得大名，归国后的他成了众议院议员，还是法兰西学院最年轻的院士。在21年后，他写出了《旧制度与大革命》。

此时，开始于1789年的法国大革命行将落幕，历史需要一位亲历者对之"结案陈词"，而托克维尔似乎是合格的候选人。他已是一个老资格的政治家了，曾身处五个"朝代"，从法兰西第一帝国、波旁王朝、七月王朝、第二共和国到法兰西第二帝国，经历了议政、修宪、当部长、以"叛国罪"被逮捕等荣耀与挫折。

在《旧制度与大革命》一书中，作者关注的主题，仍然与青年时代的自己并无不同：民主、平等与自由，到底将以怎样的方式降临人间？

托克维尔首先充分肯定了法国大革命的历史地位，认为它是迄今最伟大、最激烈的革命，代表了法国的"青春、热情、自豪、慷慨和真诚的年代"。大革命的任务即便没有完成，但它已经导致了旧制度的倒塌。

他进而尖锐地分析，在法国，对自由的要求晚于对平等的要求，而对自由的要求又首先消失，结果要求获得自由的法国人最终加强了行政机器并甘愿在一个主子下过平等的生活。

在大革命时期，人们一次次以民主的名义推翻了独裁者，却迅速地建立起更为专制的政权。法国大革命似乎要摧毁一切旧制度，然而大革命却在不知不觉中从旧制度继承了大部分情感、习惯、思想，一些原以为是大革命成就的制度其实是旧制度的继承和发展，"连这些制度的弊病本身也成了它的力量"。

托克维尔不无悲哀地写道："看到中央集权制在本世纪初如此轻易地在法国重建起来，我们丝毫不必感到惊异。1789 年的勇士们曾推翻这座建筑，但是它的基础却在这些摧毁者的心灵里，在这基础上，它才能突然间重新崛起，而且比以往更为坚固。"

托克维尔的分析并非凭空而论，就如同年轻时的自己，他查阅和引用了大量的第一手档案资料。除了非常娴熟的政治领域之外，在涉及经济制度的部分，他援引的原始资料，包括土地清册、赋税簿籍、国有资产出售法令和三级会议记录等等，在某种意义上，他可以说是第一代制度经济学家。

他的这些声音凌空而下，尖利而莽撞，并不为人们所喜。在给妻子的信中，他就曾自嘲说："我这本书的思想不会讨好任何人……革命家会看到一幅对革命的华丽外衣不感兴趣的画像，只有自由的朋友们爱读这本书，但其人数屈指可数。"

三

托克维尔曾言："我只能考虑当代主题，实际上，公众感兴趣、我也感兴趣的只有我们时代的事。"

那么，为什么只关心当代的他到了一百多年后的今天，仍然值得我们一再地阅读和讨论？

答案只能是——托克维尔的"当代"，也正是我们的当代。

正如同他所陈述的，物理意义上的巴士底狱会被一次次地攻陷和摧毁，但是人们心中的巴士底狱却可能更为顽强地一再重建。无论是新世界的美国还是老欧洲的法国，自由、民主与平等，从来不会很和谐地天然存在，它们之间甚至可能会爆发难以调和的冲突。任何试图建设一个天堂的理想和主义，最终都将不可避免地奔向它的反面。

"自由，自由，多少罪恶假汝之名以行。"托克维尔的法国前辈罗兰夫人的呼喊穿越时空，百年以降，亚非欧美，各色人等，竟从未被证伪。

阅读推荐

法国大革命以无比动荡和血腥的方式，实验了现代政治制度的多种模式和社会承受的深度。推荐：

《法国大革命反思录》/ 埃德蒙·柏克 著 / 冯丽 译
《法国大革命前夕的舆论与谣言》/ 阿莱特·法尔热 著 / 陈旻乐 译
后者启发了陀思妥耶夫斯基的《罪与罚》。

"年代四部曲"：一位欧洲共产党员的历史书写

> 我们不知道自己正往何处去，我们只知道，历史已经将世界带到这个关口，以及我们所以走上这个关口的原因。
>
> ——艾瑞克·霍布斯鲍姆

霍布斯鲍姆（1917—2012）的人生似乎是为"历史学家"量身定制的：动荡、激情且长寿，缺一不可。

他出生于第一次世界大战战况最惨烈的1917年，是一个犹太人。他的出生地是埃及亚历山大城——曾经世界上最大的海港城市和第一家图书馆诞生地，父亲是俄国犹太后裔，母亲来自中欧。童年时，他生活在奥地利的维也纳，后来又到了德国柏林。

青年的霍布斯鲍姆目睹了希特勒的上台，1933年，他随父母迁居英国，中学毕业后进入剑桥大学历史系就读。他在大学期间加入了英国共产党，至死没有放弃这一政治身份，应该是党龄最长的欧洲共产党员。他是英国共产党的活跃分子，这让他在学术界的存在一直十分艰难。

1961年，在伦敦大学当历史课讲师的霍布斯鲍姆着手写一本关于法国大革命和英国革命的书，没有料到，这竟成为一项绵延长达30年的创作计划。他先后完成了四部一脉相承的通识类史书：

《革命的年代：1789—1848》（*The Age of Revolution: 1789–1848*）

《资本的年代：1848—1875》（*The Age of Capital: 1848–1875*）

《帝国的年代：1875—1914》（*The Age of Empire: 1875–1914*）

《极端的年代：1914—1991》(*The Age of Extremes: The Short Twentieth Century, 1914–1991*)。

他的"年代四部曲"，被公认为"英语作品中近现代世界史的最佳入门读物"。

2012年10月，他在伦敦的家中安静离世，享年95岁。此时的欧洲和世界，与他出生时相比已面目全非。他在生命的最后时刻还从容完成了自传，书名宛如一篇语文课堂上的作文——《趣味横生的时光：我的20世纪人生》(*Interesting Times: A Twentieth-Century Life*)

▲ 动荡、激情且长寿，霍布斯鲍姆的人生似乎就是为"历史学家"量身定制的。

一

霍布斯鲍姆把1789年当成是文明新纪元的肇始之年，他把那一年爆发的法国大革命和同时期发生的英国工业革命称为"双元革命"。这样的定义，呈现出欧洲在政治文明和商业文明的同步突破。

比霍氏稍长一辈的法国历史学家布罗代尔提出过"世界时间"

这一概念，他认为，人类文明的进步并不均衡地发生在地球的每一个地方，相反，它只出现在少数的两到三个地方，而这些地方所呈现的景象代表了那个时期人类文明的最高水平。在《革命的年代》中，霍氏描述了发生在法英两国的革命是如何酝酿、爆发和蔓延的，最终为日后世界的转轨提供了激进民主政治的所有语汇和问题，以及经济大跃进的全部动能。在这一激动人心的大图景中，几乎没有涉及中国和日本，印度和埃及则是以被殖民和被改造物的面貌出现。

《资本的年代》和《帝国的年代》，描述了1848年《共产党宣言》发表后到第一次世界大战爆发前的世界历史。在这一时期，资产阶级替代贵族和神权，成为文明社会的新主角，火车、汽船等新科技将场景从欧洲拉至地球上的每一个角落。掌控资本与科技的胜利者，主宰了抱持传统的失败者。大批农民远离沦为商品的土地，流向城市、工业，在无垠的环境里缓慢凝结其工人意识。

在经历了1875年的经济危机后，资本与权力妥协和勾结，世界史悄悄滑入了帝国的年代。其后的半个多世纪，是真正意义上的"欧洲人的时间"，从1876年到1915年，地球上大约1/4的陆地，是在六七个国家之间被分配或再分配的殖民地。英国统治了亚非拉的诸多土地，号称"日不落帝国"，法国的领土增加了350万平方英里（1平方英里≈2.59平方千米），德国、比利时各获得100万平方英里。

作为一个受过严格历史训练的左翼学者，霍布斯鲍姆不可多得地兼具了理性的叙述力和感性的同情心，这让他的文字充满了逻辑思辨和动人的底层关怀。他站在唯物主义的立场，对革命抱持了讴歌和警惕：革命带来的后果远远超过最初革命的倡导者和煽动者（的预期），这点上，革命吞噬了自己的孩子。

与此同时，他尤其强调经济在社会变革中的决定性作用。如他的英国同行晚辈尼尔·弗格森（Niall Ferguson）所评论的："霍布斯鲍姆的作品优雅、明晰，同情小人物，喜欢讲述细节。我和他都认为，是经济变化塑造了现代世界，他站在工人阶级和农民一边，我站在资产阶级一边，但这并不妨碍我们的友谊。"

二

在"年代四部曲"中，字数最多，作者也自视最重的是最后一部——《极端的年代》，霍布斯鲍姆在前言写道：任何一位当代人欲写作20世纪历史，都与他处理历史上其他任何时期不同。不为别的，单单就因为我们身处其中。

他把19世纪称为"漫长的世纪"，而20世纪则是一个"短暂的世纪"——它分为陷入全面战争及其威胁的灾难30年、两极冷战对峙但世界经济快速发展的黄金30年，以及全球混乱无序的危机20年。霍氏所谓的"极端"，即显现为大规模战争和意识形态斗争的冷酷性，同时更包含着"历史意识的萎缩与退却"。

据他在自传中的记载，《极端的年代》一书是他在美国斯坦福大学授课期间完成的，这对于一个英国历史学家和欧洲共产党员而言，很有点隐喻的意味。

这本书所记录的20世纪的历史，就是他所信仰的主义经历考验的一百年，也是他所在的英国和欧洲由历史演进中的主角重新向配角滑落的全部过程。1890年，欧洲GDP的全球占比为40%，到2010年时已经不到20%，与1700年的水平大致相当。

这自然让霍布斯鲍姆百味杂陈。

他对美国有着非常复杂的微妙感情，在政治立场上，他是美国体制的批判者，他嘲讽说："美国的制度被套上了一部由18世纪宪法织成的紧身衣，再加上两个世纪以来由律师们——亦即合众国的神学家们——宛如注释经典一般所做出的牵强解释，结果在2002年时几乎比世上任何国家的制度都要僵硬。"

但是，他对美国在这一百年里的进步和磐石般的作用却不敢轻视，他看到了有别于老欧洲的创新精神，以及洋溢在新大陆的对人性解放的宽容。就个人而言，他是爵士乐的疯狂爱好者，还专门写过一本《爵士风情》（*The Jazz Scene*）的小书，他感慨道："如果我们对美国的认识来自其他任何方面的话，那就是科技和音乐。"

三

作为一个"至死不渝"的共产党人，霍布斯鲍姆的政治身份，让他既颇受排挤，也更为引人注目。在二战后的10年时间里，他当过英国共产党"历史学家小组"的主席，他的私人信件常被拆看，教职升迁遭到拖宕，直到1987年，美国政府坚持不给他发护照。

不过对霍氏本人而言，他对共产党员的历史观、立场和身份，做了很清晰而微妙的区隔。在"年代四部曲"中，唯物史观——他自称为新社会观，是一个贯穿始终的学术视角，在立场上，他始终站在工人、农民的一边，而至于党员身份，他有时候会自嘲是"历史学家的怪诞的癖好"。

关于他终身不曾放弃的信仰，霍氏认为："有两种社会主义，一种是作为宣传的社会主义，任何经济体都需要——在这个意义上，社会主义是一个奋斗的目标，而不是现行机制；另一种是实际存在的社会主义，包括中国，它不是事先规划出来的，而是一点一点'生长'出来的。"

霍布斯鲍姆曾于1985年到访中国，在社科院与中国学者有过交流，其间，他正在写作《极端的年代》。这部书中部分关于中国的章节，在翻译引进时被悄无声息地删除。

阅读推荐

一位英国共产党员写出了最好的近现代通史,而关于当代欧洲最好的历史读本,推荐出生于伦敦而执教于纽约大学的托尼·朱特的作品:

《战后欧洲史》(全四卷)/ 托尼·朱特 著 / 林骧华 等译

《巨人》：发明了"中美国"概念的英国人

> 这个世界需要的乃是一个崇尚自由的帝国——也就是一个不仅保障商品、劳动力和资本自由交易的帝国，而且还是一个能够创造种种条件并为其提供支撑的帝国。
>
> ——尼尔·弗格森

1961年，当失意的霍布斯鲍姆着手创作《革命的年代》的时候，离尼尔·弗格森（1964—　）出生还有3年。而当《极端的年代》发表之时，后者已成为欧洲历史学界最引人注目的"小王子"。

很多人说：历史是无法假设的。但弗格森不这样认为，他的第一本书就是关于"历史的假设"：如果英国大革命，没有奥利弗·克伦威尔，结局将是什么？如果希特勒在1940年5月成功入侵英国，欧洲将变成怎样？如果肯尼迪没有被暗杀，美国的政治将走向何方？如果1989年的苏联没有戈尔巴乔夫，解体还会发生吗？

在《未曾发生的历史》（*Virtual History*）中，32岁的弗格森与伦敦的几位青年历史学者对9个重大历史时刻进行了脑洞大开的反历史假设。他们不是第一次做这个游戏的人，斯蒂芬·茨威格在《人类群星闪耀时》（*Decisive Moments in History*）中就曾假设，在滑铁卢战役中，如果埃曼努尔·格鲁希（Emmanuel Grouchy）元帅在"一秒钟"内做出向拿破仑·波拿巴（Napoléon Bonaparte）靠拢的决定，欧洲历史就会被改写。相比文学家茨威格，受过严格历史学训练的弗格森和他的年轻朋友们的推演，显然更加严谨和引人遐想。

一

尼尔·弗格森毕业于牛津大学，尽管到 2020 年，他才 56 岁，却已经著作等身。与书斋型历史学家不同的是，弗格森似乎是为媒体而生的，他风度翩翩、精力充沛、文笔雄健、能言善辩，涉猎的领域横跨历史、金融、政治和古人类学，是一位罕见的通识类学者。

让弗格森暴得大名的是他出版于 1999 年的四卷本《罗斯柴尔德家族》（*The House of Rothschild*）。

罗斯柴尔德是近代欧洲最神秘的金融家族，一个广为人知的传说是，1815 年，滑铁卢战役期间，罗氏比市场早一天得知了拿破仑失败的消息，于是大肆做多英国国债，从中攫取暴利。在经济学课堂上，这成为信息不对称理论的最佳案例。

从 19 世纪中期开始，罗斯柴尔德家族就成了一个神话，他们的事迹成为银行史的第一篇章，肖邦为他们谱过曲，巴尔扎克和海涅为他们写过书，关于这个家族的笑话出现在《犹太人幽默集》中。

▲ 尼尔·弗格森一再地卷入各类国际政治和经济话题的大争论，他走出了书房却没有告别书房。

更有传说，罗氏家族是全球金融圈最大的幕后操盘手，他们甚至控制了美联储，坐拥 50 万亿美元资产。

弗格森获准进入罗斯柴尔德家族的私人档案库，在接下来的几年里，他查阅了数万封原始信件，完成了对这一家族的历史性叙述。他披露的史料颠覆了之前的很多猜测，罗氏当然不是美联储的控制人，他们的家族资产其实不足 100 亿欧元，甚至，在 1815 年的那场豪赌中，"可能由于兄弟几个在滑铁卢战役前后的一系列估算，他们蒙受了损失而不是获得了利润"。

在这部作品中，弗格森显示了他细密的资料整理能力和极具穿透性的洞察力。在对长达 250 年的家族史的探寻中，弗格森描述了金钱在欧洲大地行走、肆虐和演变的全部过程。

二

如果说《罗斯柴尔德家族》是一部厚重而艰涩的家族传记的话，那么，在后来的几年里，精力旺盛的弗格森干了一件让他的名字进入千家万户的事情：他为英国电视台撰写并制作了五部非常成功的电视纪录片——《帝国》（*Empire*）、《巨人》（*Colossus*）、《世界战争》（*The War of the World*）、《货币崛起》（*The Ascent of Money*）和《文明》（*Civilization*），它们同时以图书的形式发行，成为毋庸置疑的超级畅销书。

在弗格森之前，从来没有一位学者，无论是经济学家还是历史学家，向大众讲清楚过"到底货币是怎么一回事"。在《货币崛起》一书中，弗格森带着读者进行了一次穿越时间的旅行，从古罗马银币，到成为第一批银行家的意大利高利贷者，从五千年前流通的泥土"货币"，到今天银行外汇显示屏上闪烁的数字，弗格森用"货币战争"这个新名词，重新诠释了人类的进步史。

作为一位英国学者，永远无法绕开一个敏感而无奈的主题：英国与美国。尼尔·弗格森用《帝国》和《巨人》两本书交出了他的答卷。

据他的计算,人类数千年历史上,出现过不超过 70 个帝国。他的祖国英国是第一个全球化意义上的帝国——用英国历史学家约翰·罗伯特·希利(John Robert Seeley)爵士的话说,"英国人心不在焉地建成了他们的帝国"。

从 19 世纪 50 年代到 20 世纪 30 年代,英国不仅输出了商品、人和资本,更把社会和政治体制,甚至语言,输出到地球的很多角落,这是血腥的,同时又是卓有成效的。历史上没有一个国家比大英帝国做得更多。

与英国主动、积极地发展自己的帝国模式不同,弗格森论证说,美国恰恰是那个一度最有条件成为帝国,却始终不愿意戴上"皇冠"的国家。小布什总统就曾谈道:"美国从来不是帝国。我们可能是历史上唯一一个可以有机会成为帝国而拒绝成为帝国的大国。"

弗格森的观点不同,他认为,事实上,美国就是一个帝国,而且从来都是一个帝国。

我认为世界需要一个富有成效的自由帝国,而美国就是这个工作的最佳候选人。美国完全有理由扮演自由帝国的角色……虽然美国已经成为一个帝国,但是美国人自身却缺乏帝国主义的意识和头脑。我很遗憾地说,威胁会来自内部实力的真空状态——美国本身所缺乏的强权政治意志。

尼尔·弗格森的《巨人》出版于 2005 年,两年后,华尔街次贷危机爆发,继而引爆全球经济危机,他的"美国帝国论"被华盛顿的鹰派人士全盘搬去,作为扩张美国势力的理论依据。弗格森也在这期间移居美国,受聘哈佛大学历史系的教授。

三

尼尔·弗格森的学术身份很难被定义,他是一个历史学家、经济史学家，同时也是一位活跃的政治评论家。弗格森创造了一个新英语名词：Chimerica（中美国），这个词被《纽约时报》评为2009年的年度流行语。

弗格森第一次踏上中国的土地是在2005年，其后5年间，他密集地来了5次，其中最长的一次逗留了3周。他去过上海、北京、重庆、长沙和合肥，最令人意外的是，他还专程去了一趟延安。

正是行走在尘土飞扬的中国大街上，弗格森说："我突然意识到，西方主宰世界的500年已接近尾声。"

这一观察，可以说是当今中生代西方精英阶层的某种共识，他们达成共识的时间，应该是在2008年北京奥运会到2010年之间。

曾出任美国财政部部长、哈佛大学校长的经济学家劳伦斯·萨默斯表达过与弗格森十分近似的历史性观点：人们往回看这段历史，冷战的结束，在美国、欧洲发生的情况，以及伊斯兰世界的争斗，都只是第二等事件，第一等事件是，亚洲的崛起，中国的复兴。

"中美国"是一个意味深长的概念，它蕴含着共生，同时意味着内在的紧张关系，它不仅是经济的，更是政治的和意识形态的。2012年，尼尔·弗格森的《文明》一书在中国出版，他在序言中设问："中美之间是否会像20世纪50年代的朝鲜战争时期那样再度交恶？"

这位在20多岁时总爱做"反历史假设"的历史学家说："这点并非没有可能。"

阅读推荐

尼尔·弗格森的经济史系列大多已经被翻译引进，值得推荐的有：

《文明》/ 尼尔·弗格森 著 / 曾贤明、唐颖华 译

《货币崛起》/ 尼尔·弗格森 著 / 高诚 译

《西方的衰落》/ 尼尔·弗格森 著 / 米拉 译

《纸与铁》/ 尼尔·弗格森 著 / 贾冬妮、张莹 译

《顶级金融家》/ 尼尔·弗格森 著 / 阮东 译

《历史的终结与最后的人》：一个走不出去的"福山困境"

> 我们想知道是否存在着一种类似"进步"那样的东西，而且想知道，我们是否能够建设一个连续的、有方向性的人类普遍史。
>
> ——弗朗西斯·福山

每一个经济或政治学者，都在内心急切而不动声色地等待着一个时刻的到来：在事实发生突变前的一刻钟，突然大声地喊出一嗓子。这个声音也许什么也无法改变，但是，却成为历史的一个记忆点。

在这本书中，有好几位这样的幸运儿，比如1996年的保罗·克鲁格曼、2000年的罗伯特·希勒。在1989年，这个好运的"苹果"也曾砸在一位36岁的日裔政治学家的头上。

这一年的2月，刚刚从兰德公司离职、转任华盛顿国务院政策规划办公室副主任的弗朗西斯·福山（Francis Fukuyama, 1952— ）受邀去芝加哥大学发表一个关于国际关系的演讲。他是一位苏联问题专家，就在1988年12月7日，苏联总统戈尔巴乔夫在联合国的一次演讲中宣布，苏联将不再干涉东欧卫星国的事务。福山谈到，这可能是冷战结束的开端。

他的演讲引起了一位听众的注意，他是《国家利益》杂志的编辑，他建议福山专门写一篇文章。1989年的夏天，这篇题为《历史的终结？》的文章发表，福山认为，西方国家实行的自由民主制度也许是"人类意识形态发展的终点"和"人类最后一种统治形式"，并因此构成了"历史的终结"。

1989年11月9日,柏林墙倒塌,紧接着东欧剧变,苏联解体。在多米诺骨牌倒塌前的一瞬间,福山喊出的这一嗓子,让他从此名垂青史。

一

《历史的终结与最后的人》(*The End of History and the Last Man*)出版于1992年,成为发行量最大的当代政治类作品之一,迄今常销不止。

福山保持了西方学者一贯的血脉正统——一切的叙述都从希腊开始。柏拉图认为,人的灵魂由欲望、理性和精神这三部分构成,到了黑格尔,他又把"获得认可的欲望"提炼为驱动人类进程的基本动力,进而指出,真正能使人满足的并不是丰富的物质,而是对其地位和尊严的认可。

现代政治的所有道德逻辑,都建立在这一论述的基础上:到底怎样的政治安排能够让人们觉得受到了公平的对待和有尊严感。无论是社会主义还是资本主义,抑或我们认定的邪恶组织,其凝聚人心的起点都是一样的。

从20世纪40年代末开始的冷战,前后持续了整整半个世纪,它可以说是两种意识形态的政治竞赛,全球的现实主义者和理想主义者都自动或身不由己地分列于两大阵营,以相互的遏制和血腥的暴力斗争来捍卫自己的主张。

在这场竞赛中,自由民主国家常常被人们看成是效率低下的一方,因为它需要保障一定范围内的工人权利而明显削弱了国家的权力。相反,专制制度则寻求使用国家权力去剥夺公民的私人领域,个人自由支配的领域所失去的权利,将在国家利益的层面上得到弥补。

而在1989年冬天所发生的事实,令竞赛突然结束。福山所宣告的"历史的终结",便是对此的总结陈词——自由民主制度用一种获得平等认可的理性欲望,替代了那种希望获得比别人更伟大的认可的非理性欲望。历史因此而终结。

在书中,福山表达了对未来世界格局的乐观预测:随着冷战结束,主要大国集中在一种单一的政治和经济模式上,国际关系的"共同市场化"将出现,世界将会实现内在平衡。

二

人人都想在自己的手上终结历史,从恺撒、秦始皇到希特勒,也包括黑格尔和马克思,但直至今日,无人达成。福山的"历史终结论",不但没有终结争论,反而打开了一个潘多拉的盒子,之后20年,他一直纠缠其中,陷入了一个走不出去的"福山困境"。

福山的理论受到两个事实的挑战:2001年的"9·11"事件和东亚经济模式,尤其是中国经济的崛起。

柏林墙倒塌的仅仅10年后,另一堵"愤怒之墙"再度轰然出现,它可追溯的历史更为久远,可以从1096年的第一次十字军东征算起。在"9·11"事件中,本·拉登(bin Laden)用两架飞机宣告了伊斯兰世界的不满,它证伪了"历史的终结",并让人们重新记忆起萨缪尔·亨廷顿(Samuel Huntington)在20世纪60年代所提出的"文明冲突论"。很显然,在人类的某些民族中,召唤祷告的钟声,永远比汽车、冰箱或选票美妙和重要得多。

福山在后来也承认:"在东西方冷战终结后的90年代,美国的确具有压倒性力量。但一国变得如此强大本身就是罕见的……对'9·11'恐怖事件的过度反应扭曲了美国的外交和安全保障政策,这扣下了意想不到的恶性循环的扳机。"

2011年的"阿拉伯之春",让福山再次找到了理论自信,可是接下来发生的事实是,埃及重新恢复了原有的统治,利比亚、也门

▲ 福山的"历史终结论"不但没有终结争论，反而让他陷入了走不出去的"福山困境"。

及叙利亚陷入无序状态，与此同时，伊拉克出现了新的极端伊斯兰运动。战火一直持续至今未歇。

福山显然无法用历史终结论来解释这一切，在2015年的新书《政治秩序与政治衰败》（*Political Order and Political Decay*）中，他有点无奈地写道："如果阿拉伯世界在面对 IS[①]的暴行时，无法克服部落纷争和宗派分歧，那么我们也无计可施。"

三

东亚模式，是福山遇到的另外一个很难跨过去的理论跨栏。

在《历史的终结与最后的人》中，他以新加坡、韩国和中国台湾为代表，论述了东亚的经济增长模式。作为一个日裔学者，他对亚洲的态度似乎更为复杂。

---

① IS：Islamic State，指"伊斯兰国"，自称建国的活跃在伊拉克和叙利亚的极端恐怖组织。

他认为市场导向的专制主义国家集中了民主制度和共产主义两者的优点,他们既能够对其人民强行推行一种比较高度的社会纪律,又能给予他们足够的自由以鼓励发明和应用最现代的技术。

工业化和自由民主之间似乎没有必然的联系,它们的关系非常复杂,至今没有任何理论能予以适当的解释。

同时,他警告说,这种稳定性和发展效率,可能以牺牲收入再分配公平和社会正义为代价。

在2011年出版的《政治秩序的起源》(The Origins of Political Order)一书中,福山以更大的篇幅继续论述了自己的思考。

他把国家、法治和问责机制视为现代政治体制的三组基础性制度。以中国为例,他认为,中国是最早的"韦伯式"国家,很早就建立了精英化的官僚体系,但是,"历朝的法律规章都是执行皇帝旨意的成文法。毫无疑问,中国也没有建立起正式的问责制度"。

中国的这种治理方式成为东亚其他国家的范例。这一政治特征的后果有两个。

首先,并且最重要的是,几乎所有成功实现现代化的威权体制都分布在东亚地区。其次,这样的政策会导致严重的寻租和国家俘获现象。最终的结果是东亚的体制与欧洲、北美以及西方世界的其他国家存在差异。

自从在1989年的夏天发表了那篇轰动一时的文章后,弗朗西斯·福山就成了一个拼死护卫宝盒的战士,从任何角落射出的一支冷箭,就够他手忙脚乱一阵子。

其实,"福山困境"的本质是一个人类困境:"获得认可的欲望"的确是一种根本性的动力,但是,它本身无法被量化和"一致化",因而,历史也无法被终结。

阅读推荐

西方知识界对当代世界秩序的解释,一向以美欧文明中心论出发,并没有太大的分歧,推荐:

《变动社会的政治秩序》/ 萨缪尔·亨廷顿 著 / 张岱云 等译

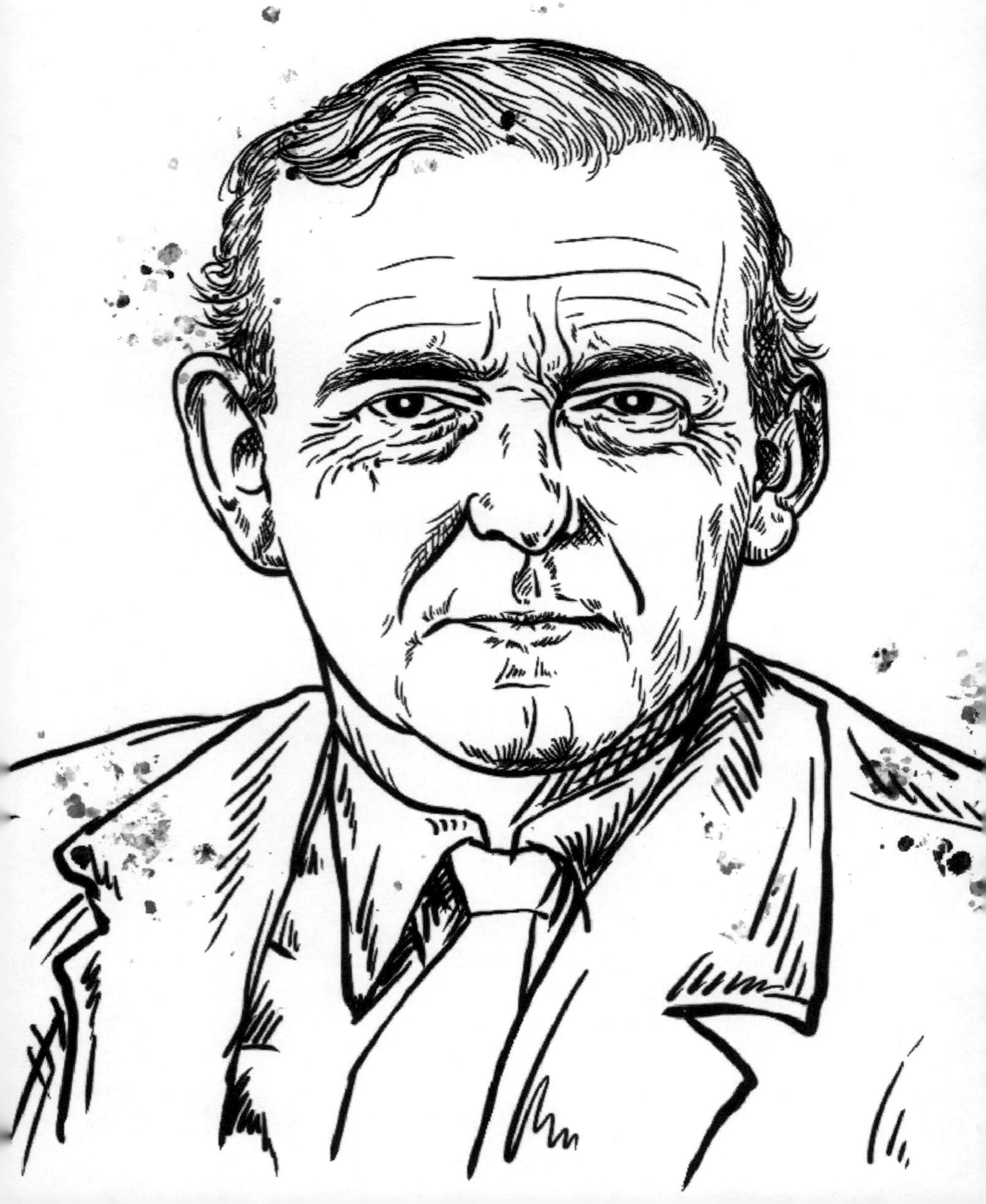

Paul Kennedy

保罗·肯尼迪：击中美国痛点的英国历史学家

与著名的肯尼迪家族
只在血缘上有非常遥远的关系。

《大国的兴衰》：500年视野里的美国与中国

> 西方世界都表示希望看到一个稳定、统一、富饶的中国。但是，西方——尤其是美国——真正为出现这样的一个中国做好准备了吗？
>
> ——保罗·肯尼迪

20世纪80年代的美国，是一个患上了三重焦虑症的"巨人"。

在国内，美国经济因制造业产能的过剩和成本陡增彷徨而找不到出路；在国际上，"日本虎"迅猛崛起，几乎快咬到美国的尾巴了，大有取而代之的气势；而与苏联的长期"冷战"，消耗了大量国力，却似乎看不到战胜的曙光。

这个时候，需要有人从历史规律中帮助美国人找到勇气。而这个任务，在1987年由一个出生在英格兰的学者完成了。

他有一个很容易让人产生误解的名字：保罗·肯尼迪（Paul Kennedy，1945— ）。其实，他与著名的肯尼迪家族只在血缘上有非常遥远的关系。

他出版的书是：《大国的兴衰：1500—2000年的经济变迁与军事冲突》（*The Rise and Fall of the Great Powers: Economic Change and Military Conflict from 1500 to 2000*）。

一

保罗·肯尼迪，1945年出生于一个英国造船工人的家庭，这让他对海洋和海军有天生的兴趣。牛津大学博士毕业后，他专注于海军史的研究，31 岁出版了《英国海上主导权的兴衰》（*The Rise and Fall of British Naval Mastery*）。1983 年，他定居美国，在耶鲁大学历史系任教。

肯尼迪后来回忆说，原本他只想写一本薄薄的小册子，但是很快发现，几乎没有历史学家涉足这个领域，没人把军事史、经济史、国际关系史糅合在一起，提供一幅翔实的大图景。他的创作雄心因此被激发了出来，事后证明，这是他在当年做出的最正确的决定。

关于什么是"大国"，英国学者怀特有一个被普遍接受的定义，那就是："拥有超过全部竞争对手之和的力量的国家，无论遇到对手怎样组合发起进攻，都能从容不迫地策划战争的国家。"这里所谓的战争，应该包括军事的和经济的。

史学界有一个共识，在上古、中古和中世纪，世界上只有区域性大国，即便是汉唐明清的中国、罗马、奥斯曼等，都不是真正意义上的全球性大国。后者的出现是大航海及工业革命的产物。因此，保罗·肯尼迪的叙述起点便是 1500 年。

肯尼迪通过研究 500 年的历史，得出一个结论：大国的兴衰不是突变，而是一个渐变的长期过程，其最核心的规律有三条：

大国的兴衰是相对而言的，取决于当时环境里和其他国家实力升降的比较。

兴衰的主要和最终决定因素，是国家的经济基础和军事力量。

不断扩展战略承诺导致军费攀升，最终使国家经济基础负担过重，是一个大国走向长期衰落的开始。

二

任何历史都是当代史。肯尼迪的大国观察，聚焦点正是他刚刚定居的美国。

他回忆说，新书出版后的那年暑期的某一天，他拿起报纸，看到有一篇报道这样写道:"美国国务卿乔治·普拉特·舒尔茨（George Pratt Shultz）将开始亚洲六国之行,以此反驳保罗·肯尼迪提出的美国正在衰落的观点。"他差点从椅子上跌落下来。

在后来的两年里,美国国会数次举行专题听证会,召唤肯尼迪做证陈述。

这一切的发生,都因为这位英国籍教授用"历史之槌"击中了当时美国的痛点。

战后的全球出现了"两极世界"格局,美国与苏联的对峙构成了所有国际关系的前提。肯尼迪认为,当今美国正面临两大考验,一是国力与军事支出之间的均衡性,二是产业格局及技术变化所带来的挑战。

在比较了17世纪初的西班牙帝国和20世纪初的大不列颠帝国之后,肯尼迪对美国提出了一个警告:同以往大国的兴衰史十分相像,美国也正面临着可称为"帝国战线过长"的危险。

《大国的兴衰》让弥漫在美国的焦虑情绪进一步加剧,这位新移民教授当然不是最了解美国的知识分子。在批评的激烈程度上,他不如诺姆·乔姆斯基（Noam Chomsky）;在战略思考深度上,他不如兹比格涅夫·布热津斯基（Zbigniew Brzezinski）;在策略提供上,他更无法与亨利·阿尔弗雷德·基辛格（Henry Alfred Kissinger）比肩。但是,500年大历史观让他的声音更加有力。

日后的事实是,美国以消耗战甚至虚构的"星球大战"计划的方式终于拖垮了体制僵化的苏联,而硅谷意外地出现,替代底特律和芝加哥成为新的经济增长极。

这一切都不在保罗·肯尼迪的预测之中。他甚至仔细计算了美国的钢铁产能和贸易逆差,但是全书自始至终没有出现"硅谷"这个地方。也就是说,肯尼迪准确地指出了病灶,却没有提供与未来有关的药方。

三

《大国的兴衰》这本书2006年在中国再版，2007年，中国的经济总量超过德国，成为全球第三大经济体，种种数据显示，超过日本也将指日可待。保罗·肯尼迪的作品的引入，让中国读者产生了好奇的代入感，时政评论员许知远在为引进版做的序言中说："这本书的名字给我带来的思考比它的内容更多。"

事实上，《大国的兴衰》的叙述正是从历史上中国的衰落开始的，全书第一章的第一节便是"明代中国"，它成了西方兴起的背景。1492年，明朝宣布闭关锁国，而哥伦布在这一年发现了新大陆，保罗·肯尼迪惋惜地写道，郑和的大战船被搁置朽烂，尽管有种种机会向海外发出召唤，但中国还是决定转过身去背对世界。

不过，当肯尼迪在20世纪80年代中期开始创作此书的时候，还是敏感地发现了这个东方国家正在发生的变化。他在最后一章"面对21世纪"中，以"平衡发展的中国"为题，专辟一节讨论当代中国。

他写道：中国既是大国中最穷的，同时可能也是战略地位最差的。但是，纵然中国遭受着某种长期困难，它的现领导看来正在推行一种大战略。这个大战略在连续性和向前看方面，比莫斯科、华盛顿或东京的战略都强，更不用说西欧的了。

肯尼迪因此预言，如果经济发展能持续下去，那么，这个国家将在几十年内发生巨变。

2006年的中国读者读到保罗·肯尼迪在20年前的这段文字，当然会感慨万千。《大国的兴衰》一度成为中国知识界的热门图书，在公务员中和财经媒体界更是几乎人手一本。

保罗·肯尼迪是一个现实主义的"经济决定论"者。2018年，在接受中国记者的访问时，他仍然坚持认为大国兴衰取决于经济，"在国际事务中，包括金融和技术实力在内的经济力量更加持久，更加重要，超越文化的理解与误解"。

对于中国，他曾在一篇文章中写道："500 年甚至更长时间以来，西方没能理解中国，也没有对中国的未来做出准确的预测。时至今日，我们所能够做的，也不比前人好到哪里去。"

自 1987 年之后，一战成名的肯尼迪再没有写出过轰动性的大作品。暴得大名的他也陷入过莫名的焦虑，他的妻子回忆说，有好几年，他经常会深夜梦游，一个人爬到家具上自言自语。

阅读推荐

关于历史的兴衰，推荐几本佳作：

《从黎明到衰落：西方文化生活五百年，1500 年至今》/ 雅克·巴尔赞 著 / 林华 译

《西方的没落》/ 奥斯瓦尔德·斯宾格勒 著 / 齐世荣 等译

《耶路撒冷三千年》/ 西蒙·蒙蒂菲奥里 著 / 张倩红、马丹静 译

《枪炮、病菌与钢铁》：一本有趣的文明进化简史

> 为什么在不同的大陆上，人类以如此不同的速度发展呢？这种速度上的差异就构成了历史的最广泛的模式。
>
> ——贾雷德·戴蒙德

1835年，查尔斯·罗伯特·达尔文（Charles Robert Darwin）在东太平洋的加拉帕戈斯群岛，发现了物种进化的规律，从而得出了"物竞天择"的自然生存法则。从此以后，人类学家和生物学家都养成了这样的爱好，他们喜欢去一些人迹罕至的地方，如热带岛屿、原始丛林或冰川，去探索达尔文式的秘密。

贾雷德·戴蒙德（Jared Diamond，1937— ）是一位出生在波士顿的演化生物学家和生物地理学家，他经常去的地方是太平洋西部的新几内亚岛，那是地球上的第二大岛屿。1972年，在那里，他结识了一位叫耶利的土著朋友。

有一次，耶利问戴蒙德："为什么你们白人制造了那么多的货物并将它们运到新几内亚来，而我们黑人却几乎没有属于我们自己的货物呢？"

这真是一个看似简单，却难以回答的问题，年轻的戴蒙德被问得愣在了那里。25年后，戴蒙德出版《枪炮、病菌与钢铁：人类社会的命运》（*Guns, Germs, and Steel: The Fates of Human Societies*），试图认真地回答耶利的这个问题。

▲ 贾雷德·戴蒙德在"人类进化史"展览现场。

一

"耶利之问",其实早有人回答过。

最著名的是种族说,即各种族之间在生物学上存在着差异。有人便研究认为,黑人的脑容量比白人小,欧罗巴人种在智力上优于其他种族的人类。

还有就是气候说。有人类学家就指出,寒冷气候对人的创造力和精力具有刺激作用，而炎热、潮湿的热带气候则让人闲散懒惰，惧于深度思考。

再有就是地理文明说。温带和亚热带地区适合种植业的发展，因而率先实现了粮食的自足，进而推动了社会分工。随着人口的增加，部落之间的冲突越来越多，因而语言和文字被发明出来。英国著名历史学家阿诺德·汤因比（Arnold Toynbee）对人类史上先进的23个文明民族进行了研究，发现其中有22个是有文字的，19个在欧亚大陆。

作为一个演化生物学家，戴蒙德首先不认同种族说。以他的专业知识，他反而认为，就智力而言，新几内亚人可能在遗传方面优于西方人，他们在逃避对成长极其不利的条件时，也肯定优于西方人。

他也不认同气候说。他举例论证说，唯一发明了文字的印第安人社会出现在北回归线以南的墨西哥，新大陆最古老的陶器来自热带的南美洲赤道附近……直到最近的1000年前，北欧各民族对欧亚大陆文明没有做出过任何极其重要的贡献。

因此，戴蒙德的结论是：不同民族的历史遵循不同的道路前进，其原因是民族环境的差异，而不是民族自身在生物学上的差异。

戴蒙德的叙述从大约700万年前开始。根据他的推演，地球上的各个部落在动植物驯化上的能力，决定了他们初始的文明程度。最有价值的可驯化野生物种，只集中在全球9个狭窄的区域，这些地区也因此成为最早的农业故乡。这些原住民的语言和基因，随同他们的牲口作物技术和书写体系，成了古代和现代世界的主宰。

二

到戴蒙德创作《枪炮、病菌与钢铁：人类社会的命运》的20世纪90年代中期，出现了很多交叉性的新学科，包括生物地理学、行为生态学以及研究病菌的分子生物学,而他本人恰巧是这些领域的顶级学者。

这本著作中的"病菌",就是戴蒙德研究13000年人类演进史的一个独特的角度,这也是本书最引人入胜的部分。

戴蒙德论证说,整个近代史上,人类的主要杀手是天花、流行性感冒、肺结核、疟疾、瘟疫、麻疹和霍乱。它们都是从动物的疾病演化而来的传染病……过去战争的不少胜利者,并不总是那些拥有最优秀的将军和最精良武器的军队,而常常不过是那些携带有可以传染给敌人的最可怕病菌的军队。

1492年,在哥伦布到达美洲大陆的时候,印第安人有2000万之众,并形成了发达的文明,但是在接下来的一两个世纪里,印第安人口减少了95%。

是枪炮的屠杀造成了这个惨烈的结果吗?

戴蒙德的结论是否定的。主要的杀手,居然是哥伦布们从旧大陆带去的病菌。印第安人以前从来没有接触过这些病菌,因此对它们既没有免疫能力,也没有遗传的抵抗能力。

三

在这本有趣的文明进化简史中,戴蒙德还用不少的笔墨讨论了一个与中国有关的话题:为什么是欧洲人完成了现代化的扩张,而不是中国人或印度人?

英国博物学家杰克·查罗纳(Jack Challoner)主编过一本《改变世界的1001项发明》(*1001 Inventions That Changed the World*),其中,来自中国的只有30项,最后一项是1498年发明的牙刷。在1500年之后——也就是公认的近代史之后——新出现的838项重大发明中,没有一项来自中国。

这便又引发了一个耶利式的问题:为什么中国人在1500年之后

突然丧失了发明的智慧？

关于中国文明的早慧，戴蒙德提出了两个视角。

一是文字。中国很早就形成了唯一的书写系统，这使得民族和文化的形成变得更加容易，而相比之下，其他种族的文字则要繁复得多。印度有 19569 种语言[①]，现代欧洲仍在使用几十种经过修改的语言和书写系统，戴蒙德常去的新几内亚，一个岛屿上居然有约一千种语言。

二是动植物驯化。古代中国人在华北最早种植出了耐旱的黍子，在华南则培育了一年两熟的水稻，而猪、狗、鸡和水牛，也是由中国人最早驯化的，它们提供了更多的食物和耕作劳动力。

在"为什么是欧洲，而不是中国"的这个问题上，戴蒙德提出了"最优分裂原则"。

他认为，欧洲在近现代的崛起，正得益于它的长期分裂。这种分裂促成了思想的多元化、技术和科学的进步，推动各国竞争。正是这种"分裂"孕育了欧洲的资本主义文明。

而中国，由于文化和地理的双重原因，它在很长时间里维持了超稳定结构，并在明清时代，形成一套与之相配套的成熟的高度专制政体，"由此带来的国家体制压制了现代科学出现所必需的多数条件"。

与欧洲和中国相比，印度是另外一个极端，它在地理和语言上，比欧洲更为分裂。戴蒙德的"最优分裂原则"便是——创新在带有最优中间程度分裂的社会里发展得最快：太过统一的社会处于劣势，太过分裂的社会也不占优。

---

① 王会聪：《印度语言的复杂程度中国恐怕无法赶超，种类接近 2 万》，2018 年 7 月 2 日，https://baijiahao.baidu.com/s?id=1604831215723461624&wfr=spider&for=pc。

阅读推荐

关于一国的民族性格是如何养成,并最终影响了它的价值观和命运,推荐一本短小而精悍的经典:

《菊与刀》/ 鲁思·本尼迪克特 著 / 吕万和 等译

第五部分
企业家书写的传奇

―――――

《影响历史的商业七巨头》/ 理查德·泰德罗

《谁说大象不能跳舞》/ 路易斯·郭士纳

《只有偏执狂才能生存》/ 安迪·格鲁夫

《杰克·韦尔奇自传》/ 杰克·韦尔奇

《巴菲特致股东的信》/ 沃伦·巴菲特

《史蒂夫·乔布斯传》/ 沃尔特·艾萨克森

《活法》/ 稻盛和夫

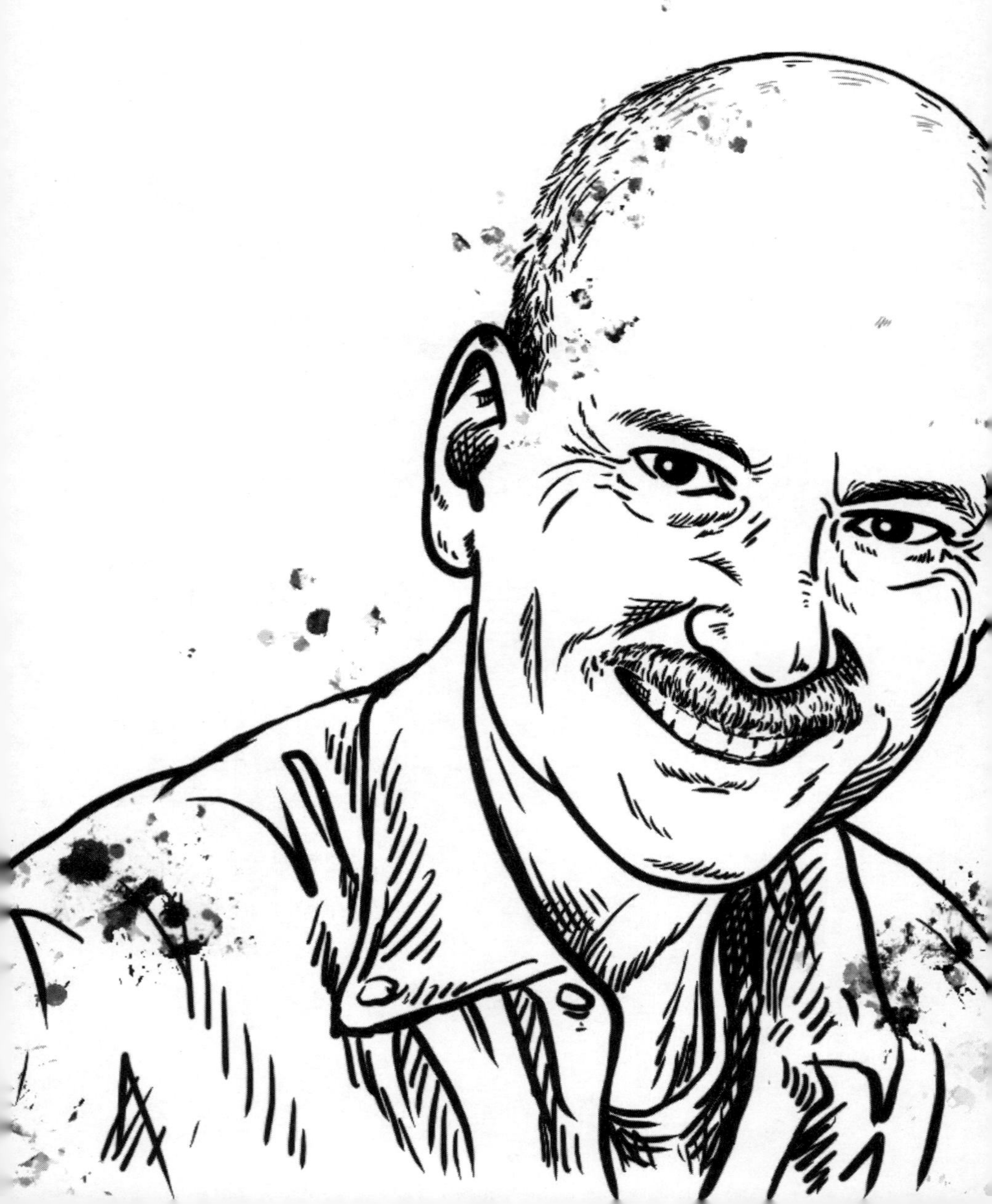

Richard Tedlow

理查德·泰德罗：商业史写作大家

以细致考据与雄浑笔力，
还原一个纯粹的商业时代。

《影响历史的商业七巨头》：为了到达顶峰，你不需要什么门票

> 美国的文化和制度给了企业家极大的自由，使在美国的每一个人都有机会成为超凡的人。
> ——理查德·泰德罗

"本书介绍了美国人最擅长的活动——成立和创建新企业，介绍了那些冲破旧规则束缚，创立新规则的人。"理查德·泰德罗（Richard Tedlow, 1947— ）用这种坚定而激荡的开场白，开始了他的叙述。

在商学史写作上，一直没有出现过像艾瑞克·霍布斯鲍姆、托尼·朱特这样既能细致考据，又拥有雄浑笔力的大家，勉强要凑个数，哈佛大学商学院教授泰德罗大概算是一个。

《影响历史的商业七巨头》（Giants of Enterprise: Seven Business Innovators and the Empires They Built）以人物评传的方式，讲述了7位美国商业史上的企业家，他们分别是：安德鲁·卡内基（Andrew Garnegie，美国钢铁）、乔治·伊士曼（George Eastman，柯达）、亨利·福特（福特汽车）、托马斯·沃森（Thomas Watson, IBM）、查理·露华逊（Charles Revson，露华浓）、萨姆·沃尔顿（Sam Walton，沃尔玛）和罗伯特·诺伊斯（Robert Noyce，英特尔）。

这些人中，年纪最大的是卡内基，出生于1835年，去世于1919年，最年轻的是诺伊斯，出生于1927年，去世于1990年。这

漫长的150年，正是美国由孤悬大西洋西岸的前殖民地蜕变为第一超级大国的全部过程。

在泰德罗看来，企业家是美国梦的主要缔造者。他在书中的一个核心观点是：美国文化和制度把他们的一切变成了可能，同时他们是如此重要，以至于他们可以改变这种文化和制度。

一

假如你问我，要用一些关键词来涵盖美国商业成长史的话，它们是什么？我的答案是：五月花号、西部牛仔、可口可乐、华尔街、福特T型车和硅谷。

美国最重要的文化特征是移民文化，以及在此基础上所形成的中产阶层价值观。

"美国是在农村诞生的。"泰德罗断言道。在独立战争结束的

▲ 福特T型车"恐怖"的销量，使美国曾被称为"车轮上的国家"。

时候，北美大陆只有费城和纽约两个城市，人口也非常少。没有贵族，没有世家，美国之心在农村。

安德鲁·卡内基是美国历史上的第一位首富，他出身赤贫，在13岁时才随全家移民美国，变成首富这件事在他的祖国苏格兰是完全不可能发生的，"美国是人类历史上最大规模的自由移民潮的最大受益者"。这一特征其实到今天还没有改变，美国每年新增人口中的相当大的部分依然是新移民。

如果说"新大陆"是一种意识形态，那么，因此而迸发出的牛仔精神、价值观，对快速变化的拥抱，以及对陌生技术和产品的尊重，便构成新的美国式商业文明。

在泰德罗看来，他书中所讲述的7个人"没有一个是具有代表性的"。他们的事业生涯中没有什么是必然的，他们出生、成长于各个角落或国家，信仰不同的宗教，投身不同的产业，他们创立企业的道路不同，学历也有差异。

"任何一位精力充沛、怀有抱负的小伙子，无论他的教育背景是如何寒酸，都有可能在商业立足，并继续向上高升……我们反复地看到他们伸开双臂接受甚至主动创造一个崭新的未来。正是这种导向未来的能力让他人觉得不可思议——新思维，新行动——这也正是为什么他们是具有远见卓识的梦想家。"

泰德罗试图在自己的书里证明，在美国，人们给予了企业家与最杰出的政治家几乎同样的地位，而这在其他国家根本是难以置信的。在亨利·福特去世后，媒体将他与亚伯拉罕·林肯相提并论："林肯和福特意味着美国贯穿了世界，从木屋到白宫，从机器加工车间到工业帝国。"

二

作为一位商学史教授，泰德罗把7个人物置于美国百年经济史的背景下进行描述。

卡内基、伊士曼和福特处于美国崛起期，美国由一个二流国家向最大经济体迈进。当 1873 年卡内基创办钢铁厂的时候，英国的钢铁产量超过世界其他国家的总和，而到 1900 年，美国的钢产量已经是英国的 2 倍。汽车是由德国人发明的，而福特的 T 型车则让汽车成为中产家庭的标配，美国成了"车轮上的国家"。

进入 20 世纪上半叶，世界进入"美国时代"，创办《时代周刊》的亨利·卢斯（Henry Luce）宣称，如果美国人对他们所拥有的传统和肩负的使命持真诚勇敢的态度，20 世纪将是"属于美国的世纪"。到 20 世纪 60 年代，全球前 200 大公司销售额的 70% 来自美国公司，大约 40% 的全球经济活动是由美国企业家发起的。泰德罗以沃森的 IBM 和露华逊的露华浓为例，描述了这个激动人心的时代。

20 世纪下半叶，被泰德罗称为"我们自己的时代"。在这一时期，美国由"快乐无忧的 60 年代"进入"冷静思考的 70 年代"，日本企业的强劲崛起对美国构成了致命的威胁，到 1980 年，日本的汽车产量超过美国，前五大电视机公司的总部没有一家在美国，"美国似乎不再是一个自信的国家"。泰德罗通过沃尔顿和诺伊斯的故事，讲述了美国企业家在这一时期的自我拯救。

《影响历史的商业七巨头》到此戛然而止，让人意犹未尽。泰德罗没有续写接下来发生的互联网革命。美国企业家在工业制造领域失去的荣耀，被硅谷人在新科技战场上重新夺回。

三

泰德罗对美国企业家精神的描述，在理论的底色上受到了两位东欧思想家的启发，他们是约瑟夫·熊彼特和马克斯·韦伯。前者提出了创新精神和"创造性破坏"，后者以新教伦理论证了商业在人生意义上的正当性。

泰德罗试图回答一个问题：一个企业家能既是好人又是伟人吗？

他的答案是：这7个人都可称得上伟大，但用我们提到的好人的标准来衡量，结果就很有问题了。

在书中，我们的确可以读到很多阴暗甚至令人发指的细节。"为了获得商业上的成功，一个人不得不做出苛刻的事。"他们中有的人冷血无情，关闭一家万人工厂，如同扔掉半根热狗；有的人为了获得一笔订单无所不用其极。他们对权力的渴望，不输给任何一个独裁者。

而即便站到成功的巅峰之后，他们仍然表现得像变态。创建了IBM的沃森会设计一个以他为中心的庆祝会，他会在正式发表前检查每一句赞美他的词语，然后在公开场合听到这些语句时，仍然会落下泪来。

但是，在对财富的使用上，他们又不约而同地表现出了美国式的现代性。

书中的7个人里，卡内基和沃尔顿是农民，几乎没有受过正规教育，伊士曼、福特和沃森连高中都没有毕业。他们的成功几乎都与所受的教育无关，然而在成功后，他们都成了公共教育事业最重要的捐助者。

卡内基捐建了数以千计的图书馆，并创办了卡内基梅隆大学；伊士曼和沃森分别是麻省理工学院和哥伦比亚大学的主要捐助人；福特创办的基金会，迄今仍是全球极其富有和重要的慈善机构之一。

《影响历史的商业七巨头》是一本关于美国企业家的图书，但是，它的创世纪特征，却能够引起中国读者极大的内心共鸣。卡内基、福特和沃尔顿等人的故事可以清晰地折射出一代中国草根创业者的身影，他们的发家历程、内心挣扎和面对困境不惧应战的表现，又哪里有什么国界和时代的差异呢！

阅读推荐

以历史为轴,人物为点,构成一场伟大的文本叙述,世上无人能出斯蒂芬·茨威格之右,推荐他的:

《人类群星闪耀时》/ 斯蒂芬·茨威格 著 / 高中甫、潘子立 译

《三大师传》/ 斯蒂芬·茨威格 著 / 申文林 译

商业人物列传推荐:

《蓝血十杰》/ 约翰·伯恩 著 / 陈山、真如 译

《谁说大象不能跳舞》：一个做饼干的如何拯救"蓝色巨人"

> 在一个组织程序已经变得不受其来源和内容的约束，而且其编纂出来的组织宗旨已经代替了个人责任的组织之中，你所面临的首要任务就是要全盘抹掉这个程序本身。
>
> ——路易斯·郭士纳

1993年，IBM的第六任董事长兼CEO约翰·埃克斯（John Akers）退休了，公司组成了一个搜猎委员会寻找接班人。在搜猎名单上，有通用电气的杰克·韦尔奇（Jack Welch）、摩托罗拉的乔治·费希尔（George Fisher），甚至包括微软的比尔·盖茨。

在这场被视为美国人才市场一号工程的搜猎行动中，最后中选的是名声要小得多的路易斯·郭士纳（Louis Gerstner, 1942—　），他当时是纳贝斯克（Nabisco）食品公司的CEO。

这并不意味着郭士纳是一个多么幸运的人，其实他是IBM无比尴尬的选择。这家曾经的"蓝色巨人"，此时正处在创业70年历史上最糟糕的时期。董事会看中郭士纳的，并非他的计算机专业能力或者高效率的攻击战略实施能力，而是他特别会卖资产。

一

IBM的创始人是托马斯·沃森和他的儿子。老沃森没上过几天学，

17 岁就开始做推销员，1924 年，他把一家生产制表机、碎纸机等的公司更名为国际商用机器公司，简称 IBM。

20 世纪 30 年代初，IBM 打入打字机行业，并迅速成为行业第一。1937 年，老沃森拨款 50 万美元，支持哈佛大学的霍德华·艾肯（Howard Aiken）博士研发"更快的运算器"，历时 6 年之久，世界上第一台自动顺序控制计算机诞生了。1946 年，IBM 推出第一台电子计算机，两年后又推出数字计算机。人类自此进入一个新的计算机纪元，推销员出身的老沃森因此被视为"计算机之父"。

IBM 在小沃森手上进入巅峰期，成为世界上最大的计算机公司和全球第五大工业企业。"机器应该工作，人类应该思考。"IBM 的这句广告词，显示了美国式商业文明的雄心。

▲ "扭亏为盈的魔术师"路易斯·郭士纳，让 IBM 的股价上涨了 1200%。

但是，进入 20 世纪 80 年代中期之后，IBM 突然陷入增长乏力的泥潭。在计算机产业由大型主机向兼容型电脑转型的过程中，"蓝色巨人"成了进步的绊脚石，康柏（Compaq）、苹果等公司迅速崛起，取代了 IBM 的领跑者角色。

IBM 的状况变得惨不忍睹。从 1990 年到 1993 年，公司连续亏损额达到 168 亿美元，创下美国企业史上第二高的纪录。很多人都在掐指计算 IBM 倒闭的日子，商学院的教授们开始着手撰写 IBM 失败的教案。

在这个时刻，郭士纳的经历引起了 IBM 董事会的注意：他在纳贝斯克任职的 4 年里，成功卖掉了价值 110 亿美元的资产。如果 IBM 要瘦身转型，他也许是最好的 CEO 人选。

二

在上任的第一年，此前从来没有在计算机行业待过一天的郭士纳的确开始大肆卖家当。

他先是出售了 IBM 大厦，然后下令停止了几乎所有的大型主机生产线，紧接着宣布裁员 4.5 万人，创下美国商业史的纪录。因为主营业务停摆和支付巨额解约金，1993 年 IBM 狂亏 80 亿美元。

故事如果到此终结，当然非常乏味。郭士纳的天才之处在于，作为一个"计算机白痴"，他从业务报表中挖出了一块被掩埋住的钻石。

郭士纳在研读 1993 年第一季度的业绩报告时发现，尽管大型计算机业务亏损，个人计算机业务也乏善可陈，然而，服务业的收入竟然增长了 48%，达到 19 亿美元。

在当时的公司管理层，关于战略路线的争论有两派意见，一派主张保持大型主机路线，另一派主张转战个人计算机市场。大学毕业后曾在麦肯锡工作过的郭士纳却敏锐地发现，也许还有第三条道路：定位于互联网络，硬软结合，突击软件服务战场。

1995年，郭士纳首次提出"以网络为中心的计算"。他认为，网络时代是IBM重新崛起的最好契机，"我们下了一个赌注，独立计算将让位于网络化计算"。这一年6月5日，郭士纳以一项大胆的举措把电脑业界惊出一身冷汗：IBM斥35亿美元巨资强行收购了莲花（Lotus）软件公司。

他看中的是莲花公司的网络软件Notes，它控制了34%以上的企业网络市场。IBM通过收购，以最短的时间，从最快的捷径突进网络，从而拥有新的技术核心能力，完成了一次华丽的战略转型。更重要的是，郭士纳下注网络化计算的时刻，正是互联网时代到来的前夜，他让IBM抢到了第一张通往新世界的船票。

郭士纳在IBM任职的9年间，使面临绝境的"蓝色巨人"重新崛起，公司股价上涨了1200%，他被称为"扭亏为盈的魔术师"。

三

大象其实是不会跳舞的。在全球企业史上，巨型公司的转型几乎都以失败而告终，如果侥幸成功，则必成传奇。

跟拯救英特尔的安迪·格鲁夫（Andy Grove）不同，做饼干出身的郭士纳因"无知"而大胆，敢于打破既有的坛坛罐罐。他直言："我对技术并不精通，我需要学习，但是不要指望我能够成为一名技术专家。分公司的负责人必须能够为我解释各种商业用语。"

他还清晰地定义了企业决策者的角色："我将致力于战略的制定，剩下的执行战略的任务就是你们的事了。只需以非正规的方式让我知道相关的信息。不要隐瞒坏消息，我痛恨意外之事。要在生产线以外解决问题，不要把问题带到生产线上。"

IBM被称为"蓝色巨人"，在很长时间里，蓝色是一种宗教般神圣的存在，IBM从公司标识、产品外观、工厂墙体到工作服，均以蓝色为基调。在郭士纳看来，这是僵化和老态龙钟的表现，他不顾内部的激烈反对，下令取消员工必须穿着蓝色西装的限制。当色彩自由之后，思想和组织的自由才可能迸发出来。

在管理学上，郭士纳是矩阵管理模式的发明人。

大象型企业之所以笨重，是因为传统的等级制度设置了垂直的条条框框，让公司内不同的业务单元都如同"孤岛"，不但无法形成协作效率，更造成内耗和掣肘。IBM拥有32万名员工，业务遍及160多个国家和地区，体大身笨，大公司病严重。

郭士纳发动了一场组织革命。他解散了IBM的最高权力部门——管理委员会，同时，以顾客为中心，重组原本各主其事的事业群，整合成以产品类、业务类为主的两大团队，让他们既彼此竞争又彼此合作。公司的管理层级从9层减少到4层，同时各地业务分别由当地总经理、地区总经理与美国总部产品类、业务类总经理共管。

矩阵制组织形式在直线职能制垂直形态组织系统的基础上，再增加一种横向的领导系统，由此构成双命令通道系统。这种系统打破了传统职能型组织的部门分割，使得横向协作变为现实，组织运行趋于柔性化，能对外界环境做出快速反应。

IBM试图通过一种独特的组织架构系统运作带给用户的感受是One Voice（同一个声音），或者说，一个只由一个人或者一个部门牵头负责，所有相关部门及人员便能迅速而持久地被带动起来进行支持的结构体系。

郭士纳的矩阵管理模式，被认为是20世纪90年代之后最重要的组织变革和管理创新之一，它引领了企业界从产品中心向客户中心的思维转移。

四

《谁说大象不能跳舞》（*Who Says Elephants Can't Dance*）出版于 2002 年，是郭士纳退休后的作品。他以朴素的文笔和众多细节，讲述了重振 IBM 的故事。这很像一个好莱坞电影的情节，当一座城市即将被毁灭的时候，一位正在食品店里卖甜圈圈的中年男人挺身而出，拯救了整座城市。

"是的，我确实一直是一个局外人，但是，这就是我的工作。"在书的最后，郭士纳如此写道，如同电影结束时，男主角的一句旁白。

阅读推荐

关于大公司转型成败的书籍，推荐：

《索尼秘史：奇迹的崛起、帝国的躁动与迷惘的未来》/ 约翰·内森 著 / 司徒爱勤 译

《下一个倒下的会不会是华为》/ 田涛、吴春波 著

《腾讯传：1998—2016——中国互联网公司进化论》/ 吴晓波 著

《只有偏执狂才能生存》：他穿越了死亡之谷

> 我笃信"只有偏执狂才能生存"这句格言。我不记得此言出自何时何地，但事实是：一旦涉及企业管理，我相信只有偏执狂才能生存。
>
> ——安迪·格鲁夫

仅凭这个书名，它就足以横行百年。

20世纪90年代的美国，出现了3位巨星级的职业经理人，他们个性鲜明，治业有道，均在危机时刻把庞然大物拉出泥潭，而且一改躲于幕后的传统，乐于传道分享，并各有一本超级畅销书行世。

他们是通用电气的杰克·韦尔奇和《赢》（Winning）、IBM的路易斯·郭士纳和《谁说大象不能跳舞》，以及英特尔的安迪·格鲁夫（1936—2016年）和《只有偏执狂才能生存》（Only the Paranoid Survive）。

一

安迪·格鲁夫是一个出生于匈牙利的犹太人，20岁时，他以难民的身份来到美国。1968年，他与罗伯特·诺伊斯（Robert Noyce）、戈登·摩尔（Gordon Moore）一起，在硅谷创办了英特尔公司。

很长时间里，在"英特尔三人组"中，格鲁夫的名气是最小的。诺伊斯是集成电路的联合发明者，摩尔更是以著名的"摩尔定律"而广为人知。在一开始，格鲁夫是诺伊斯的助手，但很快他在管理上的天赋呈现了出来，1979 年，他被任命为公司总裁，主管研发和生产。有媒体评论说："没有诺伊斯，英特尔成不了大公司；没有摩尔，英特尔成不了技术领先的公司；没有格鲁夫，英特尔成不了高效率的公司。英特尔的三驾马车每个人都很重要，但他们三人的合作更重要。"

英特尔早期的重要产品是电脑中的半导体内存。1970 年，英特尔开发出了世界上第一款动态随机存取存储器，用于替代之前的磁

▲ 成就了英特尔的偏执狂安迪·格鲁夫，2009 年入驻加州名人堂。

芯存储器，很快占据了半导体内存的半壁江山。在接下来的10年里，英特尔成长为全球最大的计算机硬件制造商。

但是进入20世纪80年代，大势陡变。日本半导体公司以极高的性价比和巨大的技术、生产线投入迅猛崛起，存储器市场由"美国内战"变成了"美日对决"。格鲁夫在书中描述说："当时从日本参观回来的人，把形势描绘得非常恐怖。日本生产的半导体内存质量大大超出了我们的预计。"

1980年，日本半导体内存只占全球不到30%的销售量，而仅仅5年后，不可能的情况发生了：日本实现了对美国的反超，包括英特尔、德州仪器在内的所有美国公司俱告亏损。

二

1985年的一天，格鲁夫来到摩尔的办公室。过去的一年，英特尔高层是在无休止的彷徨和争吵中度过的。有人提出建一个巨型存储器工厂，如同当年的太平洋战争一样，与日本人面对面地打一次硬仗。有人提议采用差异化战略，生产特殊用途存储器，还有人认为应该加大技术投入。

格鲁夫望着窗外，远处一只巨大的摩天轮在缓慢地旋转。他问意志消沉的摩尔："如果我们被裁，董事会请来一位新的CEO，你觉得他要做的第一件事是什么呢？"

摩尔犹豫了一下，回答："他会放弃半导体内存。"

格鲁夫想了一会说："那就让我们自己来做这件事吧。"

1986年，英特尔出现创业以来的第一次亏损。第二年，格鲁夫临危受命升任公司的CEO。他决定放弃半导体内存业务，将注意力集中在中央处理器——CPU（Central Processing Unit）。

格鲁夫把这一时刻，称为战略转折点——"战略转折点就是企业的根基即将发生变化的那一时刻，这个变化有可能意味着企业有机会上升到一个新的高度，但它也同样可能标志着没落的开端。穿越战略转折点为我们设下的死亡之谷，是一个企业组织必须历经的最大磨难。"

英特尔＝存储器，这是多么简约而显赫的公式，现在，缔造者之一的格鲁夫要亲手将之抹去。他关闭了 8 家工厂中的 7 家，裁员 7200 人。公司几乎在一种令人窒息的氛围中摸黑转型。

与 IBM 的郭士纳需要恶意收购莲花软件公司才能获得软件技术不同，英特尔在微处理器上有深厚的技术储备。早在 1971 年，英特尔就成功研发了全球第一个微处理器。

1989 年，英特尔推出 486 DX CPU，这是一个革命性的产品，它首次增加了一个内置的数学协作处理器，将复杂的数学功能从中央处理器中分离出来，从而大幅度提高了计算速度。在此之前，用户依靠输入命令运行电脑，而有了 486，只需点击即可操作。486 可以说是即将建成的互联网大厦的重要基石之一。

1993 年，英特尔奔腾（Pentium）处理器面世，它能够让电脑更加轻松地整合"真实世界"中的数据，从讲话、声音到笔迹、图片。奔腾让英特尔在中央处理器的赛道上一骑绝尘，再度成为全球最大的半导体公司。

1997 年，安迪·格鲁夫当选《时代周刊》年度风云人物。这是百年以来，职业经理人第一次获得这一荣誉。

三

格鲁夫在《只有偏执狂才能生存》一书中提出了"十倍速变化"这个新概念，它是对"摩尔定律"的一次迭代。

在格鲁夫看来，信息技术的日新月异，让所有企业的战略几乎无法保持常新。"面临十倍速变化，要想管理企业简直难于上青天。"在这个时候，唯一可以依赖的，甚至不是理性，而是企业家的独断力和偏执力。"一旦卷入了战略转折点的急流中,就只有感觉和个人判断能够作为你的指南。虽然是你的判断将你送入了困境,但它也能救你出来。"

所以,只有偏执狂才能生存。

就在格鲁夫成为《时代周刊》年度风云人物的时候,新的"十倍速变化"又开始了,世界进入了互联网时代,高通、ARM等手机芯片设计公司开始侵入英特尔的领地,并迅速获得了成功。

2015年,英特尔以167亿美元的代价收购Altera公司。2016年3月21日,安迪·格鲁夫去世。4月,英特尔宣布推迟新芯片发布,这意味着,这家芯片巨头退出了智能手机芯片市场。

在电脑时代穿越了死亡之谷的英特尔,在智能手机和即将到来的物联网时代,能否继续它的传奇?谁能够帮助英特尔在噪音中分辨出信号,在绝境中窥见微光?谁能够带领它跨越新的战略转折点?

这个时候,你又需要从书架中找出格鲁夫的书籍,在一扇窗户前阅读,然后像他一样,在绝望中眺望远方变幻莫测的天空。

阅读推荐

除了自传性质的《只有偏执狂才能生存》,格鲁夫还写过一本实用手册类的畅销书:

《格鲁夫给经理人的第一课》/ 安迪·格鲁夫 著 / 巫宗融 译

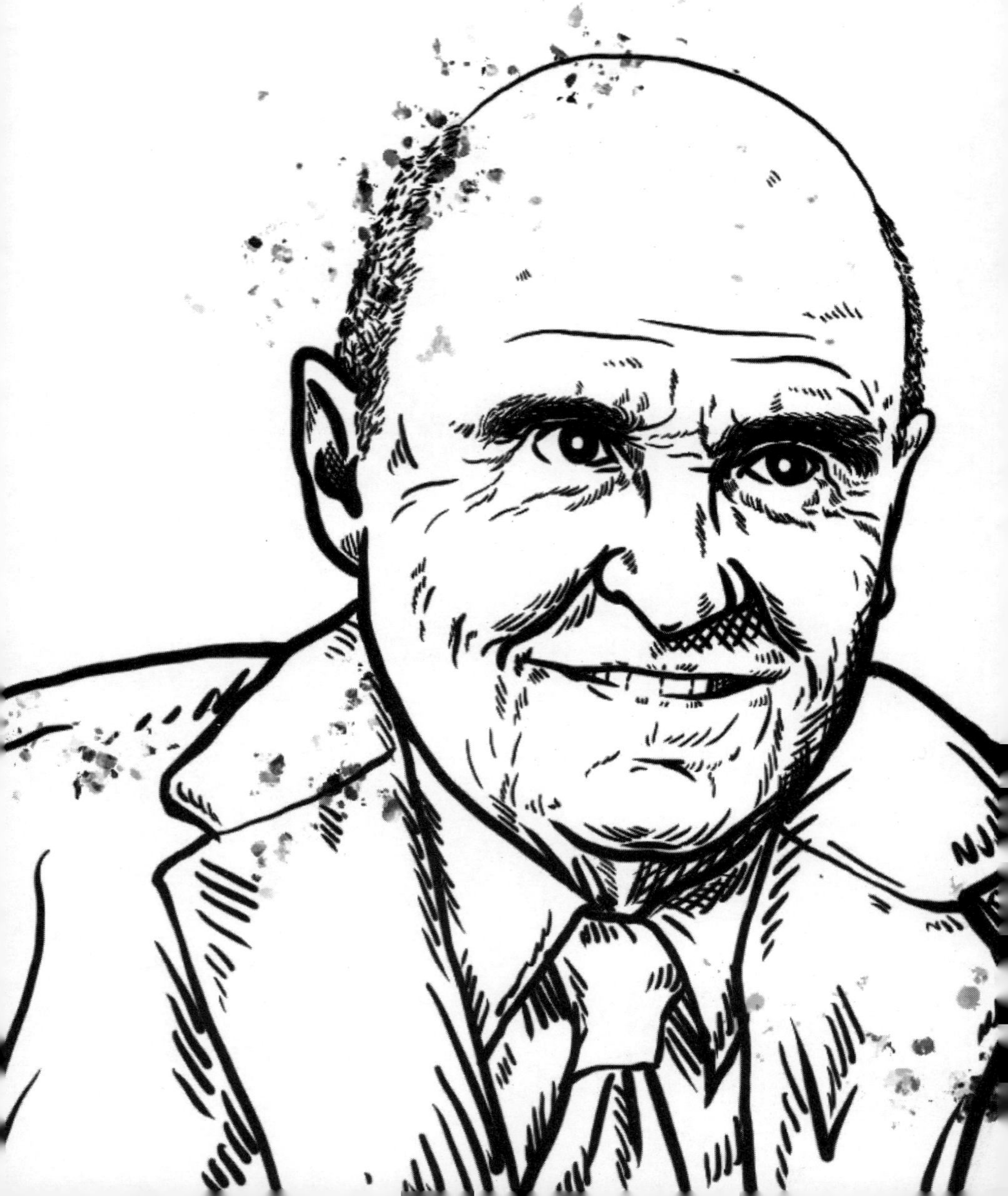

Jack Welch

杰克·韦尔奇：全球第一CEO

主掌通用电气的20年里，公司市值从130亿美元增长到4800亿美元，全球排名从第10位跃升为榜首。

《杰克·韦尔奇自传》:"全球第一CEO"养成记

> 公司的业务战略结合体中间每个部门都"数一数二",那么在竞争中的定价权就会很大,公司结合体的风险就可以分散。
>
> ——杰克·韦尔奇

1960年,25岁的杰克·韦尔奇(1935—2020)博士毕业,以助理工程师的身份进入通用电气公司,年薪1.05万美元。21年后,他成了这家公司的董事长兼总裁,又过了20年,他在巅峰时刻离去,被称为"全球第一CEO"。

他自嘲说:"我经历了许多的起起伏伏,就是从王子到猪猡,然后再反过来的过程。"确切地说,这也是通用电气的百年写照。

一

如果要把百年的美国工业史浓缩到一家企业身上,那么,通用电气也许是唯一的标本。它的创始人是美国史上最伟大的发明家托马斯·爱迪生(Thomas Edison)。

1878年,爱迪生创立爱迪生电灯公司。1892年,爱迪生电灯公司和汤姆森-休斯顿电气公司合并,成立了通用电气公司。1884年,华尔街推出道琼斯工业股票指数,爱迪生的公司就是最初的12只股票之一,100多年后的今天,它是其中仅剩的1只股票。

通用电气的百年常青,是一次次的死去活来,正如彼得·德鲁克所感慨的,所谓的"百年企业"是不存在的,它们之所以能够活下来,仅仅是因为在某些极危急的时间点上,出现了一个异端般的拯救者,他们改变了企业既有的轨迹,让企业因"面目全非"而得以幸存。

在这个意义上,百年企业无规律可循,是不可追求的,传奇俱是小概率的异数。

1960年,当年轻的韦尔奇踏进通用电气工厂大门的时候,美国工业正处在黄金时代。在二战结束的时候,通用电气还是一家纯粹的美国公司,有30多家工厂。而到了1976年,通用电气在美国的制造厂已经扩展至共224家,同时在全球24个国家拥有113家制造厂,已然是一家庞大的跨国公司。

更为典范的是,通用电气是多元化战略的忠实实践者,从最早期的白炽灯、无线电,到冰箱、空调等日用家电,再到工业机械领域,从商业飞机、核潜艇的引擎到雷达高度计,通用电气的产品线长到难以计算,它还曾经拥有一家专门播出浪漫喜剧的电视网。通用电气中央研究院的工程师获得过诺贝尔物理学奖。

1981年,韦尔奇被推上了通用电气董事长的宝座。而当他兴致勃勃地坐上去的时候,宝座的底部已经在冒烟了。

这艘"超级油轮"似乎驶进了效率低下的浅水滩。在40.4万名雇员中,居然有2.5万名经理管理者,130多人拥有副总裁的头衔。从工厂到韦尔奇的办公室之间隔了12个层级。有一次,他在签一份文件的时候惊讶地发现,在他之前已经有16个人签过了"同意"。他问自己:"我多签上一个名字究竟有什么价值?"

二

脱离了业务调整和管理创新,战略变革无从谈起。韦尔奇在自传中,一再表达了类似的观点。

他在刚刚当上董事长的时候,曾跑去求见德鲁克,咨询有关企业成长的课题。德鲁克问了他一个简单的问题:"假设你是投资人,通用电气这家公司有哪些事业,你会想要买?"

这个问题对韦尔奇产生了决定性的影响。

经过反复思考,韦尔奇做出了著名的策略决定:通用电气旗下的每个事业,都要成为市场领导者,"不是第一,就是第二,否则退出市场"。

正是在这个原则下,韦尔奇开始对庞杂的业务线动起了大手术。

通用电气的电器部门有4.7万名员工,每年的利润只有1亿美元,所以,它成了被抛弃的"干瘪果子"。韦尔奇把电视机业务出售给汤姆逊(Thomson),换回了它的医疗事业部,而通用电气的冰箱业务则被整体卖给了中国的海尔。

而一些不起眼的边缘业务,却得到了扩张。韦尔奇上任伊始,通用电气信贷部门的人数不到7000名,却贡献了接近1亿美元的利润,他决心下注这一赛道。到他离任的时候,通用电气金融服务集团的资产已从110亿美元陡增到3700亿美元,成为新的战略级"母牛"。

▲ 杰克·韦尔奇在辞任通用电气董事长的新闻发布会现场,此时的他正处在人生巅峰时刻。

在冷酷的业务大洗牌中，韦尔奇砍掉了 1/4 的企业，裁员 10 万多人，为自己赢得了"中子弹杰克"的绰号，他走到哪里，哪里就可能引发一场大爆炸。

在管理创新上，韦尔奇是"六西格玛"（Six Sigma）管理法的最高调布道者，他因此又有了另外一个绰号"六西格玛杰克"。

六西格玛是一种管理策略，它是由摩托罗拉工程师比尔·史密斯（Bill Smith）于 1986 年提出的。这种策略主要强调制定极高的目标、收集数据及分析结果，通过这些来减少产品和服务的缺陷，最终实现"零缺陷"。

韦尔奇从 1996 年开始，在通用电气全面推广六西格玛法，他要求通用电气的业务领导者必须都变为六西格玛领导人，为此他调整了公司奖励计划——年终奖的 60% 取决于盈利，40% 取决于六西格玛实施结果。

六西格玛被认为是"通用电气从来没有经历过的最重要的发展战略"，在推行这一管理法的 3 年后，通用电气在销售收入、利润增长和流动资金周转等核心指标上均出现了两位数的增长。

三

企业家如同名将，每一枚勋章都是用数字铸写的。

在韦尔奇主掌通用电气的 20 年里，公司市值从 130 亿美元增长到 4800 亿美元，全球排名从第 10 位跃升为榜首。因为"数一数二"战略的成功，通用电气旗下 12 个事业部中的 9 个，如果单独成军，都可以入选《财富》杂志评出的世界 500 强企业。韦尔奇因此被《纽约时报》称为"美国当代最成功、最伟大的企业家"。

韦尔奇的自传出版于他离任后的 2001 年，当时创下 700 万美元的预付版税金纪录，它也很快成为当时发行量最大的企业家传记。不过，与其他非虚构类著作不同的是，企业家的作品都是"半部著作"，因为，尽管他"金盆洗手"了，可是企业还在江湖，人们仍然会在后来的时间里评价他的战略的可持续性。

在自传中，韦尔奇认为，作为企业的当家人，最为首要的任务是寻找接班人。而极具讽刺性的是，这却成了他日后最被诟病的一点。

韦尔奇上任时，是通用电气史上最年轻的董事长，而他进入董事会的考评名单已经长达9年。他从主政的第一天起，就开始物色自己的接班人。20年后，接替他的是"久经考验"的杰弗里·伊梅尔特（Jeffrey Immelt）。此人任职了16年，他离任的时候，通用电气的市值跌回到了900亿美元，公司的业绩表现在道琼斯工业指数股里排名倒数第一。

"我们将往哪里去？通用电气将成为什么样的公司？公司的战略又是什么呢？如果我能从口袋里取出一个密封的装有通用电气未来十年发展的宏伟蓝图的信封，这是再好不过的了。然而，我不能。"

这是1981年12月，46岁的韦尔奇第一次以通用电气董事长的身份在美国经济界代表大会上发言时讲过的话。在厚厚的《杰克·韦尔奇自传》（*Jack: Straight from the Gut*）里，这是仅有的几句"真理"之一。

阅读推荐

除了自传，韦尔奇还与妻子合著出版了另一本畅销书：
《赢》/ 杰克·韦尔奇、苏茜·韦尔奇 著 / 余江、玉书 译
这本书的书名成了很多创业者的唯一信条。

《巴菲特致股东的信》：那个种植"时间的玫瑰"的人

> 在别人恐惧时我贪婪，在别人贪婪时我恐惧。
> ——沃伦·巴菲特

在每年的 5 月份，全世界都会有数万人买一张机票，飞赴美国内布拉斯加州的一个只有 4 万个居民的小城奥马哈市，听两位年逾八旬的老人絮叨几个小时，这两位就是沃伦·巴菲特（1930— ）和查理·芒格（Charlie Munger）。

巴菲特还会在全球公开拍卖他的一次牛排午餐，价格已经从 2000 年第一场的 5 万美元，上涨到 2019 年的 456.7888 万美元。

在未来的 30 年内，应该不会再出现第二个巴菲特了，因为他的纪录是"时间的玫瑰"：从 1965 年到 2018 年，他的公司股价上涨了 1.2 万倍，年均复合增长率高达 18.7%，而同期，标普 500 指数的年均复合增长率仅有 9.7%。

对股市投资客而言，要亲近这位百年一出的"股神"，最便宜的方式当然就是买一本《巴菲特致股东的信：股份公司教程》（*The Essays of Warren Buffett: Lessons for Corporate America*）。

一

1930 年，巴菲特出生在美国内布拉斯加州的奥马哈市，除了去外地读大学，他就再也没有离开过这座城市。

巴菲特似乎生来就是为了跟钱打交道的。5 岁时，他就逐门逐户向邻居推销从祖父店里批发来的箭牌口香糖，一盒 5 个，坚决不拆开卖，每盒赚 2 美分。6 岁时，他兜售可口可乐，每 6 瓶汽水赚 5 美分。13 岁时，他开始送报纸，建立了 5 条送报路线，每天早上送将近 500 份，每个月可以挣到 175 美元，相当于当时一个白领的收入。

成年后的巴菲特出资购买了箭牌和可口可乐的股权，分别成为它们的单一最大股东。理由当然不仅仅是为了童年的记忆，而是因为——"无论经济繁荣还是战争，人们都要嚼口香糖和喝可乐。"

1950 年，巴菲特考入哥伦比亚大学商学院，师从著名投资人本杰明·格雷厄姆（Benjamin Graham），这对他的一生影响重大。格雷厄姆有一个"捡烟蒂理论"，即在经济周期的波动中，会有一些股票如同被别人扔弃的烟蒂，往往还有捡起来抽最后一口的价值。

1957 年，巴菲特成立了一家以他的名字命名的投资俱乐部，初期管理资金为 30 万美元。他遵循老师格雷厄姆的理论，不停地在股市里寻找价值被低估的"烟蒂"，低购高抛，7 年后他的资金管理规模已达到 2200 万美元。1965 年，巴菲特收购了一家叫伯克希尔·哈撒韦（Berkshire Hathaway）的濒临破产的上市纺织公司，它后来转型为巴菲特唯一的投资平台。

随着资金管理规模的不断扩大，股市里已经没有那么多廉价的"烟蒂"可以让巴菲特捡了，这时候，他幸运地遇到了终身的伙伴查理·芒格。在芒格的启发下，巴菲特意识到，与其以低价买烂公司的股票，不如以高价买被低估的好公司的股票，然后长期持有它们。他的价值投资理论因而成型。他曾经开玩笑地说，是芒格让他"从猩猩变成了人"。

巴菲特价值投资最经典的一战，就是长期持有可口可乐公司的股票。

1988 年，美国股市狂泄，巴菲特投入 5.93 亿美元重仓买入可口可乐股票，1989 年大幅增持近一倍，总投资增至 10.24 亿美元，到

10年后的1998年，他所持有的可口可乐股票市值已升到134亿美元，一举浮盈近130亿美元。

可口可乐符合巴菲特心目中的"最理想的资产"：其一，在通货膨胀时期能够创造出源源不断的产品，这些产品本身能够提价而保持其企业购买力价值不变；其二，只需最低水平的新增资本投入。

当然，比可口可乐更为理想的投资标的，其实是巴菲特本人。如果在他购买可口可乐的1988年，有人购入伯克希尔·哈撒韦的股票，然后一直持有，那么30年后，他的投资回报率是120倍。

二

巴菲特一生蜗居小城，深居简出，既不参加论坛，也不开坛授课，只是每年会亲笔给股东写一封信。1996年，法学院教授劳伦斯·坎宁安（Lawrence Cunningham）召集了一次为期两天的研讨会，巴菲特和芒格都有参与，然后坎宁安根据研讨发言和巴菲特历年的致股东的信，编成了一本《巴菲特致股东的信：股份公司教程》。

如果要学巴菲特的"法门"，这是唯一原汁原味的教材。

巴菲特的价值投资，首先投的是有价值的时代和有价值的国家。

在2016年的致股东的信中，他曾算了一笔账：美国人口的年均增长率约为0.8%，GDP增长的平均值约为2%，这听上去并不令人印象深刻，但只需一代人的时间（比如25年），这个增长速度会带来人均实际GDP高达34.4%的增长，为下一代人带来惊人的1.9万美元的实际人均GDP增幅。如果是平均分配，一个四口之家每年可获得7.6万美元。

这一系列计算的所有前提是，这个国家一直处在增长的长期通道中。对巴菲特而言幸运的是，自独立战争以来，美国正是这样一个国家。因此，他很感慨地写道："240年来，押注美国会衰败的人，一直在犯可怕的错误，现在依然如此……美国的孩子们的生活，将远比他们的父辈要好。"

价值投资的另外一个核心，是投资有护城河的企业和优异的团队。

护城河这个概念，是巴菲特在1993年的致股东的信中第一次提出来的，他说："可口可乐与吉列近年来在一点一滴地增加它们全球市场的占有率，品牌的力量、产品的特质与配销渠道的优势，使得它们拥有超强的竞争力，就像是树立起护城河来保卫其经济城堡。"

很多年来，巴菲特和芒格每天的工作就是在美国乃至全世界寻找到那些有护城河的企业，然后觅机投资它们，"我们宁愿拥有'希望之心'钻石的部分权益，也不愿拥有人造钻石的全部所有权"。

巴菲特深信复利的力量，他形容复利是"把现在嫁给了未来"，对于华尔街那些活跃的明星基金经理，他一直嗤之以鼻。

2007年，一向温和的他突然发起了一场赌局，在当年年底的致股东的信中，他设了一场10年赌局——从2008年1月1日至2017年12月31日的10年期间，华尔街最好的5只对冲基金的投资回报率，将不如标普500指数的业绩表现。

10年很快过去了，最终的结果是，标准普尔500指数累计上涨了125.8%，平均年收益达到8.5%。而5只基金表现最好的累计只上涨了87.7%，平均年收益为6.5%。

巴菲特赢得让华尔街的金牌经理们哑口无言。

三

巴菲特归根到底是人，不是神，全世界最好的投资理论都有它的阿喀琉斯之踵。

在过去20年里，美国经济的复苏必须感谢硅谷，感谢亚马逊、谷歌、脸书、奈飞、特斯拉，正是这些新科技公司——而不是可口可乐、箭牌口香糖或能源公司，造就了新的经济奇迹。可惜的是，它们很

▲ 巴菲特与比尔·盖茨是密友，但是他从来没有购入过一张微软的股票。

少出现在伯克希尔·哈撒韦的投资清单上。

很显然，巴菲特不是它们的典型使用者，他迄今还保持了读报的习惯，最多在网上打打桥牌。对于只投有护城河企业的巴菲特来说，这些企业在早期都没有护城河，而一旦其构筑起护城河时，又实在是太贵了。

巴菲特与比尔·盖茨是非常亲密的好友和桥牌搭档，他向盖茨慈善基金会捐助了1000万股伯克希尔·哈撒韦公司的股票，价值超过30亿美元，但是，巴菲特从来没有购买过微软的股票。

在2018年的奥马哈大会上，有人问及为什么不投资亚马逊，巴菲特脱口而出："我太蠢了。"他坦率地说："我从亚马逊刚创业时就在观察。我认为杰夫·贝索斯做的事情近乎于奇迹……问题在于，当我认为什么事情是个奇迹时，我就不会在它上面下注。"

伯克希尔·哈撒韦首次投资新科技公司是在2017年2月，而且投的是苹果公司，此时，乔布斯已经去世6年，库克的苹果已经彻底熟透了，看上去非常像稳健而有护城河的可口可乐。

所以，在阅读《巴菲特致股东的信》的时候，千万记住：也许不会有下一个巴菲特了，但是，这个娑婆世界上，不仅仅只有巴菲特。

阅读推荐

关于巴菲特的书，其实没有其他可以推荐的。如果你对华尔街感兴趣，可以读一下：

《门口的野蛮人》/ 布赖恩·伯勒、约翰·希利亚尔 著 / 张振华 译

《摩根传：美国银行家》/ 琼·斯特劳斯 著 / 王同宽 译

《史蒂夫·乔布斯传》：生来只是为了改变世界

> 我们出售梦想而非产品。
>
> ——史蒂夫·乔布斯

乔布斯的故居在硅谷的帕洛阿托市瓦沃勒街2101号。这是一栋外表极不起眼的英式红砖建筑，外墙爬满了蔷薇。在乔布斯去世前，这里是普通软件工程师喜欢栖居的地方，如今已成为硅谷最昂贵的住宅区之一，一栋大别墅动辄千万美元。

2015年5月，我到那里的时候正是晌午时分，整条街道空无一人。乔布斯家的院子挺大的，低矮的木栅里野花在光影中摇曳缤纷，有一朵红色的罂粟花孤枝直上，开得无比放肆，宛若斯人犹在。

▲ 年轻的乔布斯和他的苹果公司。

在那一刻，我的眼前突然浮现出一个场景：在此前的 2010 年的某些日子，病入膏肓的乔布斯倦坐在这栋屋子的客厅里，与沃尔特·艾萨克森（Walter Isaacson）进行了 30 多次谈话，在他们的身后，时针无情地一格格前行。

艾萨克森问即将死去的乔布斯："为什么你选中了我？"

乔布斯惨然一笑："我觉得你很擅长让别人开口说话。"

一

在乔布斯去世后的 3 个月，《史蒂夫·乔布斯传》（Steve Jobs）出版。在扉页处，艾萨克森把 1997 年苹果电脑的一句广告词留在了那里——

那些疯狂到以为自己能够改变世界的人，才能真正改变世界。

乔布斯出生于 1955 年，跟比尔·盖茨同年，比任正非、柳传志小 11 岁，比马云大 9 岁，比扎克伯格大 29 岁。在长寿这件事情上，争强好胜了一辈子的他是彻底输掉了。

19 岁那年，只在大学读了一个学期的乔布斯就辍学了。两年后，他与斯蒂夫·盖瑞·沃兹尼亚克（Stephen Gary Wozniak）在自家的车库里成立了苹果公司。苹果的标识是一只被咬了一口的苹果，它让人想起 20 世纪 40 年代伟大的英国计算机先驱阿兰·图灵（Alan Turing），他破译了纳粹德国的密码，最后却咬了一口浸过氰化物的苹果自杀。

让世界真正认识乔布斯这个人——而不仅仅是苹果电脑——是在 1984 年，他为新上市的麦金塔电脑（Macintosh，简称 Mac）策划了一则电视广告：一个反叛的年轻女性从警察的追捕中逃脱，当独裁者老大哥在电视上进行蛊惑人心的讲话时，她抡起大锤砸向大屏幕。

《一九八四》是乔治·奥威尔（George Orwell）创作的一部政

治预言小说，描述世界即将被一个老大哥所控制的故事。乔布斯的这则广告只在 1984 年 1 月 22 日的"超级碗"大赛中间播出了一次，但却是史上最伟大的广告——没有之一，它告诉世界，年轻人的反叛从来没有被遏止住。

从 1985 年到 1996 年的 11 年里，乔布斯被驱逐出了苹果，这家公司直到山穷水尽，才再次把他请了回去。1997 年，乔布斯推出令人惊艳的 iMac 电脑，让赛场重新回到了"苹果时间"。

当然，真正让乔布斯的名字在人类商业史上无法被绕过去的事是，他重新定义了手机。

二

乔布斯没有发明手机（phone），他只是在 phone 前加了一个小写的字母 i。iPhone 改变了世界。

2007 年 6 月 29 日，苹果公司推出自主设计的第一代 iPhone 手机，使用独有的 iOS 系统。在一开始它遭到了媒体的嘲笑，市场反应也十分地冷淡。iPhone 的两大技术亮点——触屏技术和数字照相镜头，分别是由诺基亚和柯达的工程师发明的。

但是，随着一年一次的产品迭代，iPhone 爆发出了魔幻般的市场增长力，到 2010 年 6 月第四代产品 iPhone 4 发布的时候，市场陷入了疯狂的追捧和销售热潮之中。从此，世界上只有两类手机，一类是苹果手机，一类是其他手机。

在 iPhone 之前，手机仅仅是一种通话工具，而在 iPhone 诞生后，它成了一个"外挂的人类器官"。乔布斯改变了手机的使用功能和场景，继而重新想象了它的商业模式。不夸张地说，如果没有乔布斯，移动互联网的呈现形态不会是今天的模样，也可能不会产生如此巨大的冲击力和渗透力。

2013 年，曾经盘踞全球手机销量第一长达 10 年的诺基亚全面落败，在无奈之下被微软收购，其CEO约玛·奥利拉（Jorma Ollila）在记者招待会上说："我们并没有做错什么，但不知为什么，我们输了。"

乔布斯创造了一种新的企业哲学。他认为，消费者是很难被迎合的，他们应该被引导，企业家需要发明一个东西，再让消费者去适应它。所以苹果所有的产品创新几乎没有一件来自于市场调查，它们都来自于乔布斯的大脑。

未来是不可思议的，它只能由不可思议的人去把它创造出来。

三

为了创作《史蒂夫·乔布斯传》，艾萨克森采访了100多人，包括乔布斯的朋友、同事及敌人。几乎所有回忆乔布斯的人，都对他表示尊重，却很少有人喜欢他。

这是一个很不讨喜的人，甚至可以说是如假包换的"渣男"。他脾气暴躁，特别固执，我行我素，还缺乏同情心。在23岁时，他与女友生下一个女儿，却一直不愿承认，连每月支付500美元的赡养费都是法庭强制执行的。他的女友对艾萨克森说："成功把他变成了一个'魔鬼'，而我就是他残忍的对象。"

乔布斯与同事和部下，很少有关系好的。更糟糕的是，他看不起那些智商比他低的人。他有一句口头禅：一个人，要么是天才，要么是笨蛋。

在所有活着的美国人中，他唯一表示过尊敬的人是鲍勃·迪伦（Bob Dylan），一个得过诺贝尔文学奖的摇滚歌手。但也有人揣测，他之所以讨好鲍勃·迪伦，一方面，是喜欢听他的歌；另外一方面，是想要忽悠这个摇滚歌手，让他的歌在苹果音乐商店里出售。

在互联网行业里，他和比尔·盖茨相识于少年，但关系非常紧张，因为是同龄人，所以有一时瑜亮的关系。

有一个故事是这样的：有一次，乔布斯发现，微软抄袭了他的技术。他开车跑到微软总部，冲进比尔·盖茨的办公室，对他破口大骂。

盖茨等他骂完后，对他说：史蒂夫，你说我是抄你的，但是你的技术是抄人家施乐（Xerox）的。如果我是一个小偷的话，你就是一个强盗。

乔布斯听完以后愣了一下，但是，他紧接着拍桌子说：比尔，你知道吗？我偷施乐，是为了行业的进步；你抄我的，是为了商业利益，所以你是一个小偷。

他就是这样一个"浑球"。

不过话说回来，像乔布斯这样的人，生来就不是让你喜欢的，能跟他生活在同一时代，其实是一件蛮幸运的事——只要你不是他的朋友就可以了。

2010年，即将去世的乔布斯，在苹果的应用商店里看到了一款叫Siri的手机应用，它是一个语音助理工具，能够在线回答你的问题。

乔布斯就从病床上爬起来，找到开发者，进行了3个小时的长谈，随后就把这个团队收购进了苹果公司。

如果你曾在苹果的Siri里问过这样一个问题：如何成为乔布斯？Siri的回答会是：做好你自己。

阅读推荐

企业家的传记类作品，推荐：

《我在通用汽车的岁月》/ 阿尔弗雷德·斯隆 著 / 刘昕 译

《自来水哲学》/ 松下幸之助 著 / 李菁菁 译

《日本制造》/ 盛田昭夫 著 / 周征文 译

《道路与梦想》/ 王石 著

《活法》："敬天爱人"的日本商业哲学

> 我的经营哲学没有任何高招和技巧，只是用心把我的思想传递给他人，到达思想与行为上的共鸣和认可。
>
> ——稻盛和夫

一

在亚洲各民族中，以"蕞尔小岛"立国的日本，具有最极端的民族个性。

因资源匮乏，他们崇尚极简主义，但凡有缝隙般的机会，便倾身而上，绝不惜力。同时，因地震海啸频发，他们对人生充满了幻灭感，如樱花骤开旋谢，所有的意义都在瞬间而已。

这种精神气质投入到商业文明的烈焰中，便是极致和偏执的双重绽放。明治维新开始后，受了大唐上千年"文化恩赐"的日本人"脱亚入欧"绝不犹豫，而二战溃败后，又迅速低头咬牙拼命，仅20余年后，便卷土重来。

从1964年东京奥运会到20世纪80年代，是当代日本的经济飞速发展时期。日本经济总量超过德国，跃居世界第二。在电子制造业，日本公司对美国公司发动了全方位的致命挑战，宛如一场新的太平洋战争。本书所推荐的安迪·格鲁夫和郭士纳的书，都是美日对决的真实记录。与此同时，一代具有鲜明风格的日本企业家集体出现，他们在企业文化、治理制度和竞争策略上都独步天下，构成了一道极具东方特色的风景线。

有好事者,把这一代企业家中的最杰出四位,合称为"经营四圣",他们是松下公司的松下幸之助、索尼公司的盛田昭夫、本田公司的本田宗一郎和京瓷公司的稻盛和夫。其中,稻盛和夫(1932—)年纪最轻,迄今仍活跃于商界。

与松下等其他三位不同的是,稻盛和夫白手起家,独立创建过两家进入了世界500强的公司,更在暮年把第三家世界500强企业——日本航空拉出了巨亏的泥潭,这个纪录举世四望,恐怕无人可破。

▲ 2010年,"经营四圣"中的老幺、78岁的稻盛和夫出任日本航空CEO,当时日航已向法院申请破产。

二

稻盛和夫自称是一个乡巴佬。他出生在海岛,毕业于一所乡村大学,讲话有着浓重的地方口音,在注重门阀出身的日本,是一个很容易被边缘化的"凤凰男"。1959年,27岁的稻盛和夫以借来的500万日元创建京瓷公司,28位员工中有20位是初中毕业生。就是靠着这群极为平凡的普通人,京瓷成长为一家以精密陶瓷技术为核心的高科技材料公司。

在经营管理上,稻盛和夫崇尚"天人合一"的企业哲学,他常常自问,"作为人,何谓正确",通过自我反省,以利他之心,由己推人。

与强调科层管理的西方管理思想不同,稻盛和夫认为"现场有神灵""答案永远在现场",所以,只有把决策权交予"现场"的每一个员工,才可能激发生产的积极性。京瓷以三个人为最小的作业单元,让其自行制定各自的计划,并依靠全体成员的智慧和努力来完成目标。通过这一做法,第一线的每一位员工都能成为主角,主动参与经营,进而实现"全员参与经营"。

稻盛和夫称之为"阿米巴工作法"。阿米巴 (Amoeba) 在拉丁语中是单个原生体的意思,是地球上最古老、最具生命力和延续性的生物体,它能够随外界环境的变化而变化,不断地进行自我调整来适应所面临的生存环境。

阿米巴模式是日本式精益管理的一种极致状态,是价值观一致前提下的充分授权。最近十余年,因信息管理工具的普及,任何一个微小的管理颗粒度都能够即时被量化考核,因此这一模式在制造业和服务业突然爆红。

此外,阿米巴模式还被互联网公司广泛采用,以柔软容错的去中心化组织形态,应对不确定性的随时挑战。

1984年,日本进行通信改革,允许民营企业参与通信产业。当时,国营企业NTT垄断这一产业100余年,日本的大企业都按兵不动,不敢举手响应。作为门外汉的稻盛和夫起而行之,以"动机至善,私心了无"为哲学,创办了DDI公司。后来,这家公司合并了丰田旗下的两家通信公司,组成KDDI,仅以10年时间,便成为日本第二大电信企业，闯入了世界 500 强。

2010 年，国营企业日本航空陷入巨亏困境，在日本政府的征召下，78 岁的稻盛和夫披挂上阵，出任日本航空新会长。通过充分授权、降本增效和大规模的资产剥离，日本航空竟在短短的两年时间里便扭亏为盈，创下令人瞠目的奇迹。

三

稻盛和夫自认是一个愚钝之人，读中学、大学的时候，考试常常不及格，进入职场，也没有在大公司历练熏陶。他的成功仅凭两点——无比的勤勉和"敬天爱人"的信念。

早在 1983 年，稻盛和夫就创办了公益性质的"盛和塾"，以布道之心传播自己的企业哲学，他曾在 15 年内创下演讲 400 场次的纪录。"盛和塾"极盛时，有 1.4 万名企业家学员，在全球十多个国家有 58 个分塾，其中，中国部是最大的海外分塾。

《活法》一书出版于 2004 年。在那个时间点，日本陷入"失去的年代"，公司缺乏活力，社会罹患少子病，一种压抑的空气弥漫于整个国家。在稻盛和夫看来，这仍然是一个"只要肯努力，什么都能得到，什么都能做成"的时代，但是，人们却消极悲观。因此，首要解决的问题，正是要回答"人为什么要活着"。

彼时，稻盛和夫已皈依佛门，并把自己在京瓷和 KDDI 的股份俱转赠给员工。他的这本书几乎没有管理学的名词或公式，也没有引用或自创管理理论、战略模型，倒像是一部悟道者自言自语的随想录，其中充满了励志的文字和故事，读来毫不费力。

活法二字，可以分开来解读：什么是活着，到底有没有现世法。

他在书中讲了一则故事。

修行僧问长老："天堂与地狱，有什么区别？"

长老答："其实看上去也没有什么区别，从外观看可能是一模一样的,唯一不同的一点,就是住在那里的人的心。"

这个对话中,蕴含了稻盛和夫全部的哲学起点:要经营好企业,我们内心一定要具备"为世人为社会尽力"的美好的意识。

2019年年底,87岁的稻盛和夫做出了一个令所有人大吃一惊的决定,他宣布解散正红红火火的"盛和塾"。他不愿意在自己的身后让这个机构成为贩卖成功学的"容器"。

斯人从贫贱中走来,得无穷荣耀与功业,生前即被封圣,最终散尽钱财,亲拆"神坛"。他的书算不得深奥,却如清风过竹林,在不着痕迹间,拂人面、沁人心。

阅读推荐

稻盛和夫著作颇丰,仅《活法》系列就有四部,其他还有:
《干法》/ 稻盛和夫 著 / 曹岫云 译
《阿米巴经营》/ 稻盛和夫 著 / 曹岫云 译
《拯救人类的哲学》/ 稻盛和夫 著 / 曹岫云 译

日本人喜从技艺中悟道,推荐武士宫本武藏、民艺传播人柳宗悦的两部作品:
《五轮书》/ 宫本武藏 著 / 林娟芳 译
《工艺之道》/ 柳宗悦 著 / 徐艺乙 译

对日本式生产管理感兴趣的同学,推荐:
《丰田生产方式》/ 大野耐一 著 / 谢克俭、李颖秋 译

第六部分
谁来讲述中国事

《江村经济》/ 费孝通

《美国与中国》/ 费正清

《大分流》/ 彭慕兰

《万历十五年》/ 黄仁宇

《论中国》/ 亨利·艾尔弗雷德·基辛格

《当代中国经济改革》/ 吴敬琏

《中国的经济制度》/ 张五常

《激荡三十年》/ 吴晓波

《江村经济》：用脚写出来的中国模式

> 乡土社会的信用并不是对契约的重视，而是发生于对一种行为的规矩熟悉到不加思索时的可靠性。
>
> ——费孝通

1939年，29岁的费孝通（1910—2005）出版了英文版的《江村经济》一书，日后它被奉为中国社会学的奠基之作，费孝通还是世界上第一个指出乡村也能发展工业经济的经济学家。

其实现实中并没有"江村"这么一个村庄，它的原型叫开弦弓村，在距离上海约100公里的江苏省吴江县（现吴江市）。

这本书的诱因是一个让人心碎的青春悲剧。

1935年秋天，清华大学社会系学生费孝通与新婚妻子王同惠前往广西大瑶山做瑶寨实地调查，在翻山越岭时，费孝通误入瑶族猎户为捕捉野兽而设的陷阱，王同惠为了救他，独自离去寻援，不慎坠渊身亡。

第二年开春，为了疗伤和平抚丧妻之痛，费孝通来到他姐姐费达生居住的开弦弓村。在这里，他挂着双拐，带着一颗破碎的年轻的心，开始了一次细致的田野调查，《江村经济》就是结出来的成果。

一

苏南的吴县一带自明清以来就是江南蚕织业最发达的地区之一，晚清，欧洲的机织技术引进中国后，这里的纺织工业就开始萌芽，费孝通无意中找到了观察中国乡村工业的最佳试验点。

当时流行的经济观点认为，工业的发展必须集中于城市，乡村最多是原料和劳工的来源地，费孝通则不这样认为。他说："若都市靠了它的技术的方便，代替农村来经营丝业，使本来可以维持生活的农民成了饥民，成了负债的人，结果是农民守不住耕地，都向都市集中。在农村方面，是经济的破产，在都市方面是劳动后备队伍的陡增，影响到都市劳动者的生机……所以，我们想达到的就是把丝业留在农村，使它成为繁荣农村的一种副业。在农村设厂，规模就要受到人口的限制，所以我们寻求最小规模、最大效率的工厂单位。"

费孝通的这种观察超出了同时代的所有人，不独在中国，即便在全球学界也是独步一时，它完全不同于亚当·斯密和李嘉图的大工业设想，而是一种来自于中国的经济思想灵光。事实上，开始于1978年的中国经济大改革，乡镇企业成为"预料之外"的突破口，正是从这里萌芽的。

开弦弓村在1929年1月，就购进了先进的缫丝机，办起了生丝精制运销合作社丝厂，它被认为是现代企业史上第一个农民自己办的丝厂。村里还成立了民间银行性质的信用合作社，费孝通的姐姐、毕业于东京高等蚕丝学校制丝科的费达生正是这一事业的重要倡导者。

这些新事物的出现让费孝通好奇不已。他把开弦弓村当成是"中国工业变迁过程中有代表性的例子，主要变化是工厂代替了家庭手工业系统，并从而产生社会问题"。

而他最终得出的调查结论是这样的："由于家庭工业的衰落，农民只能在改进产品或放弃手工业这两者之间进行选择，改进产品不仅是一个技术问题，也是一个社会再组织的问题……因此，仅仅实行土地改革、减收地租、平均地权并不能最终解决中国的土地问题。最终解决的办法，不在于紧缩农民的开支，而应该增加农民的收入。

因此，让我再重申一遍，恢复农村企业是根本措施。"

二

1938年春，费孝通在英国伦敦政治经济学院完成了他的博士论文，这就是第二年出版的《江村经济》，这本书一直到1986年才被翻译成了中文在中国出版。它被看成是社会学中国学派的代表作，是社会学的研究对象从"异域"转向"本土"，从"原始文化"转向"经济生活"的崭新尝试。

不过，它的经济学意义从未被发现。因为从20世纪40年代到70年代，从来没有一个国家尝试在农村培植自己的工业基础，这是反大工业的，是可笑的。

费孝通一直以来被看成是一个社会学家，他当过中国社会科学院社会学研究所所长和中国社会学会会长，而他的观点在经济学界受到关注是从批判开始的。

1957年，他重返20多年未归的开弦弓村做调研，在那里，他又从田野里拾回了30年前长出来的那个疑惑："农民为什么还是那么穷？"在《重返江村》一文中，他大胆地设问："现在土地制度变了，每个农户都拥有了土地，怎么还是缺粮食呢？"他走村串户，盘账计算，得出的结论是"问题出在副业上"。

他写道："我提出这个主张和当前的趋势是不合的。至少过去几年里，似乎有农业社只搞农业，所以加工性质的生产活动，都要交到其他系统的部门，集中到城镇去做。甚至像砻糠加工这样的事都不准在农业社里进行。在开弦弓村我就看到有个砻谷机，很可以把砻糠加工成为养猪的饲料。但是镇上的砻谷厂不准他们这样做，宁可让村里大批砻糠当燃料烧掉。以蚕茧说，烘茧过程也要划归商业部门去做，结果实在不很妙。但是看来国家遭受损失事小，逾越清规却事大。"

费孝通重申了他在年轻时得出的那个结论："在我们国内有许多轻工业，并不一定要集中到少数都市中去，才能提高技术的。以丝绸而论，我请教过不少专家，他们都承认，一定规模的小工厂，可以制出品质很高的生丝，在经济上打算，把加工业放到原料生产地，有着很多便宜。"

他更大胆地用数据说明乡村工业的倒退："总的看来，副业方面现有的水平是没有二十一年前高了。作一个大约的估计，1936年，副业占农副业总收入的40%多，而1956年，却不到20%。"

在大跃进狂飙即将到来的前夜，这样的观点理所当然地受到了猛烈的批判，费孝通被指责"在副业上大做攻击共产党的文章""反对社会主义工业化"。在随后开展的反右运动中，他被划为著名的大右派，在其后的20年中，凄惨度日，自称"连一张书桌都没有"。

三

1978年，费孝通始得平反。谁也没有料到的是，他在1936年所期望的"农村企业"竟成了日后中国经济改革的突破口。

1981年，费孝通第三次访问开弦弓村，他看到家庭工业开始复苏，家庭副业的收入占到了个人平均总收入的一半，而在吴县一带，乡镇工业遍地开花，甚至跟城里的大工厂争原料、争能源和争市场。

1983年年底，费孝通写出《小城镇再探索》一文，认为"农民充分利用原有的农村生活设施，进镇从事工商业活动，在当前不失为最经济、最有效的办法"。

正是在这篇文章中他第一次提出了"苏南模式"。他写道："从西方工业革命发展的历史经验上看去，苏南的乡镇工业是不伦不类，难以理解的东西，而从中国农村的家庭经济结构上看去，乡镇工业却是顺乎自然的事情……与西方工业革命的历史相对照，草根工业无疑是中国农民的一个了不起的创举。"

1986年，已经是全国政协副主席的费孝通在一篇新闻报道中看到，在浙江南部的温州出现了一种有别于苏南模式的民间工业，76岁高龄的他当即亲赴温州考察。陪同者描述，"费孝通一行在乡镇政府的接待室里听介绍，四周窗子的玻璃是残缺不全的，冷风丝丝吹进，他虽然穿着呢大衣，可清鼻涕仍不由自主地淌下来，双脚也冻得难受，有点坐不住"。不过，在温州看到的景象还是让这个睿智的老人很兴奋。

当时在国内，对温州私人经济的批判和讨伐之声不绝于耳，而开明的费孝通则认为，"用割的办法是不能奏效的，割了还会长出来"。他撰写了长篇调研报告《温州行》，后来又提出了"温州模式"的概念。

苏南模式和温州模式成为中国民营经济最引人瞩目的两大成长模式，竟然都出自费孝通之观察，斯人贡献，以此为大。1990年之前，每逢宏观调控，乡镇企业都成遭受整顿的对象，但费孝通一直是乡镇企业最坚定和大声的捍卫者。

四

费孝通长寿，逝于2005年，晚年名满天下。他年轻时英俊清瘦，

▲ 费老年轻时英俊清瘦，入中年后则胖硕开朗。

入中年后则胖硕开朗，能写一手好律诗，做起学术文章来却是妇孺能懂，举重若轻。

我曾在1997年访问过费老，面对后辈小生，他不厌其烦，耐心以对，反复说的一句话正是，"农民和农村的问题解决了，中国的问题就解决了"。日后，每当谈论农村问题，我总是会不由自主地自问："费老会怎么看这个问题呢？"

遥想1936年的那个开春，当青年费孝通拄着拐杖，好奇地走进开弦弓村的那一天起，他就是一个小心翼翼的改良主义者，在他看来，"社会是多么灵巧的一个组织，哪里经得起硬手硬脚的尝试？如果一般人民的知识不足以维持一种新制度时，这种制度迟早会蜕形的"。

阅读推荐

中国有不少学者在三农（农村、农民、农业）问题上，以实为证，颇有见地。在这里推荐两位，一位是曾经在长白山当过猎人的经济学家周其仁，另一位是被誉为"用脚做学问的学者"温铁军：

《城乡中国》/ 周其仁 著

《三农问题与世纪反思》/ 温铁军 著

《美国与中国》：费正清的眼睛

> 每一代人，都学会了他们要扮演的最后角色，无非是当下一代人，进门前用脚踩踏一下的垫子，这是值得，也是应尽的一种义务。
>
> ——费正清

1932年1月20日，瘦瘦高高、25岁的哈佛大学研究生费正清（John King Fairbank，1907—1991）乘汽轮到了上海吴淞口码头。他原本打算在这里与新娘费慰梅（Wilma Canon Fairbank）举办一场东方式的婚礼，谁知道一周后爆发了"一·二八"战事，他仓皇逃到北平，婚礼的规模要比他预想中的小但充满了更多的神秘气氛。

他在日记中记载道："我带着新娘沿着皇宫的路回家，乘车穿过宫殿的大门，黄昏时抵达我们居住的胡同。在烛光下，我们甜美而亲密地吃西餐，屋外传来中国人举办婚礼的笛声和铜锣声。"

就在这样的文化交错中，费正清开始了他命中注定的"中国式人生"。

一

新婚后的费正清在中国断断续续待了7年。他去了许多地方，结识了很多一流的中国学者，他最喜欢的朋友是梁启超的公子梁思成和他美丽无比的妻子林徽因。与美国著名记者埃德加·斯诺（Edgar Snow）和政治家司徒雷登（John Leighton Stuart）不同，学究气很重的费正清不喜欢轻易地"站边",他只想用自己的眼睛来看中国。一开始他对中国的未来充满了悲观和怀疑,他甚至认为,如果日本扩大侵略,"农民将会默默地欢迎他们,因为农民的处境不会比现在更坏"。但是,4年后,他渐渐改变了这些观点。

在抗战的相当长时间里,他主持美国国务院的北京新闻处工作,向罗斯福总统汇报中国动态并提出建议是他最重要的工作。从后来公开的信函中可以看出,费正清一直在梳理自己对中国的观察。在一开始,他认为中国是美国价值观与其他价值观冲突的战场,因而文化上的改造是最重要的课题。几年后,他意识到科学与民主的推广似乎更为迫切。当他接触到一些左翼人士后,他又认为那些能够解决土地和农民问题的、受过西方知识分子教育的中国人才应该是未来的领导者。

这都是一些交错在一起的问题,它们从20世纪初就开始呈现在所有关心中国问题的人的眼前,100年来,交织往返、缠缠绵绵,以一种混沌的姿态向前寸进。费正清用一双外人的眼睛,时而看得

▲ 历史在费正清的双眼里,似乎没有悬念而只有必经的轮回。

清楚，时而看得模糊，不过由于没有掺杂过多的情感因素，比绝大多数的中国人要真实一点。

二

1948年，费正清出版了《美国与中国》（*The United States and China*），自此他被公认为第一流的中国问题专家，他此后的生命便一直站在美国与中国这个接触点上，左顾右盼。他的观点越来越趋于务实。

他是最早主张美国政府与中华人民共和国建交的知名人士。越战一结束，他就建议美国政府通过旅游业与中国接触，并力主取消贸易禁运。他说："意识形态上的偏执，正在损害美国和中国的利益。"即便是在学术方面，他也越来越趋于方法论上的讨论。

罗德里克·麦克法夸尔（Roderick MacFarquhar）在1973年匆匆出版了《"文化大革命"的起源·第一卷》，他在第一时间把书稿投寄给费正清，希望得到这位最权威的中国问题专家的指教。费正清十分喜欢这个极具天分、对中国问题入迷却从来没有到过中国的青年人，他把麦克法夸尔调进了哈佛大学的费正清研究中心，并在最后让他接替自己当上了中心的主任。不过他对后者有过一个很有趣的忠告，他告诉麦克法夸尔："在中国的黄河上逆流行舟，你往往看到的是曲弯前行的船，而没有注意到那些在岸边拉纤的人们。"也就是说，你必须站得更高更远，才能看清事实的全部。

晚年的费正清坚信："中国和美国可能处在两条终将相会的道路上，因为我们都在致力于各自的现代化。"

他在1987年出版的《观察中国》（*China Watch*）中写道："邓小平近几年推行的务实主义，不是使人联想到毛泽东，而是使人联想到约翰·杜威于1919年对中国进行的讲学以及当时'五四运动'胡适派的改良主义观点。"这种长跨度的、戏剧性的历史衍续在费正清的眼中似乎从来没有断裂过。

在另一篇文章中，他告诉人们："中国可能选择的道路，各种事件必须流经的渠道，比我们能够轻易想象到的更窄。"他之所以说更"窄"，而不是说"更多"或"更广"，确乎有他自己的判断。作为一位高龄的历史学家，他似乎从经验与观察中看到了历史的某种必然性，否则不会这样写。

费正清致力于中国问题研究长达60年，直到1991年去世。他被公认是西方思想界的"头号中国通"，甚至是一个"皮美骨中"的西方人。他创建了哈佛大学的东亚研究中心，这个机构到今天还是欧美最重要的中国问题研究重镇，他主编的《剑桥中国史》（*The Cambridge History of China*）前后创作时间长达25年，聚集了世界各地12个国家的100多位中国问题研究专家撰稿，展示了国外对中国史研究的最高水准。1991年9月12日，他把刚刚完成的书稿交给哈佛大学出版社，两天后去世。

三

费正清喜欢用一种俯瞰的视角观察中国，在成名作《美国与中国》的开篇第一段他就如此写道："中国人民生活的根本问题，常常可以从空中一眼看出：受到侵蚀的棕黄色丘陵、浑浊江河泛滥的平原、小块小块的绿色田地，以及攒聚在一起形成村落的简陋茅屋、错综如网状的银白色水稻梯田和水路，是无数世代折断腰背苦力劳动的见证——这一切都是由于太多的人，过分密集在太少的土地上，从而使人们为了维持生命，耗竭了土地资源以及人的智慧和耐力。"

费正清的眼睛肯定还在天上望着中国，他看见这个曾经衰老的东方国家正以让美国人陌生的方式崛起，他看到中国货潮水般涌向全世界并开始遭遇抵制，他看到东亚格局正在朝新的方向演变而美国在寻找更均势的平衡机制。

如果他回到 25 岁时登陆的上海吴淞口，他会看到那些消失了半个世纪的外国银行又纷纷搬回原来的大楼，而他回到迎娶费慰梅的西总布胡同，还会看到黄昏下新的婚礼正在举办，新人一边吃西餐一边听屋外悠扬的笛声和喧嚣的铜锣声。

历史在这样的一双眼睛里，似乎没有悬念而只有必经的轮回。

阅读推荐

以脚行走当代中国的外国作家，推荐何伟（彼得·海斯勒，Peter Hessler）的三部曲：

《寻路中国》/ 彼得·海斯勒 著 / 李雪顺 译

《江城》/ 彼得·海斯勒 著 / 李雪顺 译

《甲骨文》/ 彼得·海斯勒 著 / 卢秋莹 译

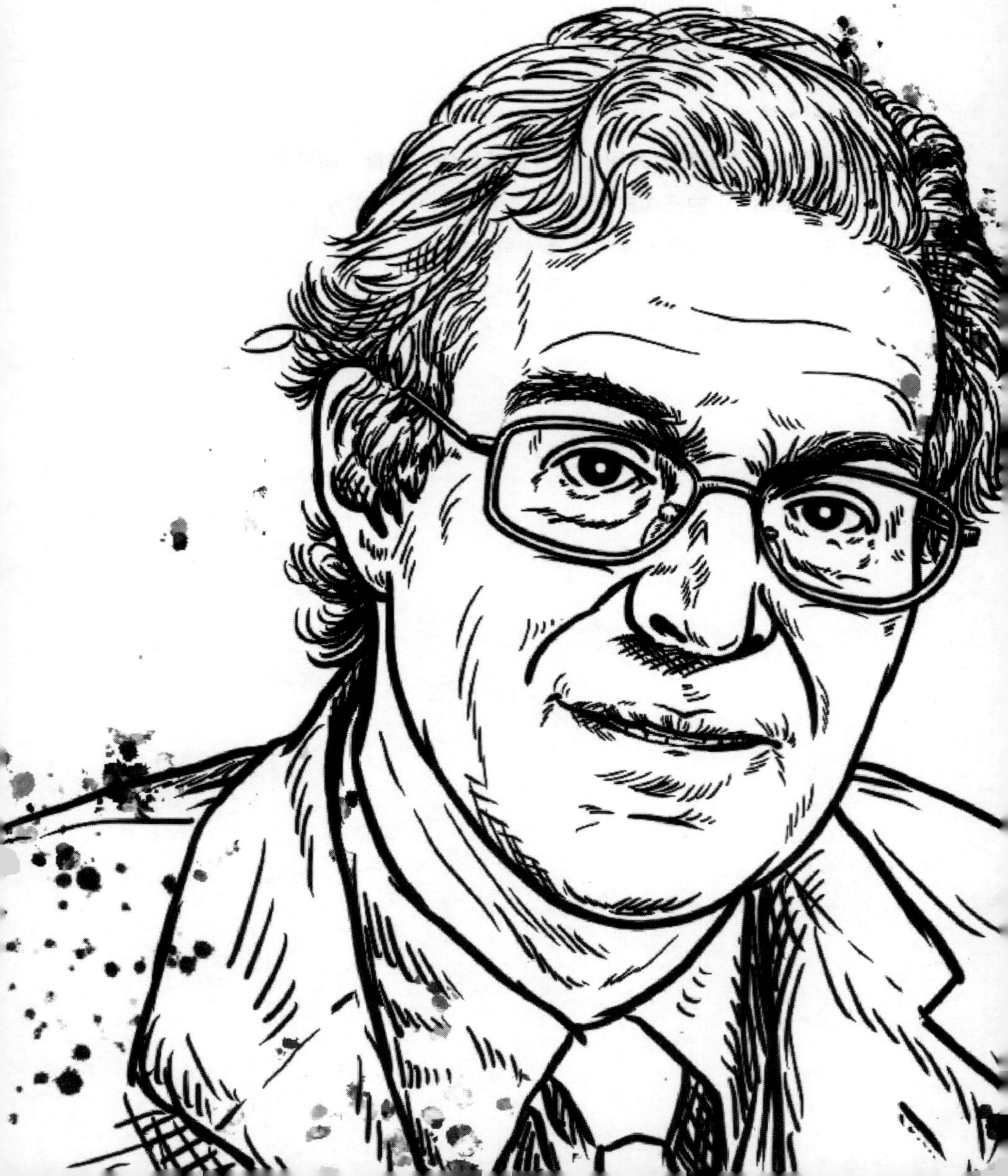

Kenneth Pomeranz

彭慕兰:喜欢"反问"的历史学家

他的反问有趣而引人入胜,
以问题为导向,重组历史的碎片。

《大分流》：如果世界结束于 1820 年

> 关于中国，到现在为止，我们仍然缺少词汇可以充分描述在至关重要的方面与西方经历不同，但仍然指向同样的"现代"社会的那些变革。
>
> ——彭慕兰

如果世界结束于 1820 年，那将是一番怎样的格局？

彭慕兰（Kenneth Pomeranz, 1958—　）的答案是：为此前的 300 年写一部全球经济史，它的主体就会是东亚的奇迹——人口迅速增长，生活水平有节制但稳定地提高。结尾的简短的一章，可能提到遥远的大西洋沿海有相当少量的人口似乎享有甚至更快的人均增长率——尽管或许不是太快。

而在那个时候，第一次全球化运动已悄然开始。当法国国王举杯喝咖啡的时候，他手中的瓷杯是中国制造的，咖啡来自巴西，所加的糖则产自非洲，如果再来上一块巧克力，则来自中南美洲或东南亚的雨林，而这些商品的交易，使用的是墨西哥出产的银币，由西班牙人铸造。

安格斯·麦迪森（Angus Maddison）在数据上支持了上面的描述：从 1700 年到 1820 年，中国的人口从 1.38 亿增长到 3.81 亿，增长速度几乎是欧洲的 2 倍、日本的 8 倍，GDP 增速快于欧洲，经济总量占全球经济的 1/3。

那么，为什么到了 1820 年之后，是欧洲而不是中国或其他国家，成了世界的中心？

彭慕兰是美国加州大学尔湾分校的历史学教授，授业于史景迁①。他在2000年提出了"大分流"的概念，成为有别于欧洲中心论和费正清的"冲击—反应"模式的一种新解释。

一

作为一位比费正清年轻51岁的历史学家，彭慕兰必须从前辈的镜子后面去寻找真相。他在《大分流》（*The Great Divergence*）一书中提出了一个古怪的问题：同样是棉纺织中心，欧洲的英格兰为什么没有发展成中国的江南？

在18世纪，中国和欧洲最大的工业部门都是纺织业，在1750年前后，长江下游的江浙地区，纺织业者的人均生产棉布数量等于甚至超过了欧洲最发达的英格兰，两个地区在生活水准、平均寿命、商业化和劳动分工程度等方面，都没有实质差别。接下来之所以会出现"大分流"，彭慕兰分析了制度和资源两方面的原因。

在制度上，中国的男耕女织模式，使得劳动力的投入成本几乎为零，而反对人口流动的帝国政策，则让新的生产力创新缺乏必要性，因此形成了所谓的"内卷性经济"，或用中国学者金观涛的话说，构成了一个"超稳定结构"。

在资源上，英格兰唯一的一个优势是煤，作为矿物质燃料，煤成为工业革命的新能源。但彭慕兰强调的并不是煤的使用或煤的产量，而是英国煤矿的地理位置及地质状况。

彭慕兰认为英国煤矿位于经济发达的核心地区，运输费用低廉，煤可以被大量推广。而中国当时的煤矿分布于山西，距江南经济发展核心区较远。另一方面，英国煤矿含水量大，开采时需不断抽水，促进了蒸汽机的发明。中国山西的煤矿则相反，地下相当干燥，经

---

① 又名乔纳森·斯宾塞（Jonathan Spence），美国当代著名的中国史研究专家。

常遇到的问题是煤层自燃,只需要改进通风技术就能解决这一问题。因此,即使中国的煤矿能够有大发展,这种通风技术也不能产生像蒸汽机那样革命性的科技发明。

彭慕兰甚至考据认为,中国人很久以来就知道蒸汽机所用的基本科学原理,并且掌握了一种与瓦特的发明十分相似的双重运动的活塞/圆筒体系。所以,"用严格的技术眼光来看,这一工业革命的中心技术也可以在欧洲以外的地方发展"。

由此,彭慕兰提出了一种类似于"地理决定论"的结论。

二

大凡历史学家有两种,一是通过考据发现历史,一是通过演绎解读历史,彭慕兰显然属于后者。关于中国工商史,有很多待解之题:我们发明了火药、指南针和造纸术,在春秋时期就提出了"士农工商"分工理论,元宋发明了纸钞,明初出现了最早的股份制公司,可是为什么这些发明和制度创新,都没有让中国走向资本主义?

彭慕兰在《大分流》中认为,中华帝国的经济政策从来不是为了发展经济,而是出于稳固政权和避免阶层矛盾的目的,而在欧洲,各国的政权不是能靠稳定维持的,而必须依赖于竞争和扩张,18世纪之后,新大陆的发现,是"大分流"出现的根本性原因之一。

彭慕兰提出了一个与众不同的观点,他认为,新大陆殖民地的作用主要不在于以前学术界常常提到的资本积累、工业品市场、廉价的资源和农奴劳动等,而是新大陆提供了丰富的土地集约产品——首先是棉花,然后是木材和谷物等——解除了西欧受到的生态制约,从而使工业革命能够迅猛发展,令西欧与世界其他部分发生了巨大的分流。

与此同时,很多制度创新应用则又与全球化扩张有关。比如股份制公司,在工业革命初期,一般的工商企业并不需要规模很大的资本，所以股份制公司对工业革命并不是必要的。但是，随着海外市场的扩张，股份制公司对风险的抗衡效应就被彻底激活了，继而，出现了以股权交易为核心的现代资本市场和契约规则。

三

跟他的老师史景迁一样，彭慕兰从来都是在书籍、论文和影印资料里去解读中国。所以，这一类学者所提供的中国图景，既充满了细节和数据，又十分抽象。

大分流理论的提出，正值21世纪之始，中国加入世界贸易组织（WTO），崛起为全球经济的新势力，中国与西方的关系再度成为焦点。彭慕兰等人被称为加州学派[①]，他们反对欧洲中心论，倡导从地理、资源和技术变革的角度重新解释历史。在他们看来，中国自身的演变逻辑大于所有的外部冲击，在这个意义上，1500年或1840年，都并没有那么重要，历史的合理性永远大于所谓的必然性。

彭慕兰的同事王国斌在《转变的中国：历史变迁与欧洲经验的局限》一书中，主张创立新的关于中国的"国家形成说"。他提出了两种分析方法，一是从欧洲的角度来评价中国的国家形成，二是根据中国的经验来评价欧洲，"通过这种方法把比较中的主体与客体的地位进行转换"。

加州学派有很多的拥趸，尤其在中国，因为他们间接地论证了中国特色的历史性存在，尽管他们无力完成对此的理论建构，却开拓出了新的论述空间。同时，也有不少激烈的反对者，他们认为大分流理论很容易导向于"历史的虚无"，模糊了人类文明进步的共同价值观。

彭慕兰是一个喜欢"反问"的学者，他反问"为什么英格兰没

---

① 加州学派是以研究中国经济史为主，并积极运用新经济史学研究方法的一个新兴学派。

有成为江南",反问"全球化不是什么",反问"为什么是致瘾性食品——茶叶、鸦片、咖啡,而不是粮食,成为全球贸易的头等交易品?"

这些反问是那么有趣而引人入胜,它们以问题为导向,把历史的碎片重新组装搭建。也许应该说,彭慕兰是一个喜欢玩乐高游戏的历史学家。

阅读推荐

关于中国转型的历史研究,推荐:

《中国经济的长期表现》/安格斯·麦迪森 著/伍晓鹰 等译

《转变的中国:历史变迁与欧洲经验的局限》/王国斌 著/李伯重、连玲玲 译

《讲述中国历史》/魏斐德 著/梁禾 译

《万历十五年》：一位少校军官的"大历史"

> 当一个人口众多的国家，各人行动全凭儒家简单粗浅而又无法固定的原则所限制，而法律又缺乏创造性，则其社会发展的程度，必然受到限制。
>
> ——黄仁宇

"公元1587年，在中国为明万历十五年，论干支则为丁亥，属猪。当日四海升平，全年并无大事可叙……在历史上，万历十五年实为平平淡淡的一年。"

在当代历史学者所写的浩如烟海的书籍中，这可能最著名的一个开场白了。读者在开卷的第一刻就被作者带进了一个悬念：既然这一年"无大事可叙"，又实为平平淡淡，那么，你为什么要用一部书的篇幅去写作它呢？

而扑朔迷离的疑问背后，却又浮出了作者无比的雄心：你即便在大海的任何一个角落勺起一杯水，我都能告诉你整个大海的秘密。

《万历十五年》（*1587, A Year of No Significance: The Ming Dynasty in Decline*），作者黄仁宇（1918—2000），在过去的20年里，它一直是全国书店销量排名第一的历史类书籍。在这本不厚的图书里，难以计数的青年人第一次找到了阅读中国历史的乐趣。

一

黄仁宇不是学历史出身的，他就读的学校是黄埔军校成都分校，在炮火弥漫的 20 世纪 40 年代，他在国民党军队当排长、代理连长，先是与日本人战，再与共产党军队战，获过陆海空军一等奖章，最高的军衔是少校参谋。

1949 年后，黄仁宇仓皇逃到美国，在餐厅洗碗碟，在堆栈做小工，为了谋生，意外闯入历史学界。他的老师是比他小 12 岁的余英时，博士论文做的是明朝的漕运与财税政策。因半路出家，他不被小小的海外中国史学圈所待见，惶惶任教于一些三流的美国大学，如果没有《万历十五年》，他早已寂于芸芸众生。

也正因为可怜的边缘化状态，反倒让黄仁宇全然没有了"学术缰绳"的约束，他的写作挣脱了所谓的"学院圈格"，自成一派，肆意汪洋。在成名后，他有点得意地写道："不时有人说及，黄仁宇著书缺乏历史的严肃性，他们没有想到，我经过一段时间奋斗才摒除了所谓严肃性。"

《万历十五年》共七章，其实是几个人物特写，分别是一个皇帝（万历）、两个首辅（申时行和张居正）、一个清官（海瑞）、一个将军（戚继光）和一个文人（李贽），描述他们在万历十五年前后的行迹。在开篇处，黄仁宇有意无意地给出了一个全球化的视角："1587 年，在西欧历史上为西班牙舰队全部出动征英的前一年。"

帝国"无大事可叙"，暗合的是一种无进无退、休眠般的"超稳定结构"。在地理大发现和文艺复兴运动已经到来的时刻，地球上人口最多、经济体量最大的帝国却毫无进步的生机可言。黄仁宇以细腻的笔触呈现了种种的细节，从庙堂上的钩心斗角、后宫里的杯水波澜，到礼教的口水争执及沿海边境的剿寇行动，历史如舞台，定格于一时，各色人物隆重登场，无比地热闹，却又寂寥得令人心慌。

陈从周说，最好的园林应当"疏可跑马，密不容针"，黄仁宇的历史写作近乎矣。

二

黄仁宇给自己的历史观起了一个新名词，叫"大历史观"。迄今，这个名词如同"围城"，史学界的人大多嗤之以鼻，而圈外的历史爱好者们却似乎津津乐道。

"大历史观"的所谓"大"，有两层含义。

一是今人对古人的合理化解读。

陈寅恪在为冯友兰的《中国哲学史》写审查报告时曾提及："凡著中国古代哲学史者，其对于古人之学说，应具了解之同情，方可下笔。"钱穆把陈先生的观点更提炼为"温情之敬意，同情之理解"。在西方史界也有类似的观点，经济史学家熊彼特便认为："历史学家铺陈往事，最重要的任务，是把今人的立场解释得合理化。"

黄仁宇自己的解释是："不斤斤计较书中人物短时片面的贤愚得失，其重点在将这些事迹与我们今日的处境互相印证。"

另一层含义是当代制度视野下的历史剖析。

黄仁宇把中国传统社会的结构形容为"潜水艇夹肉面包"。上面是一块长面包，大而无当，此乃文官集团，下面也是一块长面包，也没有有效的组织，此乃成千上万的农民，中间则是三个基本组织原则，是为尊卑、男女、老幼，没有一个涉及经济、法治和人权。

这样的一块"潜水艇夹肉面包"，以中央集权为特征，技术不能展开，财政无法核实，军备只能以效能最低的因素为标准。万历

▲ 黄仁宇有着无比的雄心：在大海的任何一个角落勺起一杯水，他都能告诉你整个大海的秘密。

十五年是一块这样的面包，此前一千年亦是，此后253年遭遇鸦片战争的清帝国亦是，而黄仁宇亲历的中华民国竟也同样如是。

在这样的描述中，稍有心机的读者大抵能品出作者的苦心了：一个当代的中国人，我们应如何在自己的身上，扬弃这块千年不变的"潜水艇夹肉面包"？

三

作为一个经历了战乱的历史学者，黄仁宇对中国现代化的多难与曲折，自有无从掩饰的切肤之痛。他所关心的万历十五年，是当代中国的前世来路，若要解开那袭爬满虱子的华袍，必须从"制度"的纽扣上下手。

黄仁宇的博士论文治的是财税史，他惊奇地发现，偌大帝国的治理，无论是救灾还是征战，均没有数目字的管理："中国两千年来，以道德代替法制，至明代而极，这就是一切问题的症结。"

中国是全世界最早进行职业分工的国家，早在公元前7世纪就有了"士农工商，四民分业"，可是却在私人产权的认定上，掉进了"道德的陷阱"。

"地方官所关心的是他们的考核，而考核的主要标准乃是田赋之能否按时如额缴纳，社会秩序之能否清平安定。扶植私人商业的发展，则照例不在他们的职责范围之内。何况商业的发展，如照资本主义的产权法，必须承认私人财产的绝对性。这绝对性超过传统的道德观念，就这一点，即与'四书'所倡导的宗旨相悖。"

正是在美国那间局促的书房里，幽夜微烛之下，前少校军官黄仁宇从僵硬的中国历史身躯中取出一小段，在现代的显微镜下细致观摩。他眼中含的泪，掌里握的恨，笔下滴的血，若非本国人，恐难体会。

阅读推荐

以人物管窥时代、充满阅读的趣味，值得推荐的是英国汉学家史景迁的系列作品，如：

《王氏之死》/ 史景迁 著 / 李孝恺 译

《曹寅与康熙》/ 史景迁 著 / 温洽溢 译

《胡若望的困惑之旅》/ 史景迁 著 / 吕玉新 译

《利玛窦的记忆宫殿》/ 史景迁 著 / 章可 译

《太平天国》/ 史景迁 著 / 朱庆葆 等译

此外，还推荐许倬云的两部作品：

《万古江河》/ 许倬云 著

《从历史看人物》/ 许倬云 著

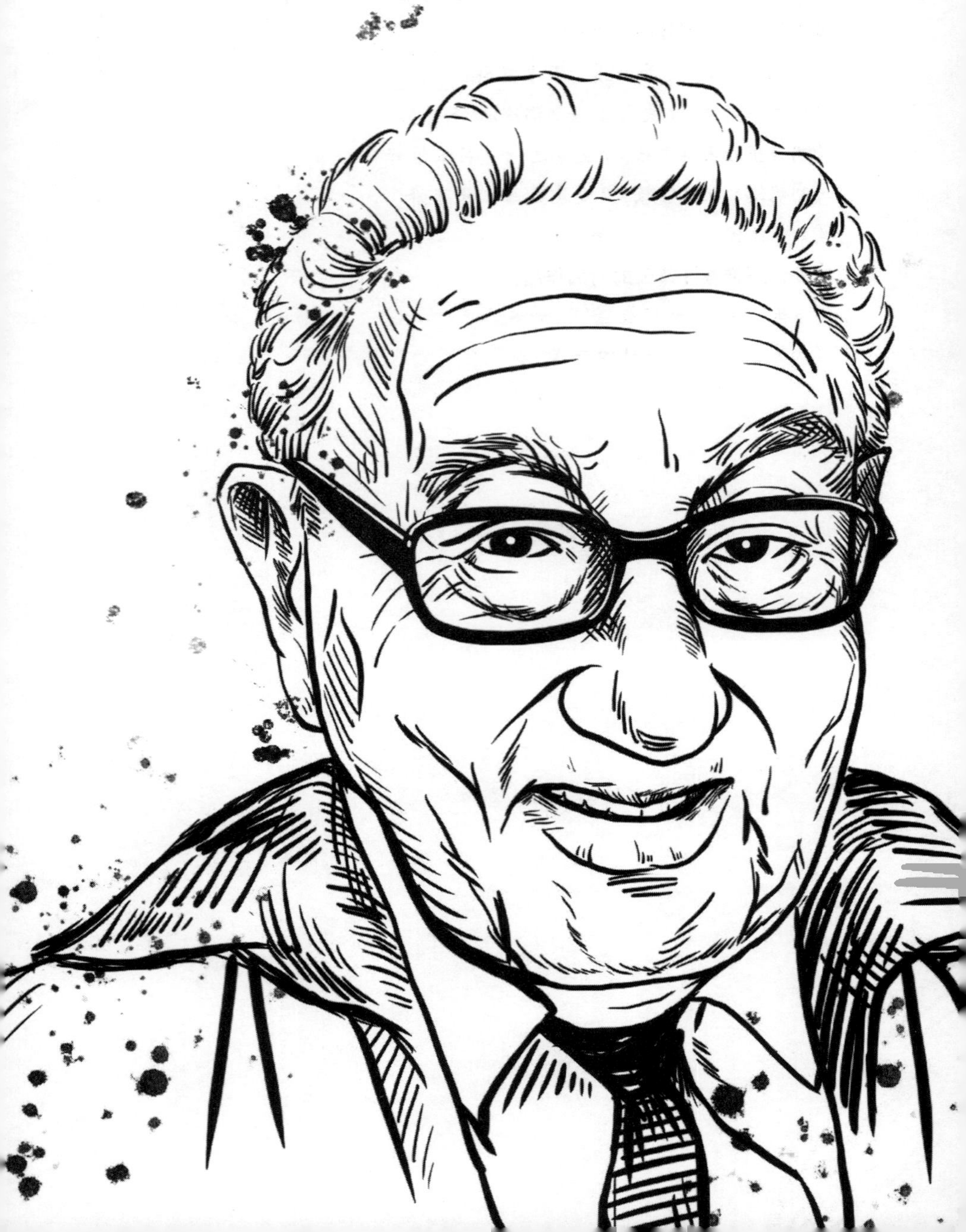

Henry Alfred Kissinger

亨利·艾尔弗雷德·基辛格：
一位访华85次的政治家

秘访中国49小时，胖了5磅回去了。

《论中国》：一位 85 次访华的政治家

> 虽然中国历经劫难，有时政治衰微长达数百年之久，但中国传统的宇宙观始终没有泯灭。即使在贫弱分裂时期，它的中心地位仍然是检验地区合法性的试金石。
>
> ——亨利·艾尔弗雷德·基辛格

1971 年 7 月 9 日的中午，闷热而多云。在安静的北京南苑军用机场，一架飞机悄然降落，48 岁的美国总统国家安全事务助理基辛格轻盈地走出机舱。两小时后，他与周恩来总理在钓鱼台国宾馆见面，他们握手的照片，被定格为历史。

20 世纪 70 年代初，冷战已经持续 20 多年，美国陷入越战泥潭，中国与苏联的关系也降到冰点，美国必须在微妙而危险的三角关系中做出新的抉择。

基辛格（1923— ）是一个德国后裔，15 岁移居美国，1944 年，以美军二等兵的身份重返故土作战。战后，基辛格就读于哈佛大学，获哲学博士学位。1968 年年底，理查德·米尔豪斯·尼克松（Richard Milhous Nixon）当选美国总统，基辛格进入白宫，成为其最亲密的政治伙伴。

他是一个充满了争议的、当世最著名的政治外交家，有人认为他是一个现实的马基雅维利主义者，也有人认为他是一个无可救药的理想主义者。

一

第一个建议基辛格做出与中国和解决定的人，是老"中国通"费正清。

费正清回忆说："在1967年或是1968年的某一天，我在从纽约到波士顿的东行列车上偶然遇见基辛格，我们谈论了如何恢复中美关系问题。我绕着弯儿说，毛泽东是能够接见任何外国元首访华的，尽管他自己几乎不出国访问。我送给基辛格一本我写的单行本《中国人心目中的世界秩序》。"基辛格在后来的回忆录中称，"那次列车谈话改变了历史"。

▲ 如果做个统计，基辛格待在这间国务卿办公室的时间，可能还不如他在中国的时间多。

就在尼克松当选总统的一个多月后，费正清等人联署给白宫写了一份秘密的备忘录，"第一个建议是总统应该选择他最适当的助手去中国，跟中国的领导人有秘密交流、谈话"。

1971年7月，基辛格以去巴基斯坦度假为名，突然转道秘访中国。他在北京待了两天零一个小时，其间，与周恩来进行了17小时的会谈，他称之为"两个政治哲学教授的对话"。他还参观了故宫，品尝了中国的美食，《时代周刊》戏称，"凡是眼睛管用点的人都能看出来，基辛格博士从中国回来胖了5磅"。

7月15日，尼克松总统在电视上公布了基辛格访华的消息，宣读了中美公报。这一新闻当即震惊世界，一位美国电视台的著名评论员在镜头前哑口无言长达10秒钟。

历史的轨道也许有必然的方向，但是它在何处、何时及以怎样的方式拐弯，却自有它的戏剧性。尼克松与基辛格、毛泽东与周恩来，这两对政治伙伴出其不意地改变了两国关系，进而深刻地影响了后来半个多世纪的世界走向。

二

你很难用善意或恶意去揣测一位政治家的观点和行动，它们都是出于各自的价值、知识体系，并烙有强烈的历史当下性和国家利益诉求。

基辛格是一个苏秦、张仪式的人物。在他看来，"国际环境之所以混乱无序，是因为不存在一个可以确保世界安全的世界政府"。据此，他有一个广为人知的论点："谁控制了石油，谁就控制了所有国家；谁控制了粮食，谁就控制了人类；谁掌握了货币发行权，谁就掌握了世界。"

当世几乎所有重要的西方政治学家，从萨缪尔·亨廷顿、基辛格、福山到尼尔·弗格森，都认为世界的稳定需要一个超级帝国。这个帝国可以在任何时间对地球上的任何国家发动战争——无论是军事的还是经济的，并有绝对的把握获胜。

作为美国政治家，他对中国的友好及好奇，完全出于美国称霸战略的思考。他于1972年访华及推动中美关系正常化，更多是出于遏制苏联的冷战需要，而之后推动美国公司的对华投资，则是制造业全球化的必然选择。

他对中国式的统治的观察，与费正清十分相近。他写道："中国以允许通商为诱饵，加上高超的政治手腕，笼络邻国人民遵守以中国为中心的准则，同时制造一种皇帝威严的印象，以抑制潜在的入侵者试探中国的实力。"

基辛格在 2011 年出版《论中国》（*On China*）。在这部厚厚的著作中，基辛格对费正清的"冲击—反应"模式进行了微妙的修正，提出了"例外论"。

基辛格认为，中国是一个中央帝国，中国人的世界秩序观来自中国文明，来自中国文明中心论，并且始终受其支配和型塑，从未断绝。因此在他看来，一百年前美国的崛起对于大英帝国而言，是一次例外，而本次的中国崛起，对于美国而言，也是一次例外。

事实上，这种新的"例外论"并不仅仅出现于政治家的观察中。诺贝尔经济学奖得主罗纳德·科斯在《变革中国》（*How China Became Capitalist*）一书中也明确地认为，中国近数十年的经济崛起运动，超出了经典的西方经济学理论框架，是一次"人类行为的意外后果"。

"例外"，不仅意味着理论和价值观上的陌生，更带有强烈的不可预测的不确定性。当这种"例外"催生出一个庞然大物的时候，你可以想象得出观察者们的不安。

在基辛格的著作中，他既为自己的过往努力而骄傲，同时也有着美国式的深深担忧——"均势至少受到两方面的挑战：一是某一大国的实力强大到足以称霸的水平；二是从前的二流国家想跻身列强行列，从而导致其他大国采取一系列应对措施，直到达成新的平衡或爆发一场全面战争。"

三

基辛格于 1973 年获得诺贝尔和平奖，表彰他在越战结束上的贡献。他至少 15 次成为《时代周刊》的封面人物，有人视之为"超人"，也有人戏称他是"白宫地下室掌门人"。在过往的很多年里，他在世界政坛是一个传奇般的存在，并且因为长寿，而遭遇了更多的质疑与攻击。

早在 2012 年和 2015 年,美国最好的传记作家沃尔特·艾萨克森——也就是《史蒂夫·乔布斯传》的作者——和新锐历史学家尼尔·弗格森分别写了厚厚的《基辛格传》,但是,传记主人公似乎仍然不肯让他的故事走向终点。

2016 年,特朗普当选美国总统,中美关系迅速走向对立,贸易战一触即发。特朗普的政治顾问史蒂夫·班农(Steve Bannon)——他从来没有踏足过中国——曾两次与基辛格单独交谈:"我虽然敬重基辛格,并已阅读其所有著作,但仍倾向与中国对抗。"

在之后的几年里,基辛格多次访华,2018 年的 11 月,他已经 95 岁,第 85 次踏足北京,这恐怕是一个很难被超越的纪录了。中国的几位最高领导人分别与他进行了交流。王岐山跟他会见时,特意拿过一个丝绣的靠垫,希望他在坚硬的中式沙发上坐得舒服一些。

基辛格一再警告,中美双方若产生重大冲突,就会摧毁当前的世界秩序。不过,他也清晰地意识到,世界已经不再是 1971 年夏天的那个面貌了,"却顾所来径,苍苍横翠微"——"中国与美国的关系,再也回不到从前了。"

阅读推荐

基辛格最重要的政治类著作是:

《大外交》/ 亨利·基辛格 著 / 顾淑馨、林添贵 译

关于他的传记,推荐:

《基辛格:大国博弈的背后》/ 沃尔特·艾萨克森 著 / 刘汉生 等译

《基辛格:理想主义者》/ 尼尔·弗格森 著 / 陈毅平 译

《当代中国经济改革》：中国正在过大关

> 社会存在的种种矛盾，尤其是与经济问题相关的不公事实，根源在于改革不彻底，而非改革本身。
>
> ——吴敬琏

1974年10月，当时中国最重要的思想家顾准得悉自己得了癌症。那时"文革"浩劫还没有任何终结的迹象，在秋风萧瑟中，顾准把44岁的"干校棚友"吴敬琏（1930—　）叫到病房，他对吴说："我将不久于人世，而且过不了多久就会因为气管堵塞说不出话来，所以要趁说得出话的时候与你作一次长谈，以后你就不用来了。"

在这次临终长谈中，顾准认为中国的"神武景气"[①]是一定会到来的，什么时候到来不知道，但是，一定会到来。所以，他用最后的一点气力送给吴敬琏四个字："待机守时"。

两个月后，顾准去世，吴敬琏和一位护士亲手把他推进了阴冷的太平间。很多年后，吴敬琏回忆说："我在回家的路上就是觉得特别特别冷，觉得那是一个冰冷的世界，顾准就像是一点点温暖的光亮，但是他走了，但是，我想，他还是给我们留下了光亮……"

这是一个极富隐喻性的场景，充满了绝望、无助以及对未来微弱的想往。

但它又是历史隧道即将迎来光亮的前夕。就在顾准去世的4年后，中国启动了激荡壮阔的改革开放。这个时候，"待机守时"的吴敬琏已经48岁了。

[①] 神武景气：指日本1955—1957年的经济复苏现象。——编者注

一

吴敬琏的人生，与中国现代化的跌宕起伏有极大的同频性。

他出生于一个公共知识分子家庭，母亲邓季惺是民国时期最大民营报业集团《新民报》的发行人。1950年1月，吴敬琏入读南京金陵大学经济系（后并入上海复旦大学），毕业后进入中国社科院经济研究所。

经济所是中国经济决策的最高智库之一，年轻的吴敬琏在这里追随孙冶方、顾准和于光远等前辈，参与了《社会主义经济论》《政治经济学》等重大学术课题的创作。"文革"爆发后，他被下放河南省息县的"五七干校"，经历了一段苦闷的劳动改造。

1976年，"四人帮"被打倒，吴敬琏随于光远等人策划召开按劳分配学术讨论会，展开了经济改革的第一次学术大讨论，他发表多篇论文，崭露头角。1979年1月，他发长文批评"大寨经验"，表现出了极大的学术勇气。

▲ 从外表上看，吴敬琏绝对不是一个好胜喜争的人，但是他几乎参与了新中国成立之后所有的经济政策大争论。

1983年，吴敬琏赴耶鲁大学深造，在那里，完整地接受了现代经济学的训练。归国之后，他活跃于学界，成为中生代经济学家的代表人物之一。

在当代中国，吴敬琏以"吴市场"著称，而事实上，这在一开始是对他的一个嘲讽。1989年年底，中国经济改革受挫，在11月的一次中南海经济会议上，坚持市场化取向的吴敬琏与那些主张回归计划取向的学者进行了面红耳赤的辩论，他因此被嘲笑为

"吴市场"。没有想到，3年后，中国确立了市场经济的发展目标，当日的一句嘲讽成全了吴敬琏。

二

在当代中国经济改革史上，吴敬琏之重要性在于，他几乎参与了新中国成立之后所有的经济理论争议，是始终对中国经济进行整体性思考的经济学家之一。

1985年，他主持完成《体制改革总体规划报告》，其核心思路被国务院的"七五"规划所汲取；1993年，他完成了《对近中期经济体制改革的一个整体性设计》，在相当长时间里影响了中央的经济决策；2003年，他又掀起了经济增长模式的大辩论，坚持认为产业结构调整应该发挥市场的力量，现在政府在那里纷纷投资、纷纷参与是不对的，而且，现阶段中国在工业化的道路上不应选择重型化，而要依靠第三产业和小企业的发展。

1998年，吴敬琏领衔发起，与刘鹤、周小川和樊纲等人创立中国经济50人论坛，逐渐成为最具影响力的学术群体，其中的很多参与者在日后相继进入国家最高决策层。

我粗略做了一个统计，从1964年到2009年，吴敬琏至少参与了12场重要的论战。自20世纪80年代中期之后，他是多场论战的主角，有些甚至是由他发动和主导的。这些论战主题涵盖了众多的改革困局，展现出几代政治家和经济学者为国家进步所做的思考与努力，也呈现出中国现代化道路的曲折和诡变。他的一些理论思考和政策建议极大地影响了中国改革的路径，其得失利弊留待后来者细研。

吴敬琏是那种很入世的经济学家，有时候他甚至甘于幕僚和"奏折派"的角色。"在经济学家里面我犯的错误最少。但是作决定的主要是政治家，不是经济学家。"在跟女儿的对话中，他坦认，"要是说到经济学理论,我没有办法跟那些经过严格理论训练的人比"。这是一个深深知道自己的角色和使命是什么的人,他也许不会获得诺贝尔经济学奖,可是,在过去几十年里,没有一位经济学者比他对中国做出了更大的贡献。

除了改革思路上的创新外,吴敬琏对这个转型国家的贡献,还在于他那份独立思考、直言不讳的知识分子风骨。在他的身上,体现出了批评性精神与建构性人格的混合体。

2000年年底,他用如此激烈的言论批评中国的资本市场:"中国的股市很像一个赌场,而且很不规范。赌场里面也有规矩,比如你不能看别人的牌。而我们的股市里,有些人可以看别人的牌,可以作弊,可以搞诈骗。做庄、炒作、操纵股价可说是登峰造极。"他因此受到一些经济学家的围攻,在参加一次电视节目时,他淡淡地说:"我的老师朋友顾准说的,要像一个冰冷冷的解剖刀那样去解剖这个社会经济关系。"

自20世纪初期以来,中国的知识阶层就形成一种善于颠覆、乐于破坏的"悲情情结",非"极左"即"极右",视改良主义为"犬儒",对中庸和妥协的精神抱持道德上的鄙视,这实际上造成了中国现代化的多次反复与徘徊。吴敬琏的学术人生无疑与这两种极端主义格格不入。

三

在公众舆论及学界,吴敬琏常常遭到"误读"。

有人因"吴市场"之名,认定他是一个市场原教旨主义者,主张把一切都扔给市场来解决。也有人因他的国务院发展研究中心研究员及政策设计人的身份,认定他是中央行政集权的最大拥护者。而在民间,他受到民粹主义者的围攻,被看成是政商权贵和海外政治势力的同路人,2008年,他还一度陷入过一个莫名的"间谍门"

事件。

而这些观点显然都有失偏颇。

吴敬琏的经济思想要复杂得多。与放纵任何一方相比,他似乎更相信"有限"——有限的政府、有限的市场、有限的利益与有限的正义。即使他情有独钟的自由市场经济制度,也是在别无选择的情况下一种无奈的"次有选项"。所以,他总是向人重复一句仿丘吉尔论民主制度的话:"市场经济是一种不好的体制,但它在人类可能实行的制度中是最不坏的一个。"

在晚年,他把市场经济分为"好的"和"坏的"两种,其评判的唯一准绳,就是法治化。

吴敬琏著述繁多,最能体现他的经济思想全貌的,便是《当代中国经济改革》。从 1995 年起,他在社科院讲授"中国经济"课程,后来在上海的中欧国际工商学院开设同门课程。吴敬琏在讲义的基础上,不断补充修订,出版成书。

到 2020 年,吴敬琏 90 岁,步入耄耋之年。与他同龄,并仍活跃于知识界的还有厉以宁、茅于轼、资中筠和余英时等先生,他们的一生与中国现代化同行,他们坚定的信仰和立场,是一代人共同的底色。

阅读推荐

比吴敬琏稍晚一辈的中生代经济学家,他们各有立场,值得阅读的有:
《市场的逻辑》/ 张维迎 著
《真实世界的经济学》/ 周其仁 著
《新结构经济学:反思经济发展与政策的理论框架》/ 林毅夫 著 / 苏剑 译
《全球化与中国国家转型》/ 郑永年 著 / 郁建兴、何子英 译
《自由与市场经济》/ 许小年 著

《中国的经济制度》：乱发狂生的错过与得到

> 我这一辈在西方拜师学艺的人知道，在国际学术上中国毫不重要，没有半席之位可言。今天西望，竟然发觉那里的大师不怎么样。不懂中国，对经济的认识出现了一个大缺环，算不上真的懂经济。
>
> ——张五常

1979年，张五常（1935—　）正吹着口哨走在校园里，他的老师罗纳德·科斯把他叫住了："斯蒂芬，你的祖国即将发生一场伟大的变化，你不该待在这里了。你应该回去，目睹它的发生。"

张五常是芝加哥大学最年轻的经济学教授，他出生于1935年，是一个土生土长的香港人，天生一头乱发，如同他狂放不羁的个性。1959年，他赴洛杉矶的加州大学读书，8年后，他的博士论文《佃农理论》（The Theory of Share Tenancy）从土地租约的角度研究了台湾的土地改革，一经发表就引起了学界的轰动，是史上被引用次数最多的经济学博士论文之一，他也因此成为合约经济学的奠基人之一。

张五常个性狂傲，但是做学问却一丝不苟，特别注重实证和现场细节。《佃农理论》的原始素材来自台湾"土改"，他把十几箱原始档案一一分拣细读。为了写《卖桔者言》，他在圣诞夜的香港街头做路人随机访问。在写《蜜蜂的寓言》（The Fable of the Bees）的时候，他花了3个多月的时间，和华盛顿州的"苹果之都"一带的果农和养蜂者在一起，搜集了大量第一手的资料。

在洛杉矶和芝加哥的那段时间，张五常天天跟斯蒂格勒、弗里德曼、诺斯和科斯等大师混在一起,是他们中间最年轻的、也是唯一的中国面孔。在很多人看来,斯蒂芬·张得诺贝尔经济学奖,仅仅是时间的问题。

然而,就是科斯的一番话,彻底改变了张五常的学术和人生轨迹。

一

张五常第一次踏上中国大陆,是1979年的秋天。他在广州,"看不到任何改革的迹象"。他去一个工地调研,发现了一个有趣的场景:三个工人在补一个洞,一个人指着洞,一个人端着水泥盘子,还有一个人补洞。在合约失灵的情况下,他目睹了国有经济的低效率。

而在当时还是农村的东莞县(现东莞市),他又看到了一番新的景象:在一间大房子里,县政府的十多个部门官员坐成一排,前来投资的香港商人列成一队,一口气盖完所有的公章。他又看到了新效率产生的可能。

1981年年初,张五常发表长文《中国会走向资本主义的道路吗?》,在当时,中文词典还没有发明"市场经济"一词,因此,如果剔除"资本主义"所隐含的意识形态意味,张五常是第一个清晰地预言了中国将走上产权私有化和市场化道路的经济学家。

在那篇文章中,张五常自问自答地提出了几个关键性的路径问题。

他问:"在工商业的改革中哪一种最困难?"答案是:政府容易掌握垄断权利的行业。于是,他推断邮局、通信、石油、交通等行业不会迅速地私产化。

他又问:"土地与劳力,哪一样较为容易私产化?"答案是:劳力。

张五常后来说,在当时,他忽略了问一个重要的问题:"假若中国要走近乎私产的制度,农业与工商业哪一样比较容易改革?"

很显然，在 1981 年，几乎所有的读西方经济学出身的学者都不会问这个问题。中国的市场化突破口并不出现在城市而是农村，乡镇企业将成为工业化革命的第一批冲锋队，这正是中国改革的意外之处和特色所在。

1988 年，中国实施物价闯关，经济改革走到了十字路口。当年 9 月，在香港大学任教的张五常陪同米尔顿·弗里德曼访华，北京方面原本安排了邓小平的接见，可惜当日小平感冒，他们见到了当时的总书记。弗里德曼提出了"休克疗法"的激进建议，这也成为改革史上的一桩公案。

二

张五常是中国改革的长期观察者，在很长时间里，他每周撰写两篇专栏，评点政策时政。因身份的特殊，他往往有自由而独到的见解。

跟很多学者仅仅从各种公报或新闻中寻找论据不同，张五常最喜欢深入企业，他不太相信政府提供的数据，包括产值、货运量乃至用电量等等。每到一地，他最喜欢问的两个数据是厂房租金和生产线工人的工资，在他看来，这是最难伪造和最敏感的产业兴衰指数。

2008 年全国"两会"，通过了《劳动合同法》修订案，根据新的法律，所有企业主雇用员工必须签署劳动合同，而一旦解雇，则必须给予员工补偿。跟很多学者把这一修订案视为"良心法案"不同，张五常提出了激烈的反对意见，在他看来，"政府立法例，左右合约，有意或无意间增加了劳资双方的敌对，从而增加交易费用，对经济整体的杀伤力可以大得惊人"。

他写这篇专栏的时候，正在广东东莞做调研，他看到了令人担忧的景象，一些企业主正打算把工厂迁到劳工价格更低的东南亚国家，例如越南、印尼等，"在未来几年，工厂南迁是一个似乎很难

▲ 张五常喜欢说自己"拍照第一、书法第二、经济学第三"。

阻挡的趋势了"。在后来的 10 年里，他一直坚持自己的观点。

也是在 2008 年，中国迎来改革开放 30 年。远在芝加哥、当年劝说张五常返国的科斯已经 96 岁了，他决定拿出自己的诺贝尔奖奖金举办一场关于中国 30 年改革的学术论坛，张五常兑现诺言，写下《中国的经济制度》（*The Economic System of China*）一书，他自认是《佃农理论》后"平生最重要的作品"。

在张五常认为，今天的中国制度不是个别天才想出来的，是被经济的压力逼出来的。压力倒逼放权，放权再造合约。在《中国的经济制度》一书中，他提出了"地方政府公司主义"这一极具中国特色的概念。

"地方政府公司主义"，是指地方政权为了谋求经济发展，强力推进地方工业化战略的实现，以类似于公司化运作的形式进行地方党政能力和经济资源的大动员、大整合。

在这一过程中，一地的书记如同董事长，县长、市长如同总经理，他们掌握了地方资源分配，如土地、产业准入、政策优惠等的租约权，而对其经略成效的量化评判,则是地方的经济发展总量和财政收入,这又类似于企业的营业收入和利润。

中国的地区从上而下分七层——中央、省、市、县、镇、村、户,在张五常看来,这七层是从上而下地以承包合约串连起来的,上下连串,但左右不连。主要的经济权力不在其他,而在县的手里。理由是:决定使用土地的权力落在县之手。

就如同他在80年代初忽略了农村改革的动力一样,张五常承认,他"是在1997年才惊觉到中国经济制度的重点是地区之间的激烈竞争,史无前例"。而这一发现,被他视为打开中国经济增长秘密的钥匙。

三

从2006年后,张五常因为两桩私人官司,无法踏足美国和中国香港——他甚至没能参加科斯组织的芝加哥论坛,这极大地限制了他在学术上的国际影响力。

不过,传奇的阅历和对中国改革的长期关注,让他始终是一个符号般的存在。多年来,他笔耕不辍,出版著作多达30余部,除了《佃农理论》和《中国的经济制度》外,四卷本的《经济解释》亦足传世。他是"学以致用"哲学的推崇者,在他看来,无论一个理论怎样了得,总有一天会被认为是错的,或会被较佳的理论替代了,因而,"搞思想不是争取永远地对,而是争取有深度的启发力,然后望上苍保佑,写下来的可以经得起一段漫长时日的蹂躏"。

张五常不仅天赋极高,学养惊人,他的中文写作也因个性突出而独步天下,很多人——包括我在内,都认为他是当世经济散文创作的第一人。

2007年年底,我的《激荡三十年》完稿,张五常在西湖边的一个小酒楼为我题写书名,他在宣纸上连写几十遍,弄得额头出汗,直到自己满意为止。我问他,做学问有什么秘诀?他答,年轻人应当在盛年之时,找到最伟大的课题,这才不至于浪费才华。

兹言凿凿,应是夫子自道。天纵奇才的张五常也许错过了一个诺贝尔经济学奖,但是,他却目睹和"解释"了一场最伟大的改革。

阅读推荐

西方对当代中国的研究已形成为一种叙述定式,但似乎并不能全部地解释中国,推荐:

《变革中国》/ 罗纳德·科斯、王宁 著 / 徐尧 等译

《邓小平时代》/ 傅高义 著 / 冯克利 译

《激荡三十年》：为当代中国企业立传

> 尽管任何一段历史都有它不可替代的独特性，可是，1978—2008 的中国，却是最不可能重复的。一群小人物把中国变成了一个巨大的试验场，它在众目睽睽之下，以不可逆转的姿态向商业社会转轨。
>
> ——吴晓波

2004 年，我结束了 14 年的财经记者生涯，原计划给自己一年的度假期。就在这个时候，我得到了某基金会的邀约，他们希望我能去哈佛大学肯尼迪政治学院当半年的访问学者，做一个中国民营企业发展史的课题。

也就在那里，我萌生了创作《激荡三十年》的念头。

在与肯尼迪学院和商学院学者们的多次交流中，我突然意识到，西方学者对中国的本轮经济改革既充满了好奇却又所知甚少，他们中的绝大多数人没有到过中国，在哈佛商学院的案例库里，关于中国公司的案例只有两个，而且每篇仅 2000 多字。

回望中国商学界，我们同样缺乏完整的案例研究和可采信的数据系统，更没有形成一个系统化的历史沿革描述。关于中国公司的所有判断与结论，往往建立在一些感性的、个人观察的甚至是灵感性的基础上，这已成为我们进行国际沟通和自我认知的巨大障碍。

一

《激荡三十年》采用了编年体的写作方式。从一开始，我就决定不用传统的教科书或历史书的方式来写作这部著作，我不想用冰冷的数字或模型淹没了人们在历史创造中的激情、喜悦、呐喊、苦恼和悲愤。

其实，历史本来就应该是对人自身的描述，它应该是可以触摸的，是可以被感知的，它充满了血肉、运动和偶然性。只有当大历史的必然规则与小人物的偶然命运交织在一起的时候，我们才可能勾勒出一个时代的全部图景。

全书第一章"1978：中国回来了"的第一个段落就是一个细节：

1978年11月27日，中科院计算所34岁的工程技术员柳传志在当天的《人民日报》上，读到了一篇关于如何养牛的文章。他突然意识到，"气候真的要变了"。

柳传志的故事一直贯穿全书：1984年，他在中科院的一间传达室开始创业；20世纪90年代中期发生了"倪柳之争"；1996年联想生产出第一台万元国产电脑；2003年联想收购IBM的电脑业务；2008年联想实施产权改革……

在上下两卷的《激荡三十年》里，出现了数以百次计的柳传志和联想公司，他们从来没有想到过，自己将在历史上扮演一个如此重要的角色。一位温州小官吏曾慨然地对我说："很多时候，改革是从违规开始的。"谁都听得出他这句话中所挥散着的清醒、无奈和决然，你可以反驳他、打击他、蔑视他，但你却无法让他停止，因为，他几乎是在代替历史一字一句地讲出上述这句话。

关于命运的故事贯穿在整部《激荡三十年》中。在我看来，企业史从根本上来讲就是企业家创造历史的过程。只有通过细节式的历史素描，才可能让时空还原到它应有的错综复杂和莫测之中，让人的智慧光芒和魅力，及其自私、愚昧和错误，被日后的人们认真地记录和阅读。

在1978年到2008年的中国商业圈出没着这样的一个族群：他们出身草莽，不无野蛮，性情漂移，坚忍而勇于博取。他们的浅薄使得他们处理任何商业问题都能够用最简捷的办法直指核心，他们的冷酷使得他们能够抛去一切道德的含情脉脉而回到利益关系的基本面，他们的不畏天命使得他们能够百无禁忌地去冲破一切的规则与准绳，他们的贪婪使得他们敢于采用一切的手法和编造最美丽的谎言。

他们其实并不陌生。在任何一个商业国家的财富积累初期都曾经出现过这样的人群，而且必然会出现这些人。我相信，财富会改造一个人，如同繁荣会改变一个民族一样。

二

在《激荡三十年》所记录的年代里，中国市场上存在着三股力量：国有企业、民营企业、外资企业。一部改革开放史，基本上是这三种力量此消彼长、相互博弈的过程，它们的利益切割以及所形成的产业、资本格局，最终构成了中国经济成长的所有表象。

在很大程度上，民营经济的萌芽是一场意外，或者说是预料中的意外事件。当市场的大闸被小心翼翼地打开的时候，自由的水流就开始渗透了进来，一切都变得无法逆转。那些自由的水流是那么弱小，却又是那么肆意，它随风而行，遇石则弯，集涓为流，轰然成势，它是善于妥协的力量，但任何妥协都必须依照它浩荡前行的规律。它是建设和破坏者的集大成者，当一切旧秩序被溃然推倒的时候，新的天地却也呈现出混乱无度的面貌。

中国公司一直是在非规范化的市场氛围中成长起来的，数以百万计的民营企业在体制外壮大，在资源、市场、人才、政策、资金甚至地理区位都毫无优势的前提下实现了高速的成长，这种成长特征，决定了中国企业的草莽性和灰色性。

与此同时，中国的商业变革是一场由国家亲自下场参与的公司博弈，在规律上存在着它的必然性与先天的不公平性。

也许只有进行了全景式的解读后,我们才可能透过奇迹般的光芒,发现历史深处存在着的那些迷雾。譬如,国家在这次企业崛起运动中所扮演的角色是什么?为什么伟大的经济奇迹没有催生伟大的公司?中国企业的超越模式与其他超越型国家的差异在哪里?只有这样,我们才可能在为经济增长率欣喜的同时,观察到另外一些同等重要却每每被忽视的命题,如社会公平的问题,环境保护的问题,对人的普遍尊重的问题。

▲ 我希望用我的创作,还原企业史创造者们的激情、喜悦、呐喊、苦恼和悲愤。

三

企业史写作使我开始整体地思考中国企业的成长历程。这是一个抽丝剥茧的过程。过去的30年是如此辉煌,特别对于沉默了百年的中华民族,它承载了太多人的光荣与梦想,它几乎是一代人共同成长的全部记忆。

自从2004年的夏天决定这次写作后,我便一直沉浸在调查、整理和创作的忙碌中,它耗去了我生命中精力最旺盛、思维最活跃的一大块时间。不过让我料想不到的是,它最终的工程量远远超出了之前的预期。

2006年的秋天，地产企业家王石来杭州约我喝茶，他忽然提出了一个问题："我的父亲是官员，我的母亲是锡伯族农民，我也没有受过商业训练，那么，我及我们这一代人的企业家基因是从哪里来的呢？"

这个问题直接把我逼进了一个更浩大的创作计划。在后来的6年里，我相继又完成了《跌荡一百年》上下卷、《浩荡两千年》和《历代经济变革得失》等作品，从而构筑了一个自成体系的中国企业史文本。

我希望我的创作不至于辱没了"中国崛起"这个当代最伟大的经济神话。罗马史的研究者尼克尔·马基雅维利曾经说，"改革是没有先例可循的"。改革如此，创作亦如此。

阅读推荐

除了中国企业史三部曲，以及前文已推荐的《大败局Ⅰ》《大败局Ⅱ》《腾讯传》之外，还推荐另外一部传记作品：

《吴敬琏传：一个中国经济学家的肖像》/ 吴晓波 著

后记

他们影响了我们,但不能"占领"我们

童书业是中国瓷器研究大家,一生过手珍宝无数,很多人感慨,古人是如何如何的厉害,官哥汝定钧,任拿一件都羞煞后辈人。然而,童先生却不这么认为。

他说:"任何艺术品从发展的角度看,总是古不如今的。"

今人站在古人的肩上看世界,得见古人之未见。古人之所想,今人亦想之,想通了很好,想不通,让后人接着想。今人所拥有的技术能力,远超古人。1637年宋应星著《天工开物》,其中记载景德镇瓷器72道工序,道道不可缺,今日去景德镇,各种电气机械工具一起上,没有人再需要那72道工序。

那么,古人的伟大之处是什么呢?是创见。

苏格拉底与柏拉图在爱琴海边探讨什么是正义,何谓善恶,知识是怎样产生的,国家是什么。他们第一次提出了这些元命题,然后划定了后人思想的疆域。后来的哲学家们也许在这些命题上的思

考都比苏格拉底要深入和丰富得多,但是,只有苏格拉底是伟大的。

亚当·斯密写《国富论》,这位懒于事务的苏格兰盐税官,文笔不算最佳,叙述唠唠叨叨,马克思还发现他抄袭别人的观点。但是,他第一次定义了生产的三大要素——劳动、土地和资本,他发现了"看不见的手"。斯密是经济学的奠基人,只有他是伟大的。

凡·高画向日葵,画星空,画稻田,画自己劳作后的靴子,今日学过几年油画的人都能在技巧上画出这些向日葵、星空、稻田和靴子,但是,凡·高创造了第一次,只有他是伟大的。

那些一往无前的人,是浩荡时空中的火花和油盐。

古人很久远,然而,他们最具创见力的时候却都很年轻。苏格拉底不到40岁就被称为"雅典城里最聪明的人",凡·高在35岁画出了那朵向日葵。

本书所写的50个人,他们中的很多人在风华正茂的时候写出了垂世不朽的作品。

亚当·斯密写出《道德情操论》时,36岁;

卡尔·马克思写出《共产党宣言》时,30岁;

亚力克西·德·托克维尔写出《论美国的民主》时,30岁;

保罗·萨缪尔森写出《经济学》时,33岁;

彼得·德鲁克写出《公司的概念》时,37岁;

迈克尔·波特写出《竞争战略》时,33岁;

汤姆·彼得斯写出《追求卓越》时,40岁;

吉姆·柯林斯写出《基业长青》时,39岁;

杰克·特劳特提出定位理论时,34岁;

菲利普·科特勒写出《营销管理》时,36岁;

费孝通写出《江村经济》时,28岁;

费正清写出《美国与中国》时,41岁;

保罗·克鲁格曼写出得诺奖的论文时,25岁;

凯文·凯利写出《失控》时,42岁;

尼尔·弗格森写出《罗斯柴尔德家族》时，35岁；
弗朗西斯·福山写出《历史的终结与最后的人》时，40岁；
张五常写出《佃农理论》时，32岁。

你终于发现了，越具有原创性的思想和作品，越与作者的勇气、勤奋和天赋相关。它们都朝气蓬勃、别开生面，但都不是完美的，充满了锋芒甚至是偏见。

为了创作这本《影响商业的50本书》，我重读了那些曾经影响过我的伟大思想，因阅历和心境的不同，我自然读出了新的心得。不过，即便在这样的过程中，我也时刻告诫自己：不要让这些人——他们写作那些文字的时候比此刻的我要年轻得多——彻底地"占领"我的思想。

所有伟大的书写者，都以自己的方式开辟新局，自成门户，不过，有局就有限，是为"局限"。从来没有一个人可以提供绝对的真理，没有任何理论"放之四海而皆准"，换而言之，所有的门庭都是后人攻伐的对象，所有的大师都是亟待被颠覆的偶像，我们在温情中学习，在理解后叛逆。

他们影响了我们，但不能"占领"我们，唯如此，我们才可能成为前所未见的自己。

这本书的出版，感谢编辑宣佳丽和刘耀东。没有她们的督促，我不可能按时交出作业。另外，2020年年初的疫情把我锁在书房一个月，这本书也意外地成为日后记忆的一部分。

2020年2月新冠疫情武汉"封城"之际，于杭州

声 明

由于本书所用图片涉及范围广，无法一一与所有图片的版权所有者取得联系，请相关版权所有者看到本声明后，与杭州蓝狮子文化创意股份有限公司联系，以便敬付稿酬。

地址：杭州市西湖区北山街道白沙泉 55 号
邮编：310004
电话：0571-86535601

杭州蓝狮子文化创意股份有限公司
2020 年 6 月

图书在版编目（CIP）数据

影响商业的50本书 / 吴晓波著. — 杭州：浙江大学出版社，2020.7（2022.10重印）
 ISBN 978-7-308-20134-6

Ⅰ.①影… Ⅱ.①吴… Ⅲ.①商业－推荐书目－世界 Ⅳ.①Z835 ②F7

中国版本图书馆CIP数据核字（2020）第054983号

影响商业的50本书
吴晓波　著

策　　划	杭州蓝狮子文化创意股份有限公司
责任编辑	杨　茜　陈丽霞
责任校对	刘葭子　程曼漫
封面设计	王梦珂
出版发行	浙江大学出版社
	（杭州天目山路148号　邮政编码：310007）
	（网址：http://www.zjupress.com）
排　　版	浙江时代出版服务有限公司
印　　刷	浙江印刷集团有限公司
开　　本	880mm×1230mm　1/32
印　　张	10.5
字　　数	273千
版 印 次	2020年7月第1版　2022年10月第7次印刷
书　　号	ISBN 978-7-308-20134-6
定　　价	58.00元

版权所有　翻印必究　印装差错　负责调换
浙江大学出版社市场运营中心联系方式：（0571）88925591；http://zjdxcbs.tmall.com